图书馆服务创新与信息管理体系研究

万 涛 王 群 韩春霞 著

吉林科学技术出版社

图书在版编目（CIP）数据

图书馆服务创新与信息管理体系研究 / 万涛，王群，韩春霞著 . -- 长春：吉林科学技术出版社，2023.12

ISBN 978-7-5744-0990-3

Ⅰ.①图… Ⅱ.①万…②王…③韩… Ⅲ.①图书馆服务 – 研究②图书馆管理 – 信息管理 – 研究 Ⅳ.①G25

中国国家版本馆CIP数据核字（2024）第015092号

图书馆服务创新与信息管理体系研究
TUSHUGUAN FUWU CHUANGXIN YU XINXI GUANLI TIXI YANJIU

作　者	万涛　王群　韩春霞
出 版 人	宛　霞
责任编辑	杨超然
封面设计	树人教育
制　　版	树人教育
幅面尺寸	185mm×260mm
开　　本	16
字　　数	260千字
印　　张	11.5
印　　数	1-1500册
版　　次	2023年12月第1版
印　　次	2023年12月第1次印刷
出　　版	吉林科学技术出版社
发　　行	吉林科学技术出版社
地　　址	长春市南关区福祉大路5788号出版大厦A座
邮　　编	130118

发行部电话/传真　0431—81629529　81629530　81629531
　　　　　　　　　　　　　　　81629532　81629533　81629534

储运部电话　0431-86059116
编辑部电话　0431-81629510

印　　刷	廊坊市印艺阁数字科技有限公司
书　　号	ISBN 978-7-5744-0990-3
定　　价	84.00元

版权所有　翻印必究　举报电话：0431—81629508

前　言

在信息技术飞速发展的今天，图书馆应该追求更高层次的专业化与合作化，在提升总体实力的基础上为用户提供及时有效的高品质服务。因此，图书馆的服务范围也进一步扩大，不仅重视为社会成员提供阅读资源，同时致力于满足社会成员的文化需求、精神需求和娱乐需求，为广大社会成员创设人与人、人与资源之间自由交流的现代化空间与氛围。

本书的章节布局，共分为九章。第一章主要就图书馆服务理念、图书馆服务组织、图书馆服务用户、图书馆服务资源与图书馆服务环境进行详细的阐述和分析；第二章重点论述图书馆信息服务创新，分别从图书馆信息服务内容、图书馆信息服务新模式、图书馆信息服务平台建设三个方面展开论述；第三章是图书馆科学服务创新，分别从学科及学科服务概述、图书馆学科服务平台构建、图书馆学科服务队伍与学科信息资源建设、图书馆学科服务评价进行简要阐述；第四章主要对图书馆社会化服务概述、图书馆社会化服务的模式、图书馆社会化服务的目的及功能与图书馆社会化服务建设进行简要阐述；第五章主要就图书馆网络信息服务管理、国内外图书馆网络信息服务发展状况、图书馆网络信息服务模式和图书馆网络信息平台的构建进行详细的阐述和分析；第六章从图书馆个性化信息服务概述、图书馆个性化信息服务的模式分析、图书馆个性化信息服务的实施、数字图书馆个性化信息服务分析和网络环境下图书馆个性化信息服务五方面进行阐述；第七章详细论述图书馆人本化信息服务管理，以及图书馆人本化信息服务管理概述、存在的问题、管理的层次、影响因素、原则和策略；第八章是"微时代"图书馆信息服务管理，主要对"微时代"概述、微信息环境下的图书馆微服务、微时代图书馆服务管理的创新策略分析与"微时代"公共图书馆读者服务策略分析进行简要阐述；第九章重点论述图书馆信息管理服务体系的构建，分别从图书馆服务管理系统的理论技术基础、图书馆数字化服务体系的构建、图书馆知识服务体系的构建、图书馆成人教育服务体系的构建展开论述。

本书在撰写过程中，参考、借鉴了大量著作与部分学者的理论研究成果，在此一一表示感谢。由于作者精力有限，加之行文仓促，书中难免存在疏漏与不足之处，望各位专家学者与广大读者批评指正，以使本书更加完善。

目 录

第一章 图书馆服务概述 (1)
 第一节 图书馆服务理念 (1)
 第二节 图书馆服务组织 (6)
 第三节 图书馆服务用户 (10)
 第四节 图书馆服务资源 (15)
 第五节 图书馆服务环境 (20)

第二章 图书馆信息服务创新 (26)
 第一节 图书馆信息服务内容 (26)
 第二节 图书馆信息服务新模式 (30)
 第三节 图书馆信息服务平台建设 (34)

第三章 图书馆科学服务创新 (40)
 第一节 学科及学科服务概述 (40)
 第二节 图书馆学科服务平台构建 (46)
 第三节 图书馆学科服务队伍与学科信息资源建设 (51)
 第四节 图书馆学科服务评价 (56)

第四章 图书馆社会化服务创新 (61)
 第一节 图书馆社会化服务概述 (61)
 第二节 图书馆社会化服务的模式 (65)
 第三节 图书馆社会化服务的目的及功能 (68)
 第四节 图书馆社会化服务建设 (71)

第五章 图书馆网络信息服务管理 (76)
 第一节 网络信息服务概述 (76)
 第二节 国内外图书馆网络信息服务发展状况 (80)
 第三节 图书馆网络信息服务模式 (83)
 第四节 图书馆网络信息平台的构建 (87)

第六章 图书馆个性化信息服务管理 (91)
 第一节 图书馆个性化信息服务概述 (91)
 第二节 图书馆个性化信息服务的模式分析 (101)
 第三节 图书馆个性化信息服务的实施 (104)

第四节　数字图书馆个性化信息服务分析 …………………………… (106)
　　第五节　网络环境下图书馆个性化信息服务 …………………………… (111)
第七章　图书馆人本化信息服务管理 ………………………………………… (115)
　　第一节　图书馆人本化信息服务管理概述 ……………………………… (115)
　　第二节　图书馆人本化信息服务管理存在的问题 ……………………… (125)
　　第三节　图书馆人本化信息服务管理的层次 …………………………… (131)
　　第四节　图书馆人本化信息服务管理的影响因素 ……………………… (136)
　　第五节　图书馆人本化信息服务管理的原则和策略 …………………… (142)
第八章　"微时代"图书馆信息服务管理 ……………………………………… (153)
　　第一节　"微时代"概述 …………………………………………………… (153)
　　第二节　微信息环境下的图书馆微服务 ………………………………… (155)
　　第三节　微时代图书馆服务管理的创新策略分析 ……………………… (158)
　　第四节　"微时代"公共图书馆读者服务策略分析 …………………… (161)
第九章　图书馆信息管理服务体系的构建 …………………………………… (163)
　　第一节　图书馆服务管理系统的理论技术基础 ………………………… (163)
　　第二节　图书馆数字化服务体系的构建 ………………………………… (166)
　　第三节　图书馆知识服务体系的构建 …………………………………… (169)
　　第四节　图书馆成人教育服务体系的构建 ……………………………… (170)
参考文献 ………………………………………………………………………… (174)

第一章 图书馆服务概述

第一节 图书馆服务理念

一、图书馆服务理念概述

(一) 服务理念的含义

"理念"一词是一个西方概念,在英文中常翻译为concept、conception,idea、notion、thought和impression。其中,concept和conception是人们所用最基本的"概念",通常用来解释成型的思想理论,表示为"头脑中已形成的一种公式化思想、明确而系统的观念或想法"。Idea一词用法最为普遍,并具有很强的综合性特征,常用来表示一种在信息中不被察觉的"映像"。Thought一词区分于简单的观察、感受和愿望,它是经过一定的思维和推理过程而得出的,带有显著的智力性特征。Notion通常指一种模糊的概念,甚至是毫无意义的思想。Impression是指人脑受外界影响而在脑海中形成了笼统的记忆、观念和想法。在汉语中,"理念"是思维活动的成果,也是人脑海中客观事物的一般形象。因此,不论是哪种用法,"理念"事实上就是人们对现实事物的看法和观念。

一般来说,生产有形产品的目的是满足人们的日常生活需要,这种价值需要主要体现在有形产品的规格与特性上。因此,有形产品的生产、开发与销售主要以研究产品的规格和特性为主。而服务作为一种无形的概念,这种需求标准对于它并不适用。对此,服务型行业进一步提出了"服务理念"思想,通过明确"服务理念"满足消费者的实际需求。服务理念作为人类在展开服务活动中形成的观念,在活动过程中占有主导地位,服务理念是人们在实践中总结的深刻认识,是服务活动的重点所在。服务行业中的服务能够在消费过程中为消费者提供一定功能性和可用性的指引,以更好地满足消费者的实际需要。服务行业在提供服务过程中不断地进行经验总结,逐渐形成了具有开放性、独特性和导向性的较为完备的服务理念。

服务理念主要包含服务宗旨、任务、目标、使命、精神、方针政策等多个方面，这些内容是在服务过程中所形成的指导性思想，在服务中能够起到积极的推进作用。

(1) 有利于企业的管理

服务理念的产生与发展对于企业管理具有重要意义。服务是一种无形的活动，它与有形产品的生产、开发和销售不同，服务是在满足消费者实际需求的程中所提供的无形产品，对于满足消费者需求具有推进作用。因此，树立正确的服务理念对于增强企业管理能力具有重要作用。

(2) 有利于服务标准的衡量

服务具有无形性特点导致了对服务的衡量具有一定的难度，而服务理念则是将无形的服务转化为有形的文字标准，这样社会公众就可以通过语言文字明确认识到服务的具体内涵，使服务的衡量变为可能。

(3) 有利于服务特色的建立

一个企业的服务理念彰显着企业的文化精神，好的企业理念能够对企业起到一定的宣传作用，积极、合理的服务理念能够帮助企业树立健康、正面的企业形象，可以有效吸引消费者加深对企业的了解。建立具有企业特色的服务理念，能有效促进企业的进一步发展。

(4) 有利于增强员工的服务意识

服务不是一种强制性活动，它体现为员工的自主性。明确的服务理念可以准确地向员工提供指令，提升员工的心理认同感，增强员工的自主服务能力，进而推动企业服务行为的进一步发展。

总体来说，消费者的实际需求导致了服务理念的产生和发展。消费者对于企业的要求不是固定不变的，因此，企业应根据消费者的实际情况，不断调整服务方向，提出符合企业文化特征相符的服务理念，以吸引消费者。

(二) 服务理念的重要性

与工业部门不同，服务部门能够直接接触消费者，而产品的生产者、制造者和分销者都只能在产品初期间接地影响消费者。在服务部门中，服务递送系统与服务人员是产品服务的重要组成部分。服务递送系统主要包括服务人员能力、服务人员态度、服务人员表现等，服务递送系统与服务人员对消费者需求的影响是直接体现的。因此，要加强服务管理，首先应明确服务理念。

服务理念在实际应用过程中容易被错误理解，这主要由两方面原因导致：第一，服务人员行为。服务在生活中无处不在，而服务人员自身行为具有一定的自主性，因此在服务理念的传递过程中会对服务人员举止、态度产生不同的作用，从而影响服务理念的推行。第二，消费者自身因素。由于消费者对服务理念的理解存在差异，也会对服务理念的传递造成影响。因此，服务企业应基于消费者角度出发，充分认识到服务理念对于消费者和服务人员的影响，明晰本企业的服务理念。服务企业为了更好地传递其服务理念，应着重注意以下几个方面：

（1）市场细分

不同的消费群体有着不同的需求范围，因此有必要在研究消费者总体市场的基础上，对消费者的不同进行市场的再次分割。分割后的市场可以按照消费者需求与期望的不同再划分为多个子市场，这样来保证不同消费群体都有符合其自身需求的市场存在。不同的消费子市场面对的消费群体不同，企业应当加以区分。

（2）定位消费者目标市场

消费者市场被细分后，每个子市场的消费者需求则进一步凸显，这就要求企业应针对不同的消费群体提供相应的服务，以满足消费者的需求。服务企业在针对细分的子市场做出服务规划时，应从市场的消费能力和市场的竞争力两方面进行着重考量。

（3）创新服务递送系统

一个具有创新能力的服务型公司，它必定拥有规范划分的消费者子市场，并且能够根据子市场的消费者特性制定出符合消费者需求和期望的产品服务。服务递送系统总是处于变化之中，因此，企业服务理念必须具有创新性才能够适应服务递送系统以及消费者市场的需要。

（三）图书馆服务理念的概念

图书馆服务理念，是指图书馆作为服务组织的自我认知与定位，即解决为谁提供服务和如何提供服务的问题。图书馆服务的形式经历了一个由封闭到开放、由局部到整体、由实体到网络、由被动到主动、由有时到随时的演进过程，图书馆服务内容与方法也在不断推陈出新，以适应社会发展的需要。与此同时，图书馆的服务理念也随着图书馆服务内容的更新和服务手段的革新而不断发展创新。在现今社会，图书馆服务理念的主要观点为：文献信息服务是图书馆的基本产品，读者和用户是图书馆的直接顾客，不断满足读者和用户明确的或潜在的知识信息需求是图书馆改革和发展的落脚点。

现代图书馆应确立符合现实需要的服务理念，以适应新的社会环境与人类需求，只有推进服务理念的建立与创新，才能实现企业的良性发展，进而应对社会与网络环境等多方面竞争压力。图书馆服务理念是图书馆服务工作的核心内容，它既是图书馆整体工作思想的重要组成部分，同时也是图书馆工作的服务准则、服务态度和服务手段。图书馆服务理念是在长期图书馆服务实践中总结而来的服务经验，它能够客观地反映图书馆服务工作的发展趋势，同时也为图书馆整体工作的进一步发展奠定了坚实的理论基础，为图书馆的服务工作指明了方向。

现今社会，"服务"这一概念随着社会的转型和发展不断发生着变化。其中，图书馆"服务"的变化体现为：服务大众的模式由"以藏书为中心"转变为"以读者为中心"；服务的对象由"图书馆读者"转变为"社会读者"；服务的范围由"图书馆服务"转变为"资源共享服务";服务的内容由"图书馆提供"转变为"电子信息资源";服务的功能由"传递文献知识"转变为"多元化信息共享";服务的观念由"无偿服务"转变为"有偿服务"等。

二、我国图书馆服务理念的特点

(一) 体现人本服务

人本服务是一种以人为中心的服务观念,是图书馆服务工作中应当贯彻始终的重要思想。人本服务的理念主要关注受众人群的心理需求,图书馆根据需求变化不断转变服务手段。图书馆不同于一般社会企业,由于其具有公益性特征,因而不存在一般的市场竞争。但作为服务型机构,坚持人本服务有助于更好地发挥图书馆的职能,体现图书馆的文化优势,吸引大众巧妙利用图书资源,进一步促进图书馆服务工作的完善。

坚持人本服务的理念,首先要以公众的需求为基础,建立起符合读者实际阅读需求的图书馆馆藏体系;其次,图书馆应创设良好的阅读环境与服务环境,阅读环境主要指图书馆设备设施、实际环境等客观因素,服务环境主要指良好的服务态度与行为,为读者提供舒适的阅读氛围;最后,图书馆应优化服务质量,这里的服务质量主要是指图书馆服务项目方面是否能够满足用户需求,不断对自身的服务品质进行有计划、有目的的提升,以保证服务的品质与成效。

(二) 体现特色服务

特色主要指事物与其他事物相区别而独有的风格与形式,这种独特的风格、形式是由事物本身性质或实际环境因素决定的。图书馆是以公益性为特征的服务机构,它的主要资金来源是政府拨款。而图书馆的服务群体千差万别,很难用有限的资金满足所有人的需求。因此,特色服务理念的确立能够有效推进图书馆的服务体系的建立。

图书馆特色服务理念的建立要关注以下三方面内容:首先,选择服务对象时要以现有馆藏和接受服务群体为基础,避免盲目选择;其次,确定服务内容时要以用户实际需求为主,现有的优势项目要加以完善;最后,转变服务方式时要注意摒弃旧的服务方式中的不足,确立新的服务方式时应以读者为核心,始终坚持以满足读者需求为工作重点。

(三) 体现馆际服务的协作

随着现代科学技术的发展,知识的覆盖范围越来越广,未知世界的范围不断扩大。任何一所图书馆都不能保证对所有学科知识兼容并包。因此,馆际协作成为一种必然的发展趋向。首先,从图书馆的性质来看,虽然图书馆的类型多种多样,但是大多数是由政府投资建立的。因此,图书馆的馆际协作具有良好的基础;其次,从图书馆的发展愿景来看,实现文献信息的资源共享是图书馆人的期望,而馆际协作能够有效促进信息资源的传播与共享，但是馆际协作所促成的信息资源交流的范围较小，因此图书馆主要应提升自身馆藏实力以提高图书馆服务的整体水准，实现更大范围内的信息与资源共享；最后，从图书馆的能力来看，目前计算机技术的迅猛发展为图书馆馆际协作奠定了基础，以网络为平台，可以实现用户对图书馆资源的实时运用。

（四）信息服务的无障碍化

第67届国际图书馆协会联合大会上，《公共图书馆服务发展指南》出版发行，信息服务的无障碍化也正式被提出。它主要指："所有公众都有享受图书馆服务的权利，而不受民族、国籍、年龄、性别、宗教信仰、语言、能力、经济和就业状况或教育程度的限制；必须确保那些由于某种原因不能得到主流服务的少数群体也能够平等地享受到各种服务。"虽然这一概念已明确提出，但是在实际应用中，针对弱势群体的图书馆服务仍然比较欠缺。因此，信息服务的无障碍化应当作为日后图书馆服务工作的重点关注项目，在特殊人群服务上加以考量，真正实现不同的社会群体知识信息获取的平等化。

三、我国现代图书馆服务的原则

（一）开放性服务原则

在过去，开放性原则主要指的是图书馆服务的公共化，而在19世纪，我国就已经实现了图书馆面向公众的开放化。但是由于社会的发展程度不同，开放性服务的概念也与早期有所区别，现代意义上的开放性服务主要体现在：第一，资源的全面开放。这种开放主要指图书馆中所有文献资源、馆内设备均向用户开放，所有图书馆人员都直接或间接服务于用户；第二，图书馆实时开放。虽然我国暂没有实现图书馆的全天候开放，但是网络服务可以实现24小时的文献知识获取，一定程度上保证了图书馆服务时间的延长；第三，馆务信息的公开化，这里包括图书馆中便于服务用户全部相关信息的公开。

（二）全面性服务原则

全面性服务原则主要体现在两个方面：一是用户在使用图书馆时能够得到全面的服务，主要包括图书馆内设施的完备为用户提供方便；图书馆的工作人员为用户提供优质服务。二是对潜在用户需求的开发与服务，图书馆根据实际的调研结果，有针对性地开发和完善新的项目，进而满足受众人群的需求。

（三）便利原则

便利原则指图书馆要为用户提供方便，保证用服务节约用户的时间，保证服务的质量和成果，主要表现在：图书馆的位置的选择上要以交通便利为首要考量标准；设置快捷合理的检索方式保证馆藏资源利用的效率；要确保图书馆服务用户过程的简练化。

(四)满意原则

图书馆不断转变自身的服务手段、加强服务人员素质、完善服务内容、确立新的服务体系,最终期望的目标是满足用户需求,实现用户满意。

第二节 图书馆服务组织

一、服务组织概述

(一)服务组织的含义

服务组织是指在进行服务工作时,依据实际情况进行分工而形成的各服务部门。受到各种因素的影响,服务组织的可以分为多种不同形式:基于社会需求,服务组织可以分为政府部门、医疗机构、福利机构、运输机构等;基于机构内部的需求,一个服务机构中又成立了多个服务部门,以满足整个服务系统的正常运转,如图书馆服务工作主要由采编、借阅、技术和咨询等多个部分共同组成。

(二)服务组织的性质

从性质上看,服务组织主要由营利型服务组织和非营利型服务组织构成。营利型服务组织主要的目的在于获取经济利益,又叫作经济型组织。这种服务组织形式多变,手段灵活,主要采取单体运行的方式进行组织运转。非营利型服务组织又称公益型服务组织,它的服务主体是无偿的。非营利型服务组织在形式上通常可以分为若干个等级层次,每级上下隶属关系清晰明确,且关系形成后基本不会改变。就我国图书馆而言,作为非营利型服务组织,其下又可细分为公共系统图书馆、专业系统图书馆和高校系统图书馆等多个分支。

(三)服务组织系统及要素

服务组织系统是由社会服务活动中服务组织的组织机构、基本设施、信息资源以及服务产品等多方面内容组合而成的系统。其中,组织机构、基本设施和信息资源是服务组织系统的核心内容,由于这三种因素的影响,会导致不同的服务组织形成不同的服务效果,即影响其服务质量。服务组织自身具有发展和创新的特性,它会随着社会的变革和技术的发展更新自身的服务内容与范围,增强自身服务的质量与水平。

另外,从服务组织系统内部性质上看,服务组织又可以分为宏观服务组织和微观服务组织。宏观服务组织是指社会服务行业在开展服务时对各系统因素进行组织;微观服务组织是指各服务部门在开展服务活动时在自身内部对各系统因素进行组织。

二、图书馆服务组织

现如今,随着社会的发展,对图书馆的服务工作也有了新的要求。为了推进图书馆服务工作的进一步开展，就需要对相关的服务组织进行服务方式的革新。传统面向业务流程的组织也不适用于当今社会的需要，服务组织迫切需要向面向具体任务服务的组织转变，不断根据服务工作的发展更新服务内容，保证服务效果的最优化。

（一）图书馆组织文化的设计

（1）正确认识图书馆的定位

一所图书馆的先进与否不只在于硬件设施的齐全和馆藏资源的丰富，关键还在于图书馆能否利用有限的资源发挥自身的最大价值。正确的定位能够引导图书馆设计更为合理的组织文化。

（2）提出共同目标

这一点主要是针对图书馆管理者而言。领导者应该深刻意识到，真正的组织文化潜藏在组织成员的意识中，而领导的作用就在于根据社会的变革与发展提出明确的发展目标，为员工绘制一幅宏伟的发展蓝图，让员工真正意识到组织事业发展的多种可能性，激励员工认可和赞同组织文化，为了更好地促进组织发展贡献力量。

（3）引导员工树立正确的价值观

从根本上讲，文化是一种思维观念，它作用于人脑，并通过人的思维方式和行为方式表现出来。组织文化渗透到员工的脑海中，则表现为一种更为强大的文化底蕴，人们所常说的风气、精神面貌等都是组织文化的真实反映。图书馆领导者除了要为员工提供良性的发展方向外，还应该注重员工的心理建设，倡导员工树立正确的思想观念，激励员工为实现组织的发展贡献力量，使每一位员工都具有高度的组织认同感和责任感。

（4）明确规章制度

通常情况下的规章制度主要是针对技术、操作等方面进行的细节规范，很少会对文化层面，如员工的行为举止、服务用语及服务环节进行深刻考量。为了完善组织文化，创设更具优势的组织文化氛围，图书馆可以将服务环节列入对员工的考核范围内，将服务质量划为物质奖励的重要组成部分，从具体的制度要求上规范服务行为，提升服务质量。

（二）图书馆组织文化的塑造

组织文化的兴起和发展是一个循序渐进的过程，优秀的组织文化的建设不是一蹴而就的。为了推进优秀的组织文化建设，图书馆应该从两方面进行考虑：第一，就组织内部来说，图书馆必须明确建立自身系统的内在目标，如价值体系、规章制度、行为规范等。第二，就组织外部来说，图书馆所建立的组织文化机制既要能够向自身员工渗透，也要能够向公众传播，以组织文化塑造良好的组织形象。组织文化首先是一个概念，然后通过各种机制慢慢渗透，逐渐成为员工的主动行为。组织文化正式形成后，会在实践中形成一套相应的规划，包括工作环境、服务标语、组织活动、规章制度、管理观念、价值准则、职业道德和精神风貌等。

(1) 工作环境

工作环境主要是由图书馆内部形态、布局、颜色搭配、书架位置、各个层次的浏览区和馆内标识、环境卫生与秩序、工作人员服装等因素构成的。图书馆应该以得到用户的认同感为首要目标，首先从表层文化塑造入手，如干净整洁的工作和阅读环境、清晰的指示标识、良好的环境秩序等都会给用户留下深刻印象。

(2) 服务标语

服务标语是组织文化的外在表现形式，是组织服务宗旨的凝练。但是服务标语不是简单的口号，图书馆服务工作的好坏主要体现在员工的行为上，只有员工真正领会服务标语的真实意义，才能够保证员工的行为符合服务的规范。因此，图书馆应该加大宣传和引导力度，做到服务标语不仅深入每一位员工内心，更渗透到用户的头脑之中，巩固和提升图书馆在用户心中的位置。

(3) 组织活动

图书馆定期开展不同形式的组织活动能够有效加强各部门、员工之间的交流合作，更好地开发信息资源，同时可以通过信息交流和传递增强员工的责任感与归属感。通过组织活动，可以强化员工的价值观念，在潜移默化中提升向心力，增强集体凝聚力。

(4) 规章制度

规章制度的制定与实施，能够真正将组织文化落实到实际中去。通过图书馆相应的规章制度，可以培养员工的服务精神，这种服务精神能够在实际工作中转化为员工的行为和活动原则。良好的规章制度能够使图书馆整体系统处于平衡状态。

(5) 管理观念

作为一种超越具体业务和实用技术的领域，管理观念是对组织文化核心内容和组织团体的意识形态的高度概括，也是组织精神和价值观的最高表达。

(6) 价值准则

图书馆应树立"用户至上"的价值准则，这一准则总结了图书馆管理所追求的目标。核心的价值观贯穿图书馆工作的各个方面，使图书馆工作人员认同规章制度的组织文化和管理观念，使整个图书馆形成团结一致的氛围。

(7) 职业道德和精神风貌

职业道德观念在图书馆工作人员的思想中根深蒂固，体现在图书馆工作人员的实际工作中。良好的精神风貌能够鼓舞员工士气，展示他们的整体形象。

(三) 组织文化塑造过程中问题

(1) 完美的服务是增值服务

组织文化具有主观性，组织文化的价值观会影响图书馆员工的精神层面，进而影响员工的实际行为。完美的服务可以让用户产生强烈的认同感，体会到自身的重要性。积累越来越多的用户认同感能够提升组织价值，使服务发挥间接的增值作用。

(2) 必须有与组织文化相适应的保障机制

组织文化的建设是十分重要的，但是如何建设组织文化是问题难点所在。它要求图书馆决策者以科学合理的眼光和思维来研究探讨一系列重要问题，例如，内部组织的合理性、管理制度的科学性和管理手段的有效性、图书馆经营模式的先进性和独特性以及与外部社会环境动态平衡的整体性等。只有在此基础上，才能构建起专业的图书馆领导层和结构合理的图书馆服务组织。

(3) 组织文化要量体裁衣

组织文化建设是图书馆的"软件"建设，其关键是实施过程。但是每个组织都有自身特有的情况，所以应该有选择地学习先进的组织文化，而不是完全照搬，只有与本馆相适应的组织文化才是最好的。

(四) 图书馆服务组织发展趋势

(1) 图书馆服务组织虚拟化

在信息时代，虚拟化是当代图书馆所追求的目标，即图书馆虚拟化。然而，这一说法与"虚拟图书馆"有明显区别。"虚拟图书馆"主要为人们提供了信息技术背景下的虚拟知识资源与服务，但是无法明确论证信息时代图书馆的结构模式以及运行方式。因此，为了进一步研究图书馆的功能、结构以及运行模式，就需要对"虚拟组织"做进一步探讨，拓宽图书馆虚拟化的研究视野。建立虚拟组织是一个循序渐进的过程，虚拟组织能够为图书馆的发展与创新提供方向，有助于提升工作效率，完善管理模式。在信息技术飞速发展的今天，图书馆应该追求更高层次的专业化与合作化，在提升总体实力的基础上为用户提供及时有效的高品质服务。

(2) 图书馆服务组织协作化

以追求图书馆虚拟化为基础，为了取得更好的发展，提升服务效率，图书馆更应当加强馆际之间的协作。一个服务组织若想要提升自身的水平和力量，只是实现了自身的专业化是不够的，要想得到跨越式的发展，必须实现专业化与合作化相结合，合理的协作方式能够为自身和公众创造出更大的价值。

1. 建立图书馆协作体

未来图书馆的运行模式，应是以"图书馆协作体"为前提的。总体来说，建立图书馆协作体的根本目的在于实现信息资源的共建共享。最初，图书馆协作体的形式是馆际资源互借和目录联合，虽然这种形式与现如今的网络资源交流相差甚远，但是这种协作体的出现具有深远的影响，它打破了原有的图书馆单独运作的传统形式，为进一步促进信息资源共享奠定了基础。

目前来看，影响图书馆协作体建立的主要阻碍是体制问题，这里的体制不是图书馆作为行政组织系统的隶属关系，而是指要建立图书馆协作体，就要确立起相应的制度和规则以维持资源共享体系。资源的共建共享首先要建立在图书馆之间的互利互惠基础上，形成内部组织系统之外的图书馆利用共同体，促进不同图书馆能够在共同体内的效益流通与信息资源共享，推动建立全新的信息时代共享网络。

2.建立与出版商的伙伴关系

图书馆建立起与出版商的伙伴关系，能够达到满足需求与实现利益的双赢。随着出版物、数据库价格的提升，图书馆更多是通过图书馆协作体与出版商进行交流，增强自己的市场竞争力；出版商则可以通过图书馆协作体，间接地为协作体成员提供新的商品与服务。在电子信息时代越来越发达的今天，图书馆应加强与出版商的合作，才能够有效保证信息资源的存取与利用。

3.ASP：图书馆新的合作伙伴

ASP（Application Service Provider），即应用服务提供商，是指利用网络为用户提供托管、管理应用程序和相关服务的网络服务商。ASP存在的最常见的形式是人们所使用的免费电子邮件网络系统，更广泛地应用于为企业提供在线工具，如日常办公软件等。对于图书馆来说，可以运用ASP的互联网应用，通过电子邮件、通信软件或论坛获取更多资源信息，获得更方便快捷的服务效果。目前来看，图书馆暂未形成在线自动化系统，如何将ASP发展为图书馆的有力工具还需要进一步研究探索。

（3）图书馆服务组织学习型

面对纷繁复杂的网络环境，图书馆及图书馆员应保持持续学习的积极性，服务组织不断学习，才能够保证在社会发展过程中保持自身的竞争优势。学习型组织理论能够为现代图书馆的转型和革新提供有效帮助，但是建立学习型服务组织是一个循序渐进的过程，图书馆应该将此作为思想指导，加强团队合作，制定战略计划，全面系统地思考，不断增强馆员的学习能力，保证自身在激烈的社会竞争中处于不败之地。

第三节 图书馆服务用户

一、图书馆读者与用户

（一）图书馆读者

传统图书馆学认为，一个人是否具备读者资格，首先要看他是否利用了图书馆文献资源，只有利用了图书馆资源，并且有能力进行阅读，他才能够被称为"读者"。因此可以总结出，图书馆读者是指运用图书馆供应的文献资源进行阅读，并且具有一定的阅读能力的社会成员，包括个人、团体、单位等。由此可见，图书馆读者既是文献信息服务的接受者，又是文献信息的使用者。

目前来看，图书馆读者是指根据图书馆提供的服务获取文献、知识和信息的用户。从某种意义上看，图书馆读者是社会读者总系统的一部分，它既包括图书馆现有的已注册的现实读者，还包括很多尚未使用图书馆资源的潜在读者。现实读者是指已办理借阅证或与图书馆存在借阅关系的社会成员；潜在读者是指尚未与图书馆建立借阅关系，但具有一定的阅读能力的社会成员，他们有成为读者的可能性，是图书馆现实读者的后备力量。在图书馆服务过程中，现实读者是图书馆研究和服务的首要对象，潜在读者是图书馆服务的次要对象。为了充分发挥社会服务功能，图书馆应充分研究掌握读者的阅读规律以及文献资源使用规律，努力将潜在读者转变为现实读者，提高图书馆的社会价值。

（二）图书馆用户

一直以来，图书馆的主要目标就是为读者服务。随着社会的发展，图书馆及图书馆概念面临着的转型。在现代信息技术与互联网的发展的基础上，图书馆由传统的实体化形式逐渐演化为实体与虚拟相结合的复合形式。因此，图书馆的服务范围也进一步扩大，不仅重视为社会成员提供阅读资源，同时致力于满足社会成员的文化需求、精神需求和娱乐需求，为广大社会创设人与人、人与资源之间自由交流的现代化空间与氛围。

二、图书馆用户文献信息需求特点

（一）社会化

随着现代图书馆服务水平和质量的提升以及信息资源的丰富，用户的信息意识得到了加强，需求也更加广泛化和多样化。在社会需求扩大的基础上，图书馆的服务范围也有了很大的扩展，由服务于地区、行业和单位的用户，逐步发展为服务于全社会的用户。

（二）集成化

一直以来，用户通常利用不同的方式来满足自身对信息的需求、对信息服务的需求以及对信息检索手段与系统的需求。比如，如果将用户的信息需求划分为利用环境条件得到信息、利用技术手段得到信息、利用信息服务得到信息和利用系统得到信息四种方式，当用户进行需求信息检索和利用时，信息资源分配的分散和信息技术利用的分离，决定了根据个体要求进行信息获取的行为模式。随着信息技术的发展，计算机技术、远程通信技术和网络信息处理技术之间不断渗透、融合，信息资源的开发、组织和分配状况也发生了变化。网络环境下，多种信息获取方式并行，用户可以根据个人客观需求获取相应的信息资源，使数据、信息资源的获取与发布集成为多功能、多通道、多模式的信息需求与服务利用行为。

（三）综合化

用户文献信息需求综合化，一方面指需求内容的综合化，另一方面指需求的全面发展。现如今网络信息技术的发展使用户所面临的资源越来越丰富，人们迫切需要获得内容综合、类型齐全、种类繁多、来源广泛的信息知识。而由于用户职业与角色定位不同，所得信息必须与工作及学习需求相匹配，因此对用户需求的满足应是全方位的。另外,用户对信息的选择方面可能存在着跨行业、跨领域的知识交叉,用户的知识需求往往不是单一地针对某一工作或行业,而是其领域可涉及的方方面面。例如,经济企业对产品开发时,要经过产品开发研究、决策、实施、管理和产品更换等多个环节。因此,在获取需求信息时,其要求得到的需求服务不是个别的,而是具有一定规模的综合化信息服务。

(四)高效化

用户文献信息需求的高效化主要体现在以下几个方面:第一,用户基于其职业需求,面对快节奏的工作,以及工作内容的快速转变,其资源需求往往需要得到快速满足。第二,只有高效率、高速度的信息服务工作才能保障快速进行信息处理,优化信息利用模式。第三,网络信息组织的完善以及传递方式的变化提供了高品质、高效率的服务信息,用户在信息技术的发展中逐渐习惯利用新技术来处理问题和进行沟通交流,进一步激发了用户对高效信息服务的需求。通信网络的普及和电子信息技术的发展,使信息资源传递高效化变为可能,而通信服务成本的降低为满足人们越来越丰富的信息需求奠定了经济基础。

(五)个性化

社会信息化的发展,提升了人们的信息观念与信息意识,对信息资源的需求明显增加,需求内容也越来越复杂。同时,网络环境为人们个性化的塑造提供了可能性,现代网络信息技术能够建立起信息交流与传递的高效机制,为每一名社会成员构建了符合自身个性发展需求的个性化空间,用户可以根据自身的实际需要自由地选择不同类别的资源信息。从社会成员角度来看,学生、教师、管理人员、技术人员等为个性化资源利用的主体,在网络条件下,他们的个性需求主要表现为以下四点:

(1)信息的获取

信息时代使人们的时间观念和效率观念不断增强,对于获取信息资源,人们也有着同样甚至更高的要求。网络信息的发展与完善让人们接触的知识层面不断拓宽,进而激发了人们对更高层次的知识与技术资源的需求。在信息的获取结果上,人们更加期望网络信息服务由关注社会群体需求转变为关注社会个体的个性化特色需求。

(2)信息的交流

当今社会,各社会领域和学科领域的交叉渗透愈加明显,由于用户所处领域不同,其对信息资源的需求也千差万别,但是由于不同领域、不同学科之间存在着综合性,因此用户的知识需求往往是多角度、多方面的。用户迫切希望能够得到与其他领域的专业人士交流和探讨的机会,实时掌握不同领域的发展动向,丰富自身的知识体系。

(3)信息的发布

信息的发布主要是指用户向外界传递自身理论知识或研究成果的需求,如科研项目、科研成果、课题项目、工作报告等,用户需要通过信息的发布创造一个与外界良性交流机会，进而满足自身的个性化需求。

（4）信息的咨询

人们在进行科研、教学或日常工作时，往往需要得到外界有效的知识或建议的干预，才能够使工作得到进一步发展。这时，就需要网络信息技术为用户提供及时有效的专业咨询来促进个性需求的实现。

（六）精品化

现代科学技术背景下，信息化与数字化迅猛发展，导致信息资源虽然种类繁多但是内容良莠不齐。在这种环境下，用户既希望得到不同种类的知识信息，同时又希望保证信息的高质量。因此，为了满足用户需求，图书馆应以用户的信息需求为前提，运用图书馆庞大的资源储备，对用户所需知识进行全面系统地收集、筛选和整理。此外，还可以通过信息知识的再次开发，提取高质量、高附加值的信息，启迪、开发用户的创造性思维。

（七）自助化

用户阅读要求的提升，要求图书馆不断升级自身资源与技术水平，以提供更加方便快捷的信息检索及获取技术。不断更新与发展的现代图书馆技术设施，是实现用户自助检索和阅读的技术支持，为用户阅读开拓了更广阔的发展空间。与此同时，图书馆开展相应的用户技能培训，有助于提升用户的信息获取能力，进一步实现用户阅读的自助化。

（八）动态性

现如今，随着社会、经济、科技的快速发展，信息的内容也随着技术的发展不断更迭，信息知识的有效期明显缩短。这种信息更迭现象必然会导致用户对知识的需求呈动态性变化。图书馆作为信息资源的重要载体，必须找到适应现代信息技术发展特点的信息存取方式，保证信息资源库随着社会的发展不断更新知识内容体系，及时反映学科研究及社会进展新动向，为用户提供明确、有效的实时信息资源。

（九）系统性

以计算机技术、网络技术和通信技术为中心的信息资源共享系统正在不断渗透到人们的生活中，网络中种类多样、内容广泛的信息知识使得人们不再受到时间、空间的限制，能够在任何时间、任何地点实时搜索所需知识资源。图书馆与现代信息技术相结合，能够为用户提供全方位、系统化的知识信息。

三、图书馆用户类型

用户类型是图书馆服务的基本组成元素，具有不同知识需求的用户，构成了不同类型的用户群体。不同的用户群体根据其知识储备和社会经历各有其内在特征，体现出他们不同的文化需求。

（一）按用户规模划分

（1）个人用户

个人用户是现代图书馆的主要服务对象，它主要以自然人为主体，基于个人需求，单独使用图书馆的现有文献信息资源进行阅读或其他活动。个体用户涉及的社会成分较为广泛，学生、教师、干部、工人、农民、军人等均属于个人用户。

（2）集体用户

集体用户是指以同一组织、团体为单位或者根据个人意愿组成团体的图书馆资源使用者。这一组织或团体的主要特点是，组织或团体内部成员有着相同或相似的资源利用需求，他们可能学习同一门知识，或者从事同一份工作，他们可能以阅读组、借阅组、学习组、科研组、评审组、专题写作组等多种形式存在，需要在规定的时间内，阅读或借阅一定范畴、一定数量的文献资料或其他知识资源。在图书馆服务与管理方式上，集体用户的与个人用户明显不同。

（3）单位用户

单位用户是指以固定的机构形式使用图书馆资源的群体用户。单位用户可以分为三类：第一，图书馆的分支机构，例如公共图书馆、社区图书馆、资料室等；第二，与图书馆建立了伙伴关系的图书馆；第三，固定机构的群体用户。固定机构可以与图书馆建立起一定的借阅和资源共享关系，保证该机构所属个人或部门都能够在一定的制度下充分利用图书馆现有资源。

（二）按用户年龄划分

（1）少儿用户

少儿用户主要是指年龄在6到15岁的少年儿童群体，这一用户群体的主要特征是求知欲旺盛，活动能力较强，他们往往喜爱阅读但是容易受到外界环境干扰，阅读的时间较短，效率较低。这时的少年儿童正处于对知识较为渴求的阶段，并且初步具备了一定的思维和理解能力，因此，对于这一群体，图书馆应充分把握群体的特点，设置对他们具有吸引力的知识内容与服务，如兼具趣味性与知识性的书籍，帮助他们塑造正确的阅读和学习观念，协助他们在课堂教育之外掌握更多的新知识、新技能。

（2）青年用户

这一群体主要是指已成年的青年大学生、刚刚就业或暂未就业的年轻群体。这一阶段的用户通常处于学校到社会的转型时期，兼具学生和青年的双重心理，心理与生理日趋成熟，迫切需要将所学内容与社会技能融会贯通。针对这一群体，图书馆应与社会发展同步更新自身体系，为青年用户提供优秀的文化成果，帮助他们获取知识、增长智慧，更好地发挥个人才能。

（3）中年用户

中年用户是图书馆服务的主要群体，这一群体涉及范围较广，往往工作和知识水平较为稳定，社会经验较为丰富，他们的业务需要可以在一定程度上反映出社会与技术发展的大致方向。为满足这一群体的需求，图书馆需要提供精准的文献信息资源，加强对各级文献的管理，提升服务质量，增强用户的资源利用率。

（4）老年用户

老年用户通常没有特定的阅读需求，图书馆在服务这一群体时要保证耐心、热情地为他们解决相应问题。

（三）按用户资源需求划分

（1）盲目型用户

盲目型用户往往没有很强的主见性，他们没有明确利用图书馆的目的，可能受到他人的影响，被动地使用图书馆资源。这类用户通常不具备选择能力，无法明确自身的实际需求，也无法选择符合自身知识层面的相关文献资源。对于这类用户，图书馆很难提供相应的指导或服务。

（2）实用型用户

实用型用户与盲目型用户有明显的区别，这类用户在利用图书馆资源时具有明确的目的性。基于求学、求知的需求，他们更多地使用的是专业类的教辅书籍、期刊等。

（3）拓知型用户

拓知型用户与实用型用户具有一定的相似性，主要是出于一定的目的有选择地使用图书馆资源。不同的是，拓知型用户在知识的选择上主要是为了拓宽已有的知识层面，丰富自身的知识体系。因此，这类用户除了会阅读专业类文献资源外，还会涉及艺术、体育、军事、科普等多个方面。

（4）钻研型用户

钻研型用户是在实用型和拓知型用户基础上，提出更高发展要求的用户群体。这类用户需要借助图书馆资源进行更深层次的理论知识研究或开展专业工作，因此要求图书馆能够提供种类丰富、形式多样的最新知识资源，同时要求图书馆信息检索方式的高效化与准确化。

第四节　图书馆服务资源

一、图书馆资源的构成

针对图书馆资源的构成问题，一直被很多人广泛讨论。有的学者从作为一种动态的信息资源体系的角度出发，提出图书馆资源由信息资源、用户信息需求、信息人员、信息设施四个方面要素构成；有的学者从同一角度出发，将图书馆资源分为文献信息资源、人力资源、技术资源、设备资源、建设资源、资金资源、读者资源等多种元素；有的学者将图书馆资源划分为四个方面：文献资源，即馆藏文献资源；网络信息资源，包括静态的数字化文献和动态的各类社会信息；人才资源，包括图书馆员和读者资源；设备资源，包括馆舍及各类设备。四川省图书馆文献建设委员会提出图书馆资源主要包括八个方面：馆藏的文献、图书馆专业人员、图书馆品牌、图书馆读者、馆舍、图书馆设备和用品、图书馆有关的政策和法规、图书馆学理论和方法。

通过对图书馆资源的观察与分析，以上的划分方法都有其合理性和可行性，然而，有的划分涉及内容过于宽泛，有的划分则过于细化。现如今，人们通常倾向于将图书馆服务工作开展所需的资源分为文献信息资源、人力资源和设施资源，这是当前图书馆界较为流行的观点。

（一）文献信息资源

文献信息资源也称为信息资源，它是图书馆得以生存和发展的基础，它主要包括图书馆内提供使用的全部信息，具体分为馆藏文献信息资源、网络信息资源，也包括可共享的其他单位的馆藏文献信息资源。馆藏文献信息资源是指图书馆内收藏的可为用户提供知识信息服务的各种信息资源。网络信息资源是指借助于现代计算机网络系统，以联机方式为用户提供服务的信息资源，包含静态的文献数字化信息和动态的社会信息。共享的社会文献信息资源是指图书馆内并未收藏但可以利用某种方式进行使用的其他单位收藏的文献信息资源。

（二）人力资源

人力资源是图书馆事业得以发展的关键性因素，它主要包括从事图书馆相关工作的各类人员以及由人制定出的管理方法，具体可分为图书馆员、用户资源。其中，图书馆员资源主要包括图书馆理论和方法、图书馆政策和法规、技术资源，这些资源是图书馆员智慧的结晶。狭义上的人力资源仅指图书馆员，现如今对图书馆人力资源开发与管理的相关探讨大多数都是从狭义的人力资源的含义上进行阐述的，很少把图书馆员以外的用户资源纳入人力资源的研究范围中。实际上，如果让用户参与图书馆管理和服务，将为图书馆事业注入新的活力，如有些图书馆建立的专家顾问团、青年志愿者服务队、学生图书馆管理协会等都是对图书馆用户人力资源的开发，对图书馆工作本身起了很大的促进作用。

（三）设施资源

设施资源与设备资源这两个概念常常混用，但是认真说来，设施资源的范围比设备资源更广，它包括图书馆馆舍、图书馆设备和图书馆用品。其中图书馆设备是主要的设施资源，它包括传统设备（如书架、阅览桌椅等）和现代化设备（如计算机等）。现代化设备又称为信息设施，主要包括自动化系统和网络。这里所说的技术与设备已经融合在一起，因此很多人称之为技术设备资源。但从理论上讲，技术与设备应分属于不同的资源范畴。设施资源是图书馆的物质基础，特别是信息技术设备的配置已成为现代化图书馆的标志，因而越来越受到重视。

二、图书馆资源的特性

（一）可用性

图书馆收存信息资源的最终目的在于充分满足用户的文献信息以及其他知识信息的需要，因此，可用性是图书馆资源的主要特征，图书馆收存的资源具有很高的可用性，才能够保证图书馆的稳步发展。

（二）有序性

图书馆资源必须是有序的，如果图书馆的文献信息资源是无序的，那么就会导致资源检索方法杂乱无章，用户无法使用，图书馆资源就失去了存在的意义。图书馆人力资源也需要具备有序性，在图书馆服务组织中，对人力资源的管理就是一种资源整合。图书馆重视对人员的管理，才能够确保人员服务的有效性，充分体现图书馆服务的最高价值。另外，图书馆设施资源也必须是有序的，只有设施资源保持有序性，才能够为用户提供舒适的阅览环境，充分发挥其服务功能。

（三）整体性

整体性是指以某种方式构建的有机体系统中各要素之间既相互联系又相互约束，使这一有机整体呈现出各组成要素本身不具备的整体功能，实现整体大于各部分之和的效果，同时各组成要素之间密不可分。在图书馆组织中，图书馆资源的各部分组成要素共同构成了图书馆服务的整体，各组成要素之间紧密联系、不可分割。并且，由于各组成部分在系统整体中各司其职，最终能够达到1+1>2的效果。现如今科学技术发展迅速，带来了计算机技术与网络技术的变革，逐渐出现了图书馆的新形式，如网络图书馆、虚拟图书馆等，图书馆的具体形式发生了变化，因而其内部组成要素的内容及各要素之间联系也会发生一定的变化，但是图书馆资源的整体性始终是不变的。

（四）联系性

联系性主要包括两方面内容：一方面，系统内部的各组成要素之间相互联系、相互影响；另一方面，系统内部各组成要素与系统外部环境也存在一定的联系。图书馆资源系统中各组成要素之间相互联系又相互制约，这种关系维持了系统内部的稳定性和整体性。同时，在图书馆进行服务工作时，在各组成要素相互联系的基础上，保持与外界的紧密联系，有序衔接，以保证图书馆服务工作能够顺利进行，提供用户所需的相关服务。

（五）动态性

动态性是指有机系统的内部组成要素会随着时间的推移和某些因素的影响而发生一定的变化。受到现代科学技术发展的影响，图书馆所处社会环境与技术环境产生了巨大变化。为了适应这种外部环境因素的变化，图书馆必须不断更新自身的资源体系和设施设备,引进高素质人才,强化自身的运行体制,提升服务质量。图书馆发展至今,其外在形式与内在资源内容都在随着社会的发展而不断变化,这种变化就体现了资源的动态性。

三、图书馆服务资源整合

(一)不同载体、不同类型的资源间的整合

目前,图书馆收存的资源类型多种多样,其内容既包含传统印刷式文献材料,也包含电子信息技术下产生的数据库资源,还包含形式各样的网络资源;既包括文本类文献资源,又包括图像、音频等电子类信息资源。因此,对图书馆资源进行整合,首先要明确不同资源形式划分的标准,并作出全面系统的规划,使各类资源能够有机结合,彼此之间相互关联,相互渗透。在整合过程中,还需要注意系统的延伸性以及传统文献资源的数字化转型,要对数字化工作进行详细、全面的规划,保证书刊整合的顺序和水准。

(二)各类电子信息资源的整合

现如今,图书馆收集了电子图书、电子期刊、CD-ROM数据库、在线数据库、网络数据库、网络信息资源等多种电子资源,合理规划各类数据库和异构数据库的比例,建立集成机制,认真分析它们之间相似性与差异性、相互关系与重叠程度、根据读者的信息需求和学术需求合理配置相应的数据库资源,实现异构数据库与跨数据库检索的整合,基本建立了统一的检索平台。

(三)图书馆馆际间资源的联合整合

在整合图书馆信息资源的过程中,需要充分考虑图书馆与分馆、区域图书馆乃至全国范围内图书馆之间信息资源的联合整合。如果能够实现图书馆馆际之间联合体的建立,就可将各种类型的虚拟资源整合到本馆体系之内,供给用户使用。

四、图书馆服务资源共享

(一)资源共享的含义

在过去很长一段时间,由于数字技术和计算机尚未出现,图书馆之间的资源共享还局限于传统印刷式文献资源的互借互赠、书籍目录的交换上。由于现代科学技术日新月异,图书馆以信息技术为载体,在文献信息资源的存取、检索、整合和传递形式上进行了技术革新,可以在了解用户需求后,快速提供其所需的文献信息资源,这些资源可能是本馆的,也有可能是他馆的;可能是国内的,也有可能是国外的。现代科学技术的发展,为实现文献信息资源共享奠定了坚实的基础。这种高效快捷的文献信息资源共享是现代图书馆的一个重要特征,图书馆只有根据用户需求不断调整服务战略,加强馆藏资源建设,才能够为自身赢得更多用户,巩固自身信息资源领域的核心

地位。此外，现代图书馆服务资源共享的范围也在不断扩大，它既包括文献信息资源的共享，还包括人力资源以及设施资源乃至管理资源的共享。例如，图书馆联盟的成员图书馆可以共享兼具信息资源管理、计算机网络应用、外语能力的专业型人才，对于小型成员馆，可以利用网络共享这些人力资源，为用户提供专业服务，例如，在联合参考咨询中，充分利用了人力和设备共享，实现了优势互补。

（二）资源共享的对策措施

（1）加强人力资源建设

现代科学技术的发展，更多的电子设施和网络技术被应用于图书馆的资源建设之中，因此，在图书馆的管理方面也应不断更新体系，引进更多具备高素质、高水平的复合型管理人员。同时，图书馆自身人才体系中，应注重培养具备综合的学科能力和创新能力，具有开拓精神的新型人才，跟进社会发展脚步，提升自身的综合水平与能力。加强对学科前沿知识的分析和整合，对具有地方特色的文献资源进行收集和研究，构建学科前沿数据库以及具有区域特色数据库等不同类别的数据库。

（2）加强政府宏观调控功能

图书馆实现资源共享，需要在网络、技术、管理等多个领域进行学科与知识的交叉渗透，必要时甚至需要通过国际合作，通过政府干预来进行组织、协调和控制。政府要充分发挥宏观调控功能，为图书馆的资源建设与发展指明方向，使图书馆的建设能够统筹规划、分工协作、加强沟通、优势互补，进一步提升图书馆建设标准，避免重复建设，减少人力，物力，财力资源的浪费。

（3）加强技术标准体系、规范的研究和制定

为了实现与国际接轨，在进行资源共享时应优先考虑利用国际标准和通用规范，而资源数据的标准化与规范化是图书馆进行资源共享的前提和基本保障。图书馆实现资源共享，首先要保证资源产品具有一致性和共享性，以此为基础，建立规范的标准体系，促进各种标准之间的协调与联系。同时需要将文献格式的描述标准、元数据的定义标准、各种代码和标识符的定义标准、文献类型描述标准、软件接口标准等多种要求置于一个信息平台上进行加工，保证资源共享的可能性与实践性。

（4）重视特色资源数据库的建设，开展多样化的信息服务

现代图书馆的主要特征是数字化与特色化，这两大特征使得图书馆在市场竞争中保持长久的活力与优势。如果图书馆失去了特色，那么就会导致人力、物力、财力的巨大浪费，也会使图书馆在竞争中失去生机。图书馆的信息资源通常是价值较高的特色文献资源，资源之间的相互联系构成了有序、规范的特色资源体系。因此，应在遵循本馆特色资源条件的基础上，开发和利用本馆特有的、具有区域资源优势的馆藏资源，把握特色馆藏的精华，进行数字化以及建设特色数据库。依托先进的信息技术构建高效率的电子文献传递服务系统，在网络环境下确立文献传递服务的新形式，已达到更快、更有效地为广大用户提供高质量服务。通过信息技术的开发与应用，实现专

业化、特色化服务，提升用户对图书馆的满意度和馆藏文献资源的合理利用率。

（5）加强联合开发，建立共享的基础

图书馆资源共享的建设需要在全国范围内进行整体规划，不仅需要国内各行各业有关部门和单位之间分工合作，必要时还需要实现国际上的合作。这就需要建立起跨部门、跨行业、跨区域的管理协调组织，利用自主开发、合作开发、联盟开发相结合的信息资源开发模式，确定利益分配标准，协调馆际互借、联合编目、数据库建设和其他项目之间的关系，让各方的权益得到实现，以促成图书馆之间的资源合作与共享。

（6）加强对版权标准化建设和质量管理

加强对法律、知识产权、访问权限和数据安全等问题的研究力度，制定相关规定，并通过立法的方式保护版权所有者的根本权益。研究开发数字版权管理技术，加强政府的宏观调控力度，制定相应的政策法规，减少重复性建设、技术和标准、版权、运行机制等错误的发生。

第五节　图书馆服务环境

一、图书馆服务环境的构成要素

对于图书馆服务环境构成要素，目前学术界暂未形成一个统一的概念。但是综合现有的研究成果，结合信息化时代背景以及现代图书馆的组织结构，可以得出图书馆的服务环境应包括五个方面：服务资源，服务空间布局，信息技术条件，服务制度和服务活动。

（一）服务资源

在图书馆服务资源中，文献信息资源是图书馆服务活动的核心，是图书馆得以存在的基础保障，也是图书馆进行服务工作的前提。它的实际内容既包括现实馆藏资源，同时也包括虚拟馆藏资源。人力资源是具有主观能动性的关键因素，图书馆工作人员是文献信息资源与用户之间联系的桥梁，他们既是文献信息资源的组织者和传递者，又是图书馆服务工作的提供者，在图书馆服务工作中具有重要的指引作用。图书馆设施资源是图书馆的物质基础，主要包括外部环境、内部环境、馆舍建筑、指引标识以及各种电子设备、打印设备、语音设备、传送设备和为特殊人群提供的各种必要设施。

（二）服务空间布局

从空间布局上看，图书馆服务空间可分为图书馆建筑的整体空间设计、各功能区的科学布局、设施设备的布局与布置等。一般情况下，图书馆可设立书刊收藏区、书刊阅读区、电子文献阅读区、读者咨询区和读者休闲区五大功能区。用户对图书馆的第一印象往往是从图书馆的空间布局上看的，因此，建立良好的空间布局有助于提升图书馆的形象，起到吸引读者的作用。

（三）信息技术条件

信息技术条件主要由信息服务技术与网络技术两部分构成，信息服务技术主要指集成平台技术、信息推送技术，信息跟踪技术、信息聚类技术、跨库检索技术以及信息交互技术等；网络技术则包括网络信息平台、网络化图书馆服务系统及网络安全技术等。信息服务技术与网络技术是建立高品质图书馆的前提条件，同时也为信息服务平台的建立提供了相应的技术支持。现如今，信息技术的发展有效扩大了图书馆的服务范畴，提升了图书馆服务的效率，推动了图书馆服务模式由传统被动服务向现代主动服务的根本转变。

（四）服务制度

图书馆的服务制度主要包含两个方面：一是国家机关颁布或认可的图书馆服务活动的法律法规、方针和政策；二是图书馆自身体制内制定的服务体系和规章制度。图书馆服务制度的制定，一方面在于建立规范的图书馆服务环境，另一方面在于平衡图书馆系统中各组成要素之间的联系，保证图书馆运行机制的有序进行，提升服务工作的效率。

（五）服务活动

从根本性质上说，图书馆是服务性的组织，其最终目标就在于为用户提供服务。有学者指出，图书馆的服务活动既包括服务管理，服务手段，服务方式和服务交流，还包括服务活动中反映的服务理念和服务态度。图书馆服务活动水平的提升是一个整体性工程，需要进行全面、系统的考虑。

二、建立图书馆服务环境的意义

（一）有利于实现图书馆的价值

现今社会，网络高速发展，传统图书馆的功能被弱化，建立图书馆服务环境是十分必要的。首先，可以确立明确的服务方向与服务理念，充分发挥图书馆工作人员的潜力，动员所有客观条件为客户服务；其次，可以完善文献信息资源体系和信息技术系统，为用户提供高效的检索方式，方便用户最快地获取信息资源；最后，可以制定一套从用户角度出发的服务制度，使用户能够在舒适、真诚的服务环境下快速高效地获取信息资源，这样既满足了用户的实际需求，同时也满足了用户的精神需要，提升用户的满意度。拥有广泛而坚固的群众基础，图书馆的存在才更有价值。

（二）有利于树立图书馆良好的形象

用户在图书馆中，会受到多种因素的影响，如图书馆的基本建筑、场所设置、装修装饰品位、服务设施的品质、文献信息资源的排列方式、工作人员服务的礼仪和态度等。用户会在这一过程中感受到自己被重视的程度,进而影响用户对图书馆的总体评价。因此,服务环境的好坏会间接影响图书馆的形象。

(三)有利于实现图书馆的可持续发展

服务环境的不断创新和发展,信息资源体系的完善、信息设备的不断更新和信息服务水平的不断增强能够有效促进图书馆的可持续发展,现代化图书馆服务环境蕴含着现代先进的服务观念与人文意识,二者既存在一定的稳定性,同时又充满生机,为图书馆的转型与发展提供创新与实践能力。秉持现代服务观念与人文意识,能够推进图书馆不断更新落后的思想观念,提高服务层面,增强服务品质,不断满足人们动态的文化需求,同时保证图书馆在体系的创新与发展中实现可持续发展。

(四)有利于突显图书馆在信息服务方面的竞争优势

在图书馆服务环境下,图书馆凭借先进的服务理念和人文精神、先进的信息设备和高水平的服务技能,能不断开拓服务领域,树立特色服务品牌,提高服务水平。诸如网上信息的导航服务、网络信息服务项目的开发、高校信息服务项目的开发、专业图书馆向企业提供专题咨询服务、高校图书馆面向社会提供文献信息服务、公共图书馆以特色资源提供特色服务等。

(五)有利于激励读者精神的升华

营造良好的图书馆服务环境,能够使用户充分受到图书馆现有物质资源以及信息资源的精神感染,在正向、积极的阅读环境中提升自身的精神境界。

三、图书馆环境对用户行为和服务的影响

(一)服务过程与服务环境

对于用户来说,一个服务组织的外在环境如建筑外形、内部环境构造等是首要关注因素,这些环境因素决定了这一服务组织对于用户是否有吸引力。但是用户的实际需求则需要进入服务组织之后才能够得到进一步满足,这时就需要服务组织提供用户所需的资源和有效的指引,使用户得到一个满意的服务过程。对于图书馆这种用户参与度高、互动性强的组织,服务环境对于用户的影响更为明显,因为用户在服务组织的需要经历全程的服务,服务环境地方好坏直接影响用户对服务的认知和满意度。

很多时候,用户在服务利用之前就已经从各方面了解到了服务组织的功能与水平,因此,图书馆可以抓住这一点,在用户的了解过程中向用户传达服务宗旨与内容,为用户了解图书馆提供更多的线索。

另外,服务人员在服务组织中也会受到服务环境的影响。根据组织行为学的研究发现员工对其所处服务组织的认同度、工作态度、工作效率都受到服务环境不同程度的影响,而用户和服务人员必须在服务组织的服务过程中相互交流与互动,服务组织

的服务环境应充分考虑服务人员和客户的需求和偏好。

（二）图书馆服务环境对用户行为的影响

人与环境的认知整合作用是相辅相成的，图书馆服务环境的营造有助于陶冶用户情操，提高用户的精神文化修养。从建筑环境的角度看，现代图书馆作为社会文化活动的中心，不仅提供书刊阅览平台，同时还提供展示厅、演讲厅、报告厅、活动室等各种文化活动设施。现代图书馆对服务环境的营造主要以人的需求为出发点，在喧嚣的城市环境下，图书馆为社会大众提供了一个最为良好的阅读氛围，使人们虽然身处闹市，但是却有与世隔绝之感，使人们沉浸在知识的海洋中，增长见闻，开阔视野。

大多数用户到图书馆都具有指定的目标，可能是为了查阅文献资料，可能是为了阅读典藏文献，可能是为了休闲娱乐。这时图书馆的服务环境将直接影响用户阅读目标的实现。现代图书馆强调"以人为本"，应该从服务环境的设计、规划、建造、管理等多个方面，迎合用户的趋近行为。同时，就图书馆内部管理来看，图书馆应注意消除服务人员的规避行为，增强服务人员的趋近行为。良好的服务环境会使服务人员产生对图书馆的心理认同感，虚心接受图书馆管理，认同图书馆的服务理念与方式，进而提升服务质量和水平。

（三）图书馆服务环境对服务沟通的影响

图书馆服务环境对用户与馆员的影响不仅体现在个人表现行为上，还体现在用户与馆员的交流方式上。相关研究发现，服务环境对员工沟通方式、团队凝聚力、友谊和小团体形成产生重要影响，仅仅满足组织成员个人工作需求的环境设计可能不利于馆员与用户之间的交流。因此，可以得出以下的结论：

第一，对于需要用户与馆员沟通的服务，用户与馆员对服务环境具有正向内在反应，可以提高用户间、馆员间以及用户与馆员间的沟通质量。相反，如果用户与馆员对服务环境产生负向内在反应，会降低用户间、馆员间以及用户与馆员间沟通的质量。

第二，有利于馆员趋近行为的馆内环境设计，可能无法满足用户的心理需求，也无法促进馆员与用户的正向沟通。同样，有利于用户趋近行为的馆内环境设计，也可能无法满足馆员的需求，不利于馆员与用户间的沟通。由于服务环境对人的行为影响程度较大，因此，对图书馆整体环境的设计必须具有科学性的目标指导，以保证功能设置符合用户以及馆员的内心期望。图书馆必须在任务书中明确向建筑设计师传达每个功能空间所希望的组织目标，如团队合作、生产力、创新等，并设计一个有益的服务环境，引导馆员的正向行为，促进组织目标的实现。同样，图书馆服务空间的规划设计不仅要考虑用户的流动方向，还要考虑每个空间的服务特征和服务环境所起的作用，以及图书馆设置的这个功能空间的具体服务目标。

四、图书馆服务环境的营造

构建图书馆服务新环境,应注重树立新的服务理念。以领导为主导,全体图书馆员共同参与建立以服务理念为核心的人文精神,并以此为导向,推动管理体系、服务体系、信息资源体系和信息技术体系的全面建设与融合。这不是一蹴而就的事情。只有通过长期的战略规划、循序渐进的实施和不懈的努力才能实现这一目标。

(一)制定长远、全面的战略规划

目前,图书馆的目标是建立一个高水平、高质量、高效率的信息服务环境。人们总是需要图书馆来实现某种目标。因此,图书馆要树立新的服务理念和人文精神,提高人员的专业知识和综合服务技能,建设和整合系统资源和信息技术系统。深谋远虑,设定目标,制定循序渐进的战略进程,并制定具体的阶段性实施计划。

(二)确立全新的服务理念

图书馆的管理者、馆员与用户需要改变自己的思想,在世界信息网络基础上,了解当今世界信息技术和信息服务行业的发展现状,并了解当今世界的开放性和竞争力,从而形成一个新的服务理念。新服务理念是对服务目标、服务目标、服务意识和服务创新等服务概念的深刻诠释。

(三)改善图书馆的功能布局

图书馆建筑、设施和设备的设计和布局可以直接被读者感受到,对读者的影响也最为明显。好的图书馆的建筑设计和布局,要与自然环境相结合,并具有现代性的设施资源和各类人性化的服务。另外,图书馆设计与建造时要对各服务功能区进行合理的规划和布局,依据各功能区的特点进行装饰,并设置合理的交通线路,为用户提供方便,提升用户对图书馆的利用效率和水准。

(四)实现技术环境现代化

现如今,电子计算机的被广泛应用,电子技术与网络技术日益发展,图书馆的传统工作模式发生了根本性转变,现代图书馆的服务环境逐渐向技术环境现代化迈进。为了给读者提供更优质的服务,图书馆需要加大对技术设施的投入力度,引进现代化设施设备和管理力量,丰富图书馆现实与虚拟馆藏资源建设,使用户足不出户也能实现阅览文献资源。

(五)提高馆员的综合素质

图书馆在进行服务观念转型的过程中,也需要加强自身内部管理,加强对图书馆员的职业技能培训,培养馆员的专业技能以及职业素养。图书馆应制定有益于发挥馆员才能、有利于开发与建设信息资源的规章制度,使图书馆资源体系内部各部分功能相互联系、相互促进,实现系统内的动态平衡,为用户提供多领域、高层次、高品质

的文献信息服务

（六）建立可持续发展的服务环境

（1）结合生态环境

图书馆的设计应尽量与当地地形相结合，不破坏基地原有的生态环境。一些花期较长的灌木和花卉，以及一些景观和雕塑装饰可以适当地种植在室外。室内光线应尽可能柔和，根据室内功能分区，合理配置兼具装饰性与实用性的家具。同时，要做好隔音处理，保证阅览区域不被噪声干扰。

（2）结合地域文化

可持续发展概念主要包含两部分含义：一是生态环境的可持续发展，二是人类精神文明的可持续发展。图书馆作为一种建筑文化，在建造与发展过程中首先应以尊重地区生态环境与文化传统为前提，在此基础上实现技术与文化的双重发展。

（七）通过法规规定图书馆的权利和义务

现今社会，图书馆的资源与文化建设已经相当完备，但是管理不善的现象也时常存在。这就需要依靠法律法规的明确来规范图书馆的权利与义务，同时提出用户的权利与义务。图书馆应依据读者的反馈改善服务环境，规范图书馆管理，确保图书馆的健康发展。通过规范图书馆的建设标准，如面积标准、图书数量标准、座位标准等，也可以使图书馆发展过程中的有迹可循。

（八）建立服务创新体系和高素质的服务团队

（1）树立以人为本和科学精神相融合的管理理念

先进的科学技术的利用，根本目的在于为用户提供更优质、更全面的服务。基于技术下文献资源的完善与发展，图书馆应贯彻"以人为本"的人文精神，并将这种精神渗透到每一名馆员心中，使他们秉持科学发展的思想，从用户角度出发，全心全意为用户服务。

（2）在业务层面上本着专业性和人文关怀的原则从业务上看，图书馆必须加强图书馆馆员的专业能力培训，努力培养适应社会服务创新发展需要的新型专业人才，为图书馆的服务创新奠定坚实的基础。人文关怀原则应贯穿图书馆服务的全过程。

第二章 图书馆信息服务创新

第一节 图书馆信息服务内容

中华人民共和国成立以来，图书馆经历了漫长的发展过程，从图书资料中心到情报资料中心，再到信息情报中心，直至今天发展为公共信息资源中心和数字化信息化图书馆，图书馆的服务形式以及资源形式都发生了根本性的变化。信息服务从广义上来说，它涉及社会的诸多领域；从狭义上来说，信息服务是指信息的收集、加工、存储和传递等社会化经营活动。在信息技术高速发展的时代背景下，人们的生活到处都充斥着信息。图书馆的信息服务就是在传统的文献服务基础上为用户提供更高品质的服务方式，将人们生活中的信息去粗取精、去伪存真。图书馆信息化服务是图书馆业务工作的一次重大转型，也是社会发展的必然要求。

一、图书馆信息服务的特点

信息时代的图书馆信息服务旨在为更多用户必要的分布式异构化的数字信息产品和服务，满足信息用户的需求以解决实际问题。更具体地说，数字图书馆信息服务是对收集而来的文本、图像、影音、软件与科学数据等数字信息进行进一步提取与加工，将加工好的信息以科学性的方式进行保管，实现知识信息价值的保存与升级，同时在广域网上实现高速跨数据库链接的横向存取服务，也包括知识产权存取权限、数据安全管理等。

现代图书馆信息服务与传统图书馆明显区别，现代图书馆是一种更为高级的服务形式，它与传统图书馆服务形式最大的区别就在于，它既把信息技术作为实现更高品质服务的载体，同时也充分利用了技术带来的机遇，将网络技术与科学技术融合进自身的体系中，让现代图书馆在服务内容、载体形式、服务形式与服务手段与方法等诸多方面更具优势。具体表现为以下几点：

（一）信息资源数字化，资源规模迅速扩大

信息资源数字化是指以计算机可读的形式存储信息，即将传统印刷载体信息进行数字化处理，再对处理好的数字化信息的直接采集或存储，或者运用各种书写、识别、压缩和转换等技术直接下载和存储。随着信息技术的广泛发展，逐渐出现了一些从未有过的信息形式，如缩微型、视听型、联动型电子资料、多媒体数据库等。大数据的信息化时代，人们的社会生活中充斥着大量的信息，由于数量巨大，且这些信息时常处于无序的状态下，人们无法对信息进行准确的筛选，导致信息利用的盲目化。所以，图书馆信息服务的主要目的就在于在信息资源规模不断扩大的前提下，用更少时间为用户提供最具价值的可用信息。

（二）服务内容的知识性、多样化

信息技术背景下的图书馆信息服务的关注重点不仅仅在传统的文献资源上，更体现在对知识的利用上。科学技术带来的知识革命越来越强调信息资源开发与利用的重要性，因此，图书馆的信息服务不只提供多方面有效的信息知识资源，而且为用户提供了直接有效地解决现实问题的根本方法。

（三）服务方式多元化、多层次化

随着经济全球化、一体化、网络化的发展，图书馆资源体系越来越开放，用户也越来越向更高、更好、更快的方向陆续提出更多的需求。因此，信息技术部门应加大对信息分类的研究力度，对多领域、多学科的知识进行更加细化和专业化的划分，面向社会发展的新动向不断提出相应的、全新的信息服务方式，以适应社会发展与用户需求，这种服务的方式是主动的、多元化的、多层次的。

（四）信息存取网络化

信息化图书馆的发展必须以网络环境为载体，依靠互联网，人们可以自由获取世界范围内各学科以及社会各领域最前沿的科研动态与交流成果。网络传递将人们之间的交流变得更加方便快捷，人们可以通过网络建立起非正式的交流模式，传递不同的信息资料。互联网的重要价值就体现在建立起人与人、人与世界之间的共享交流，利用无所不在的信息高速公路，实现信息资源的快速高效传递与接收，即信息存取的网络化。信息资源的交流与反馈在高速网络环境背景下变得更加迅捷高效，它摒弃了传统的信息资源的交流模式，使得分散的信息资源得以整合，并以数字化方式进行存储，利用互联网的互通功能，实现信息资源的实时提供、即时使用。在数字图书馆信息服务系统中，经过整合的数字信息资源可以在开放空间中流畅、自由地传输，不受时间和空间的限制，用户可以根据自己的具体需要自由存取这些数字图书馆信息资源。

（五）信息资源共享化

在经济与科学技术高度发展的今天，人们对于信息资源最高的理想是在数字化资源的基础上，依靠网络技术的高效性与快捷性，实现信息资源的跨时空共建共享。数字图书馆的构建冲击了传统图书馆的运行模式，打破了资源共享上的限制，使得图书馆可以利用网络技术、通信技术等获取自身不具备的数字信息，同时也可以将自身固有的馆藏资源共享给用户。信息资源的共享化极大程度地提升了信息资源的数量，整个社会的信息获取能力也得到了增强。

（六）服务环境开放化

在网络技术出现之前，图书馆的服务工作受到地域和空间的限制，受众群体仅限于进入图书馆的一部分人，服务工作的内容与形式相对单一。图书馆馆际之间、图书馆与社会之间得不到很好的交流，使图书馆长期处于闭塞的状态，自身发展停滞不前。在信息化时代，计算机网络的利用使图书馆工作经历了重大变革，图书馆的服务环境由封闭走向开放，数字图书馆的形式大大拓展了图书馆信息交流与服务的范围。信息化、网络化背景下，图书馆真正进入共建共享、共同发展的新阶段。

二、信息化社会对图书馆信息服务的新要求

（一）信息化社会图书馆信息服务内容的改变

在信息化社会网络环境下，图书馆信息服务内容的转变主要体现为在多元化服务网络基础上，综合各类别、各层次的信息，为图书馆服务提供广泛而丰富的信息源，即可以满足用户需求的信息媒体的信息类型和多样化的信息，如文本类型、数据、图像/视频、音频、软件等。图书馆定的信息服务主要从传统的注重知识需求向注重知识与事实并重转变，突破传统图书馆以文献服务为主的固有形式，转化为提供多元化、全方位的综合数字化服务，对具有高价值的多媒体数据如图像、音频、视频、文本等加以收集、整合、加工、存储与管理，并提供高速网络中的电子访问服务的权限。

面对资源极为丰富的网络环境，如何在获取信息资源的同时降低时间成本是一个重要的问题。因此，为了吸引用户，信息服务仅仅重视信息资源的数量是不够的，还应该将更多的关注点投入加强信息资源的质量上。面对生活中充斥着的大量鱼龙混杂的信息，用户的更期望得到更优质、更具价值的高品质信息资源或增值信息。对于图书馆来说，最重要的是需要将网络中相对零散、孤立的信息进行整合与综合分析，进一步进行信息的精品化处理，这是现代图书馆的重点工作内容。信息的精品化处理，主要是指对零散信息进行整合与分析，判断其内在价值，对其内容进行比较、筛选、过滤与提取，保证最后得到高质量的精品化信息资源。另外，在检索方式上，图书馆应提供全文服务或根据用户检索问题的具体要求和特征，为用户选择相应的工具或综

合利用多个系统与工具解决实际问题。

(二) 服务对象社会化

传统的图书馆服务工作内容相对狭隘，其服务范围仅涉及进入图书馆的一部分人。随着社会信息化的普遍发展，信息交流的日益广泛，人们的信息需求呈现出开放化、社会化的趋势。在这种条件下，图书馆想要得到长足的发展，必须依托网络信息化环境，从根本上转变服务模式。网络将来自世界各地的信息资源统一、融合为一体，构成网络资源共享体系的一部分，同时也将源自世界各地、不同需求的用户整合到资源共享体系中，形成了具有特色的网络服务体系。图书馆是网络资源共享大环境下的重要组成部分，采用现代先进的技术服务手段，可以打破传统时间和空间上的限制，使服务对象扩大到社会全体，实现图书馆信息服务的跨行业、跨地域延伸。

(三) 服务功能一体化

从用户需求角度来看，信息化社会网络环境下的图书馆服务应具有完备的信息检索功能、信息咨询功能与信息提供功能。为达到这一目标，图书馆应提供最直观、最直接的全文信息浏览、数据下载、数据传输和信息咨询服务，和信息发送、网页制作等网络信息服务。提供综合信息服务的原因在于技术的发展实现了网络信息系统的建立，包括范围广泛的信息采集系统、高速运行的信息处理系统等。

(四) 服务项目深层化

在网络还未出现的一段时间，图书馆的服务形式还主要以传统的文献提供、咨询服务和浅层形式的专题服务为内容，很少关注人的需求与信息服务质量等问题。随着计算机技术的发展与网络信息化程度的提高，信息的提供与检索方式更加简单和快捷，这就为图书馆开展更高层次的服务奠定了基础。技术的升级带来的检索方式的根本性转变有效提高了检索的效率，提高了信息资源的利用率。因此，现代图书馆在网络信息环境下应抓住机遇，将信息服务的重点专注于为用户提供更深层次的信息服务，即根据特定用户的需求对收集的信息进行整合与重组，有针对性地提供二次加工的精品信息服务，利用网络开展高层次咨询服务。

(五) 服务手段现代化、服务方式多元化

在信息网络化境遇下，现代图书馆信息服务的提供方式、管理方式与传统的图书馆服务方式有明显区别。传统图书馆的主要载体为纸质文献资源，检索工具形式也较为烦琐，主要依靠人工进行，运用卡片式、书本式的目录索引和摘要等手段进行手工检索，耗费时间较长，效率低下。现代图书馆的信息服务方式更加现代化，服务方式也更加多样化。网络可以为图书馆提供灵活、快捷、方便、实用的检索方式，其内容涉及网络中各类数据库、电子文献资源、电子图书等。网络检索方式的完善有效促进了信息数据化、方法自动化、服务网络化与信息服务多元化的实现。

（六）服务重心的转变

传统图书馆的服务重心主要在于图书与文献材料的借阅上，服务形式较为单一。而现代网络技术背景下的图书馆的服务重心则有了显著的改变，其信息服务的重心在于整合自身体系内和网络环境下的资源信息，提供给广大用户使用。图书馆应加强网上书目数据库、索引数据库、文献数据库、指南数据库等多种数据库的建设。一些具有特色的图书馆可以依靠自身性质与资源优势，确定重点服务范围与服务内容，广泛收集符合自身特色的文献信息资源，构建起独具特色的信息资源系统。信息资源系统的构建要以标准化、规范化、协作化为出发点，注重对网络信息的有效处理。图书馆的服务应以读者和用户的具体需求为基准，运用网络技术进行信息查询、检索、分析和咨询，确保用户获得最新的、准确的、快速的、完整的服务。

第二节 图书馆信息服务新模式

一、现代图书馆服务模式的特点

网络信息技术的快速发展、用户信息服务需求的改变、图书馆向现代化转型的召唤，如此等等，这些都在助推着传统图书馆向现代图书馆转型的进程，一言以蔽之，图书馆的现代转型迫在眉睫。同时，图书馆的现代化转型也为图书馆在未来一段时期的发展指明了方法和思路，是图书馆永葆生命力的关键所在。当前，人们已经迈入知识经济时代，知识化、信息化成为这个时代的烙印，人们对于知识的需求日渐迫切和多样，而图书馆作为人们获取知识的重要渠道，如果仍然故步自封，那么必将被时代所淘汰。正因为如此，传统图书馆必须转变传统的采购书籍、借还图书的固有观念，借助信息化时代的东风，迎难而上、主动作为，将纸质信息和电子信息结合起来，满足当今时代人们对于信息的多样性、无形性、丰富性需求。例如，图书馆可以将新知识、新技能作为重点，将它们和自身固有的资源和优势结合在一起，实现图书馆服务的转型和升级。具体而言，网络化、信息化时代，传统图书馆的服务模式已经发生了根本性转变，开始呈现出一些新的特点：

（一）用户服务是图书馆生存与发展的需要

当今时代网络信息技术的快速发展也为图书馆的发展带来了新的挑战。互联网的蓬勃发展，使知识与信息触手可及，人们只需要经过简单的检索操作便能够得到大量的信息，这种方式使得人的信息需求得以快速满足，这也导致人们对图书馆文献信息资源的忽视。这不禁会引人思考，在现代社会图书馆是否还有存在的必要。而对于这一问题，答案当然是肯定的。

首先，相对于网络阅读而言，传统的阅读方式具有一定的休闲性与随意性。人们可以在书香的氛围中享受阅读所带来的愉悦感。而且，网络阅读容易造成视觉疲劳和辐射危害。总体来说,图书馆的发展面临着网络、技术发展的多重挑战,图书馆必须依靠自身服务活动的提升以期在竞争中取得优势。

网络的发展不仅为图书馆带来挑战,同时也为图书馆的发展带来了机遇。网上服务是图书馆发展的必然趋势,面向大众是图书馆服务的基本理念,而在日益激烈的网络竞争中,图书馆应加大技术投入,建立资源数据库,构建起具有特色的网络虚拟图书馆,通过开展网络服务,实现读者信息资源的实时接收,使丰富的馆藏文献资源深入万家。

(二) 由柜台式服务向自助式服务模式转变

现代科学技术的高度发展带来了信息存储技术的革新,也为信息资源由传统印刷型转变为数字化信息提供了前提。随着现代计算机技术和网络通信技术的发展,数字化资源信息的普及与应用,图书馆的馆藏资源在数量和质量上都得到了明显的提升,主要表现为:第一,计算机技术的广泛运用,使得网络通信环境下,资源的利用效率,明显提升。人们可以足不出户地访问网络和图书馆线上资源,打破了时空的局限性;第二,现代多媒体技术的应用,丰富了信息资源的存在形式,由最早的纸质文献逐步发展为数据化形式的电子信息资源,同时,由于电子信息资源涉及的内容广泛,如影音、文本、图像等,这些形式较之普通的纸质文献更能吸引用户的兴趣;第三,图书馆的信息储存技术的日益发展,使图书馆的电子文献材料占有量不断扩大,图书馆的借阅能力得到了大幅度提升。

(三) 服务品牌化

品牌对于一个企业来说是其内在精神的象征,也是其区别于其他企业的特色所在。图书馆树立品牌形象是其发展的需要,打造品牌服务,就需要图书馆将自身的服务做到规范化、个性化和品质化,将品牌理念通过宣传或服务渗透到用户的心中。另外,图书馆的品牌化有利于提升图书馆本身的服务水平与质量,为图书馆完善自身的竞争力,取得竞争优势提供保障。图书馆应充分发挥自身的服务功能,在服务过程中总结经验,逐步形成独具特色的服务模式,让用户在图书馆中能够受到周围环境以及文化环境的熏陶。面对人们日益增长的信息需求,图书馆必须站在创新的视角下打造品牌服务,这样的优质化服务会为图书馆赢得更大的市场份额,带来可观的经济效益与社会效益。

(四) 形成图书馆服务文化

图书馆的服务过程实际上是一种文化传播过程。对于馆内服务人员来说,图书馆的服务文化是馆员必须遵守价值观念,但是这种文化渗透到馆员的心中将成为一种具有主动性的精神力量。馆员通过自身的服务行为体现出对图书馆服务文化的理解。优秀的图书馆文化应该是一种积极正向的精神力量,使馆员发自内心地接受,并将其转化为自身服务行为的准则,提供更优质的服务,确保用户满意。

(五) 向知识服务形态发展

知识服务是指图书馆服务人员依据已细分到"字词"级别的知识单元,深入信息资源内容和专业领域,按照用户生产、科研、教学和学习的指定需求,参与问题的全过程,向用户提供全方位、高水平的知识单元的服务形式。知识服务重视分析用户的实际需求,它专注于为用户提供准确的方案,以保证用户信息查询、分析与组合的可行性。知识服务贯穿用户知识的获取、分析、组合与应用的始终,并根据这一过程的变化适时调整服务的方式。

(六) 服务提供主体专家化

图书馆员作为图书馆服务提供的主体,首先要求他们有较高的政治思想文化素质,乐于奉献,勇于创新和实践,必须掌握各类信息的获取与收集能力,具备一定的信息知识组织与处理能力,帮助用户解决知识获取过程中遇到的各种问题。面对社会服务的新需求,图书馆员必须既具备图书馆管理的理论知识,同时也应具备多方面的管理技能与实践能力,只有馆员加强服务意识,提升服务手段,才能适应知识经济社会的要求,才能推进信息社会的不断发展。

(七) 用户需求个性化、专业化

现如今,由于信息获取的便利性,使得人们对于信息资源质量的要求明显提升。信息资源具有多元化特点,其类型与种类纷繁复杂,内容多样,人们很难依靠自身选择适合的信息。因此,图书馆急需构建个性化服务机制,满足用户的特色需求。通常情况下,用户的个性化需求是针对于某一特定的专业领域,此专业领域的用户可能具有相同或相似的知识需求,这类用户可以组合为一个独有的用户群体,知识服务可以根据这一独有的用户群体的成员特点、需求特征以及专业领域进行检索和划分,为用户提供兼具个性化与专业化的知识信息。图书馆应采取积极有效的策略,塑造个性化服务,这是未来图书馆的立馆之本。

(八) 服务内容技能化

在竞争激烈的市场经济条件下,只有图书馆进行自身内容与服务方式的完善是远远不够的。图书馆对馆藏的信息资源进行整合与创新,图书馆员对自身修养与个人技能进行提升,可以保证为社会、为用户提供高质量、高层次的知识信息服务。然而,社会用户是接受知识与服务的主体,用户专业素养以及技术运用水平的提高会对知识资源的利用效率产生很大影响,这也为图书馆提出了新的要求。目前很多用户具有知识获取的需求,但是并不具备相应的检索信息的能力与技术,进而导致用户知识获取的能力弱,获取的知识质量较差。因此,图书馆应重视培养用户的信息意识与创新意识,提升用户自身的专业操作能力,适应科技的进步。与此相协调,图书馆应形成以提升用户的知识利用意识、知识利用能力和现代信息技术应用能力为主的层次化、功能化的现代化服务体系。

二、图书馆服务模式的影响因素

(一) 资源因素

图书馆是知识信息的主要载体,也是知识信息的服务部门。图书馆的根本职能是对各类知识信息进行收集、整理、加工、存储、管理与提供利用,因此,图书馆拥有丰富的文献信息资源,知识涵盖各领域、各学科。在网络信息技术出现之前,图书馆的馆藏资源主要以纸质化的书刊、报纸等为主,随着信息化水平的不断提高,图书馆的文献资源形式也越来越丰富,既包含纸质书籍、期刊等文献材料,又包括大量的数据、电子信息构成的数据库资源。现代图书馆在科学技术的支持下,其内在信息资源具有良好的系统性和科学性,既能够为用户提供准确的、有序的知识,也能够为社会提供完整的、系统的信息。

(二) 设备因素

图书馆发展至今一直十分重视与社会的发展步伐相适应,对于先进技术与设施设备的利用基本处于前沿领域,计算机技术的出现与应用,更新了图书馆相应的技术手段。局域网、因特网的搭建,使得世界范围内的信息资源交流通过远程通信技术成为了可能。电子信息化设备的引进与应用,则进一步提升了图书馆的服务内容与服务方式。网络时代下形成的数字图书馆,使用户可以在任何地区进入图书馆网络系统,接受快捷、完善的图书馆信息服务。

(三) 人员因素

图书馆的人员构成力量对图书馆的整体运行与服务过程有着深刻的影响。如果这些从事信息服务的人员具有丰富的信息知识收集、整理、加工经验,那么会对图书馆的信息服务调整产生正向、积极、准确的指导,使图书馆的信息服务更具优势。具有丰富的信息资源建设实践经验的人员往往更容易适应新社会环境、新技术带来的变化,并能够依据社会形势形成全新的信息服务观念,为图书馆的信息服务提供更加科学、准确的实用性建议,使图书馆在社会中更具有竞争优势。

(四) 技术因素

影响图书馆服务模式的技术性因素主要是指信息处理技术。图书馆在长期的技术工作支持下,积累了相当丰富的网络管理、资源管理、用户管理的时间经验。通过信息处理技术的不断更新与发展,基本保证了图书馆信息资源的利用率,使得更多的社会资源得以开发和利用。信息处理技术是影响图书馆整体发展和更新图书馆信息服务模式的一个关键因素。

(五) 社会地位因素

长期以来,图书馆承担着社会知识与文化的收集与保管工作,为社会成员平等地享有信息资源的获取、利用的权利提供了基本保障。这些深入人心的工作使得图书馆始终在社会中占有一席之地,在社会全体成员心中有着良好的社会形象。无论是从图书馆的功能性,还是从其服务性来讲,图书馆作为信息资源最重要的载体的这一社会地位是不可动摇的。

三、图书馆服务模式的发展策略

(一)把握机遇与挑战

伴随着社会新形势、新技术力量的冲击,图书馆面临着前所未有的挑战和发展机遇。如何抓住机遇,迎接挑战,实现图书馆服务模式的创新,是当下图书馆发展的重要问题。信息技术所带来的网络环境,为图书馆的服务工作的开展提供了良好的契机,图书馆应以信息技术为支撑,网络环境为平台,全面更新信息资源收集、整合、加工、管理等服务形式与手段,以全新的技术形式为用户带来更为快捷的信息获取体验。

(二)合理进行人员配置

从图书馆人员组织上看,首先图书馆应加强对现有人员的知识技能培训与文化理念建设,使他们既具有一定的专业技能,同时对图书馆组织与服务充满认同感。图书馆对人员职能的分工要适应社会信息服务建设的环境需求,从人员的组织、职能的分工以及服务流程等各个参与层面都要根据实际情况赋予新的工作内容。针对数字化图书馆而言,网络信息引导员、网络信息冲浪员等特殊的人员形式可以适时地出现,这既符合图书馆信息服务的管理模式,同时也符合社会网络环境背景下的实际需求。

(三)加强对创新服务模式的探讨

现今社会,互联网的普及程度明显增强,各种各样的网络功能层出不穷,图书馆的服务模式不是一成不变的,而是根据社会与技术的发展与变革不断更新的。传统的服务模式虽然不完全适应新时期的发展要求,但在某些方面来说,其内容存在一定的合理性。因此,服务模式的创新应注重将传统服务模式与新型服务模式巧妙结合,图书馆只有不断创新自身的信息服务模式,才能紧跟信息时代的发展,以取得更为广阔的发展空间。

第三节 图书馆信息服务平台建设

在知识经济还未广泛发展的时期,书籍、期刊等文献资料的保存方式主要以人工的收集与整合为主。这种保存方式受到环境、天气、人力等多方面因素限制,稍有管理上的不当,就会导致重要文献资料的损坏甚至缺失。随着信息时代的来临,网络技术与电子信息技术的出现与发展使信息的管理与传递方式产生了质的飞跃,文本、图像、音视频的出现使得信息的存在方式更为丰富多样，同时这些新形式相对于传统的印刷型文献来说更易管理，信息技术时代也带来了文献信息管理方式的深刻变革。现代信息社会的发展，先进的科学技术与网络技术的不断更新，促使图书馆在文献信息的管理方式与服务方式上发生了根本性转变。

互联网的出现与蓬勃发展促进图书馆的现代化管理与建设迈向了全方位、高层次的新发展阶段，借助于网络技术与电子信息技术，图书馆对文献信息资源的收集、整理、加工、存储与传递的速度与效率得到了相当大的提升，而且能够保障在传统的教育功能基础上，对服务工作进行加强。在知识经济时代，掌握知识与技术能够保证人们紧跟社会发展的步伐，因此，人们对知识信息有了更高层面的要求，既要求知识信息的数量和质量，又要求保证知识信息传递的快速和准确，传统形式的图书馆资源与服务已明显无法满足人们的现实需求，这对于图书馆为人们服务提出了更高的要求。信息咨询在图书馆中发挥着越来越重要的作用，文献信息的服务需求呈现出多样性、准确性和高效性的特点。建设图书馆信息服务平台已成为当务之急。

一、构建图书馆信息服务平台的必要性

（一）构建信息服务平台——实现网络化信息服务的基础

构建信息服务平台是实现网络化信息服务的基础。网络环境下的图书馆是一个以数字化信息资源为基础，以满足用户需求为目标，以先进的科学技术为手段的综合服务系统。总体来说，文献信息资源的数据化建设是图书馆馆藏的全部资源实现网络化信息服务的前提条件，以此为基础，可以将图书馆看作是一个信息界面，用户可以通过这一信息界面进行进一步信息挖掘、信息参考、个性化信息推荐、信息定制和个性化信息等综合查询，以准确查找出符合自身知识需求的最佳结果。

（1）构建信息检索系统

1.信息挖掘检索

信息挖掘是指在网络数据库中发现知识的过程，在图书馆管理中体现为在资源数据库中检索用户较为感兴趣的知识信息。知识挖掘的作用主要体现为两点：第一，信息挖掘是知识发现的必需环节。数字化图书馆的资源内容异常丰富，可以提供各种类型、熟练庞大的文本、图像、语音、视频等多种媒体类型的数字化多媒体资源。第二，信息挖掘检索可以将特定知识按照多角度的检索视角从资源数据库中提炼出来，进而为用户提供实用的知识、规律或社会信息，所有用户所需的有用的知识信息都是通过信息挖掘检索得到的。

2.拟定网络信息资源不同的检索系统

构建信息检索系统，可以从以下两个方面着手：第一，开发启用图书馆OPAC联机信息查询系统，可以提供图书馆馆藏书目数据、特色文献数据库等馆藏信息的多方面检索，促进图书馆馆藏资源网络公共检索机制的形成。第二，构建数据化期刊、学

术论文、图书等全文文献数据库的智能检索系统,用户可以选择自己习惯的方式查询到所需的信息的原始记录,由信息的多重满足转化为一次性满足。

(2) 注重检索的需求与趋势

1. 定向挖掘搜索功能,以满足不同社会群体的现实需要

定向挖掘搜索功能是指可以采用"对应链接""推荐站点"等方式提供实用的检索方向和搜索引擎。例如,国内很多高校在其网上图书馆首页都推出了中国教育网、中国学术资源网、外国教材中心、OCLC文献中心等相关网站链接,这就可以看作是定向挖掘检索教育相关网站的服务方式,将性质相同或功能相似的网站资源建立起网络联系,以满足不同层次、不同领域的用户群体的实际需求。

2. 基于知识内容检索的趋势

基于知识内容的检索是指对媒体对象的语义与上下联系进行检索。对于现代图书馆来说,基于知识内容的检索应成为图书馆数字化发展的主要方向。从信息挖掘的根本性质来看,基于知识内容的检索主要通过媒体对象的语义和视觉特征进行检索,例如,图像的颜色,纹理、形状,镜头中场景和镜头的运用以及声音的音调、响度和音色等。检索的主要对象是图书馆资源数据库中的形式各异的数据化信息资源。随着数字化图书馆的兴起与发展,图像、图形、视频和其他多媒体形式将成为数字化图书馆资源库中不可或缺的重要信息资源,而要对这些信息资源进行开发与利用,基于知识内容的挖掘检索是必不可少的检索手段。

(二) 通过数字化信息平台——确立参考咨询服务方式

现如今,面临着信息知识的爆炸式发展,传统的图书馆咨询服务方式已经无法满足人们对信息的需求。信息技术背景下图书馆的用户需求不只在于简单的咨询,而是追求更高层次、更高质量的信息分析与处理,既要求体现知识的表层特征,有要求咨询参考具有知识的相关理解与发展态势的预测。通过数字化信息平台建立起的参考咨询方式是从信息化、网络化的角度出发,为用户提供有效的网上参考咨询服务。

(1) 拓展信息平台,挖掘和提供信息

数字信息化平台上的信息资源,已经成为图书馆参考咨询工作挖掘和提供的重要资源。目前,网络上已出现了形式各样的建立在新的架构基础之上的知识数据库,包含的知识内容也包罗万象。互联网应用于图书馆的数字化信息平台,使图书馆自身的物理空间呈现出无限虚拟的状态,信息资源不再有条件的限制与约束。数字图书馆的参考咨询业务突破了传统的馆藏观念,知识信息的载体由传统的印刷型文献发展为以电子形式为依托的视听型、缩微型、数据库和多媒体信息。

(2) 利用现代信息技术建立信息平台主页

建设数字化图书馆首先应将现有的图书馆馆藏资源进行数字化处理,并根据数字信息资源的组织模式,采用现代化信息技术手段建立起信息平台主页。这一平台应当具备传统的服务功能,如主题或关键词检索、分类浏览检索等;同时也具有一些特殊

的专业性的服务功能，如支持信息检索协议，用户自动获取所需的信息，实现从书目记录检索到全文获取的完整链接。为了提升现代图书馆参考咨询的服务水平，应该以现代信息技术为依托建立参考咨询主页，形成图书馆的网络在线咨询系统作为用户参考信息的服务平台。数字图书馆的建设应首先对现有的馆藏文献和信息资源进行数据化，并根据数字信息资源的组织模式，馆藏文献的内容特征和对自身的加工能力，实现二、三级文献资源的数字化整合。整合后的资源可以利用自动搜索引擎，通过电子邮件、网络公告和新闻媒体宣传等方式进行互动式交流的服务。

（3）实施个性化咨询

个性化咨询主要是针对不同用户群体的不同需求而制定的专项服务，个性化服务是数字化图书馆信息服务的重要特征，主要针对个别用户或群体提供其所需专用的、具有一定价值的知识信息。

1.注重个性化数据库的建设

图书馆的个性化数据库的建立主要以某种特有的信息资源为参照，具体表现为学位论文数据库、学术成果数据库、书目数据库、档案数据库、典藏数据库和学术会议文献数据库等形式。图书馆既应重视收集保存普通文献材料，又应该实时关注科研与社会领域的前沿知识，重视相关用户的专项文献需求，逐步建立起自身独有的个性化数据库。

2.确保个性化服务技术的使用

个性化服务技术主要依托现代信息技术、现代网络技术以及现代通信技术进行发展和完善的。目前，已经有越来越多的先进技术被应用于个性化信息服务领域，形成了独具特色的个性化服务技术。

二、建立用户定制方式的数字图书馆信息服务平台

现代网络技术的普遍应用为图书馆信息咨询的发展奠定了基础。用户在利用图书馆信息服务平台进行咨询时，通常已经有了明确的知识信息运用的方向与范围。建立用户定制方式的数字化图书馆信息服务平台是贯彻"以人为本"服务理念的具体表现，也是提高图书馆咨询服务效率的重要保证。因此，在社会发展的全新时期，图书馆信息服务平台具有了全新的目标，即定制服务与个性服务。

（一）信息定制服务

图书馆信息定制服务需要在开放信息资源的描述和交互操作基础上进行，其组织系统具有灵活性和可重构性，其信息资源和信息服务内容可以根据用户的需求进行自由化、个性化定制。

（1）数字图书馆的信息资源与信息服务必须可以由用户定制

传统模式下的图书馆具有一定的固定性，它的组织系统、文献资源、服务形式等是预先设定的，且在用户使用的过程中不可修改。但是，这种传统的模式在当今社会

是不可行的，因为越来越多的用户渴望在图书馆中寻找和发现新的知识内容，这就要求图书馆要以开放的形态为用户定制只是发现、收集与传递的交互体系，为用户提供个性化定制服务。

（2）信息定制服务针对性的内容

信息定制服务包括学科检索服务、事实与数据信息检索服务、文献收集与引文检索服务、期刊目录传输、新书推荐服务等，具体表现为：与社会各类用户建立起稳定的联系，注重收集与理解不同用户对图书馆信息资源的需求情况，并将这种情况进行整理与反馈记录；面向社会全体成员，定期向社会成员征集对图书馆工作的意见与建议；指导和协助用户对相关知识进行文献资源检索，有针对性地开展重点学科的课题咨询服务；根据图书馆实际情况编写图书馆专题指南，及时对图书馆新增文献信息资源进行有效的宣传报道。

（二）人性化管理与个性化服务

"以人为本"是现代图书馆工作与管理的根本方针，在网络信息时代，"以人为本"是图书馆数字化建设与发展的基本要求，是需要图书馆工作贯彻始终的重要理念。

（1）人性化管理与个性化服务的提出

"以人为本"思想在社会服务工作中一直处于核心地位，但是随着时代的发展，其概念与内容也在不断被赋予新的内涵。"以人为本"是现代图书馆服务工作的核心理念，在具体工作中表现为：

实行"以人为本"的人性化的管理和人性化的服务，是现代图书馆经营管理的一种新理念。其主要特点包括：第一，在图书馆的整体环境规划与建造的过程中体现人文意识，设置具有人文关怀的服务设施设备；第二，建立和完善保证知识信息自由平等的服务管理体系，保护用户信息安全；第三，尊重用户的个性与差异，关注个性化服务的内容，对用户无意识的过失和潜意识的错误采取宽容的态度，对待客户热情友善，真诚服务。

（2）"以人为本"的人性化服务是数字图书馆建设的重要内容

图书馆的服务与管理工作最终目标是使人的权益得到更好的保障，使人的需求得到更多的满足。人性化服务和人性化管理的顺利实现需要在以下几个方面进行重点考虑：

1.创建综合、高效的服务窗口

传统图书馆的服务机制必须进行有效的改革，由分工负责制转变为专人专题制，由刚性管理转变为柔性服务，以此为基础，依靠图书馆的资源信息优势提升整体的服务层次与服务水平。

2.建立灵活、多样的人性化服务体制

在传统的图书馆管理上，通常过度重视图书馆馆藏资源，而忽视了对资源的开发利用。因此，数字化图书馆应按照用户的实际需要，建立起用户乐于接受的、馆员乐于参与的新型服务模式。

3.不断研究、提升图书馆的管理目标

依据数字化图书馆的发展态势以及图书馆的现状，要不断发现和解决新问题，把眼下可实现的目标与长远的发展目标相结合，明确"以人为本"的人性化服务发展策略，使图书馆的个性化信息服务得以长足发展。

第三章　图书馆科学服务创新

第一节　学科及学科服务概述

一、学科的含义

学科的概念在不同的社会时期有着不同的理解,在过去,人们对学科的认识相对单一化,简单地将其理解为知识的分类或教学的科目。随着社会的发展,社会科学与哲学的探讨不断深入,不断对学科这一概念的理解注入了新的活力,对学科内容的认识也更为全面化和立体化。基于科学与哲学研究的思考,不断涌现了许多有关于学科理解的新型理论。例如,美国社会学家默顿认为科学首先是一种有组织的、客观的、合理的知识体系,同时也是一种制度化、规范化的社会活动,社会与历史问题会直接影响科学发展的速度,也会对科学家的问题关注焦点造成一定影响。沃勒斯坦认为学科蕴含三方面内容:第一,学科是一种学科范畴,是一种具有明确研究领域的学术类型;第二,学科是一种组织结构,例如,以学科命名的大学院系、学科学位等;第三,学科是一种文化反映,由于同属一个学术群体的学者往往具有一些相同的经历和研究方向,他们倾向于阅读相同的经典著作或学术成果。在我国,有学者认为学科是知识形态与组织形态的集合体。因此,总结以上理论思想,可以得出学科的含义包含以下几个方面:

(一)学科是一种知识体系

学科作为知识管理的一种手段,从这个意义上说是一个结构紧凑、思维严谨、内部一致性较强的逻辑知识体系,这种学科表现在该领域的文献和教材中。

(二)学科是一种精神规范

学科作为一种精神规范,它是学科研究者在从事学科教学研究工作中所表现出来的精神气质、信仰、思维方式、规范体系等,体现在学科研究者的行为和心理状态上，以及他们独特的行为和思维方式上。

（三）学科是一种研究组织

学科作为一种研究组织，是进行学科研究和开展学科研究的基本单位，具体形式可以表现为学科研究的研究所（研究所、办公室、中心等）。研究组织形态的学科为学科研究提供了组织形式和庇护所，是学科研究组织化、制度化的标志。

（四）学科是一种教育与人才培养的单位

学科在教学领域中体现为一种教学的组织形式，具体以教育与人才培养的独立的机构、独立的学位、独立的专业和独立的课程体系形式存在。学科作为一种教育单位，能够将知识体系的学科和精神规范的学科转移给体系内的学科成员，从而保障和保持学科知识、精神和社会分工的连续性。

（五）学科是一种劳动分工的方式

知识，即认知领域的分化促进了学科的形成与发展。学科的建立标志着社会分工中一个新部门的组建，标志着一个新的工作小组和岗位的独立分化，标志着一批人要适应与确立新的劳动角色。

（六）学科是一种交流的平台

学科的存在将不同地域、不同组织、不同时代的学者紧密联系起来，超越时间与空间的限制为学科人员搭建了一个交流的学术平台。这一交流平台在学者之间的交流和学科意识的批判性成长过程中具有特殊的意义，它体现在学科研究的期刊、书籍、文献以及学科的社团中。

（七）学科是一种社会管理的单元

在现代科学技术应用广泛的社会新时代，科学研究已经与经济、社会和国家的利益息息相关。科学研究越来越依靠外部资源和环境的力量，已成为政府和社会公认的合法学科，有效促进了各专门领域的知识生产与传播。因此，学科的科学研究已成为社会和国家资助和管理的重要对象。

二、学科服务的内容

（一）学科服务的概念

从语言词汇学的角度来看，"学科服务"一词由"学科"与"服务"两个词语构成。"学科"一词在上文已做阐释，这里不加赘述。"服务"一词在社会中主要包括行业的工作任务与责任等。因此，将两个词语组合分析，可以理解为围绕学科而开展的服务活动。对于图书馆来说，从表层意义上理解学科服务是图书馆员根据学科建设需求而提供的全面的文献知识信息资源服务和信息技术服务。而在知识经济时代，学科服务具有新的内涵，他是图书馆领域的一种全新的服务观念和服务形式，图书馆学科服务的提供，为深化现代图书馆服务，提高图书馆服务层次指明了新的发展方向。学科服务概念在图书馆工作中的应用经历了一个转变的过程，由最初的"学科馆员制度"到后来的"学科信息导航"和"学科信息门户""跟踪服务"和"导读服务"等，学科服务的概念越来越走向正式化与规范化。

（二）学科服务的基本要求

对于图书馆来说，学科服务不是一个简单的服务概念，也不是众多服务活动中的一种服务形式，它是一种涵盖多种要素的服务体系，也是未来图书馆开展服务工作的重要形式。图书馆开展学科服务的要求可以总结为以下几个方面：

（1）全面系统

全面系统是指图书馆学科服务体系要全面系统，主要包括图书馆工作系统中的文献信息资源涵盖的内容要全面、学科服务工作开展时各个流程操作要系统化进行。对于学科馆员来说，要对其专业学科资源与情况全面掌握，能够利用现代化信息技术对图书馆学科资源与服务进行全面宣传，增强更多人对学科服务的了解。

（2）方便快捷

方便快捷是指图书馆通过开展学科服务，能够帮助用户更加方便快捷地提取自身所需的学科信息知识和相关信息服务，及时有效的处理实际问题。

（3）高效利用

高效利用包含两方面含义：一方面是指学科信息资源的高效利用，即学科用户能够高效地使用图书馆馆藏的所有文献信息资源；另一方面是指学科馆员工作的高效，能够有效促进学科服务的开展。

（4）满意评价

这里主要是指学科用户对图书馆学科服务的满意程度。图书馆应采取多种方式提升学科服务能力，进而提高学科用户的认同感与依赖感。

（三）学科服务的性质

学科服务是一个以学科用户以及学科用户需求为重点，以学科馆员参与为手段的全新的服务形式。随着学科服务的深入开展，人们对它的认识也在不断加深和变化。对学科服务性质的理解，经历了一个由浅入深的过程，可以归结为以下几点：

（1）学科服务是图书馆一种先进的办馆理念

在过去，图书馆是人们获取文献信息资源的唯一场所，具有知识信息需求的人们对图书馆的依赖程度很高。然而，随着现代科学技术的飞速发展，网络的信息化、数字化对图书馆带来了很大的冲击，同时也为图书馆的发展带来了前所未有的机遇，图书馆管理者必须正视信息技术的发展带来的挑战，同时也要思考如何使图书馆在飞速发展变化的社会中取得一席之地并得到长足发展。学科服务是一种以用户为中心的个性化、专业化的服务，学科服务的完善为图书馆的生存和发展带来了活力和生机，能够有效增强图书馆的核心竞争力。

（2）学科服务是一种新的服务模式

学科馆员参与到学科用户的信息环境和信息环节中，为相应的学科或部门、重点实验室、科研团体和学科用户个人提供个性化、专业化、知识化的服务。

（3）学科服务是图书馆服务工作的一种新的服务机制

图书馆在设置学科馆员时，会按照相应学科或部门的特点与内容进行专业设置，规定了学科馆员的工作职责、目标和任务，确定了具体的考核指标和方法，明确了学科服务的服务要求。

（四）学科服务的特征

（1）扩展性

学科服务具有扩展性，主要体现在服务空间范围、服务内容和服务模式三个方面。

1.服务空间范围

传统的图书馆服务空间范围主要是就物理空间而言，仅限于在图书馆内提供服务，这种服务形式受到地域范围的局限。现如今，学科服务不仅仅指在相对的地域空间提供服务，同时在服务内容上也超出了时空的限制。学科服务的地点不再局限于图书馆，而是围绕在人们的生活展开，学科馆员为掌握用户的需求信息，不断深入到学科用户的需求环境中，融入学科建设的科研与创新等多个领域。

2.服务内容

为了适应信息社会不断变化的需求，图书馆学科服务应在遵循原有传统服务内容的基础上进行创新与再创造，不断加入符合社会发展需求的新内容、新思想，尤其要完善和履行参考咨询服务内容。

3.服务模式

学科服务不能故步自封，要能够深入学科用户所处环境，更要融入学科建设的过程中进行相关文献资源保障服务和个性化的信息服务。

（2）主动性

学科服务是对图书馆传统服务的继承与深化。在信息化时代，学科服务将成为未来图书馆工作的核心内容。它改变了原始的被动服务现象，以主动服务的形式吸引学科用户参与到图书馆的学科服务之中。学科服务为学科馆员与学科用户构建了信息交流的渠道，建立起学科馆员与学科用户之间有效联系，学科馆员自觉主动地为学科用户提供所需的文献信息资源服务与信息数据的利用指导，帮助他们提升信息获取与利用的效率。因此，学科服务是一种主动性的服务，它以满足学科用户的需求为目标，在知识资源日渐丰富的信息化社会，为更多的学科用户提供最优质的资源保障与技术性服务。为保证学科服务的顺利实施，要求学科馆员兼具专业性与主动性，为学科用户提供最具实效性的精准服务。

（3）互动性

学科服务是一种动态的交互型服务，它以学科用户的信息需求为基础，将学科建设中分布于不同领域的动态资源进行整合，通过服务将这些资源融入学科建设与用户处理问题的各个环节。学科服务重视学科资源建设，加入学科教学活动，参与到学科用户中，渗透到科学研究中，与学科用户互动，使学科用户积极参与学科资源建设。互联网技术的出现与发展，更大程度上促进了学科用户之间的信息交流，用户既是资源信息的获取者，同时也是资源信息的提供者。因此，互动性是现代图书馆的突出特征。

（4）专业性

从服务的目的、用户需求、服务内容和形式、服务模式等角度来看，学科服务在任何一个方面都具有很强的专业性。由于学科用户也具有专业化的特征，他们需求的信息往往不是泛化的，而是带有准确的目的性，学科服务能够对泛化的知识进行精细的划分与筛选，为学科用户提供个性化的知识需求。学科服务对知识的整合是一个具有很强专业性的过程，它贯穿学科教学、科学研究的全过程。而且，科学技术的蓬勃发展打破了原有的时空限制，能够随时随地为用户提供专业化知识。另外，学科馆员作为与学科用户直接接触的提供服务主体，必须具有高度专业化的学科知识与技能，为不同专业水平、不同层次的学科用户提供专业化知识指导与服务。

（5）快速便捷性

信息环境的变化与网络技术的发展，促使图书馆馆际之间建立起了信息资源共享的空间，加快了信息资源的传递与交流。信息共享空间的建立同时也促进了物理形态的图书馆的转型，在资源内容与服务方式上都需要进行重新整合和研究，形成全新的、专业的学科化服务模式。图书馆依靠学科资源网络共享和馆际互借服务，改善硬件设施设备条件，强化服务管理制度，为学科用户方便快捷地获取学科知识资源提供了保障。

三、学科服务的作用

现今社会，图书馆服务工作日趋成熟，人们的实际需求不断提升，对学科服务的探讨与关注也日渐加深。学科服务是一项专业性、知识性极强的服务工作，与图书馆其他服务工作贯穿图书馆资源与服务的整个过程，是图书馆进行用户服务的重点内容，学科服务的开展，能够有效促进图书馆融入新信息社会环境、适应新的服务需求、进一步提升图书馆的服务质量与服务水平。学科服务标志着图书馆向注重知识服务转变，对于促进图书馆馆藏资源建设、提高学科馆员的专业素养、革新服务模式、提升图书馆的社会影响力具有重要作用。

（一）整合信息资源，丰富图书馆学科资源，为社会带来财富

科学技术与网络信息技术的发展是一把双刃剑。一方面，知识的爆炸式发展为社会带来了大量的知识信息资源；另一方面，这些信息资源质量参差不齐，且以一种无序、混乱的形式存在。人们很难在这些纷繁复杂的信息资源中准确提取真正有价值、有意义的知识。图书馆学科服务在宏观意义上能够对图书馆文献信息、网络信息资源以及与相应学科相关的其他信息资源进行统筹整合、合理规划和科学控制；在微观意义上能够对社会与网络环境下无序的信息资源进行识别、筛选、搜集、处理、组织、删除和管理，建立多层次的学科信息资源体系，提升这些资源的价值，成为新的社会财富。

（二）促进信息资源的深层次开发和远距离获取

依靠现代科学技术与网络信息技术，图书馆的信息技术系统得到了进一步完善与发展。学科服务以现代信息技术手段为依托，对信息资源的管理模式由描述信息形式特点转变为对信息内容进行全面的阐述，以文本、数据、图像、动画等多媒体形式，建立起信息资源数据库，设置多角度、多途径的检索方式，使无序的信息呈现出有序的状态，方便学科用户进行深层次的科学检索。网络学科服务平台的建立，让学科用户可以突破时间与地域的限制，足不出户就可以获取源自世界各地的优质资源与服务，为学科用户获取知识资源提供了极大的方便。

（三）促进学科馆员的综合素质的提高

学科服务是图书馆服务的新模式，没有可以参照的标准可循，其发展和完善还需要长时间的研究和探索，这对学科馆员的职能就提出了更高的要求。学科馆员在其特有领域具有足够的专业优势与业务技能优势，他们能够代表领域内的先进力量，能够在学科服务中发挥最大的价值。从整体上看，学科服务能够培养学科馆员的敬业精神与参与精神，在学科人员进行科学研究的过程中，学科馆员可以主动参与，为学科人员提供专业化的学科服务，为其节省了大量的时间与精力，为其科研项目的完成进行提供了可靠的保证。现代图书馆已经成为互联网的重要组成部分，这就要求学科馆员不仅要具备图书馆和信息学的专业知识，而且要掌握相应学科馆员的专业理论知识。因此，图书馆提升了学科馆员在图书馆信息与信息资源文献查询与检索、鉴定与筛选、加工与处理等方面的知识与技能。随着网络技术的发展与计算机应用的普及，学科馆员有机会对世界范围内的经济、文化、政治、教育等多方面信息进行有效的采集与应用，对于推进馆藏文献的整合、资源数据库的建立、资源信息服务的开展具有重要意义。

（四）促进了图书馆学术地位和学术水平的提高

图书馆工作是一项学术性很强的工作，而学科服务的水平高低是由学科馆员工作的具体情况决定的。首先，学科馆员是具有专业知识能力与背景的人员，学科人员参与到学科用户的研究工作中，必然会受到其学术能力、学术氛围、学术精神的影响，进一步激发学科馆员的工作热情；其次，学科馆员一般具备学术研究的能力，学科服务能够挖掘社会或学科领域的新问题、新思路，能够有效带动学科馆员进行进一步的学术研究工作；最后，学科馆员具有了相当的工作热情以及学术能力，能够以自身的学术精神带动其他馆员或人员的学术行为，营造出一个良好的学术氛围，创造出更高层次的学术研究成果。这一过程是在图书馆的学科服务中实现的，即有效提升了图书馆的学术地位与学术水平。

（五）提升了图书馆的整体管理水平与服务质量

学科服务要求图书馆向更高层次、更高水平的服务模式迈进。首先应保证图书馆服务的物质基础，包括图书馆的整体环境与服务设施的建设与完善、文献信息资源的不断更新、先进技术的开发与引进、相关制度的制定与完善等。另外，学科服务要求注重团队合作的实现，这就要求学科馆员既具有专业的学术能力，又能够积极参与团队建设，负有责任心与团结力。学科服务能够有效促进图书馆内部的变革，必然会对图书馆整体水平与服务质量的提高产生积极的推动作用。

第二节　图书馆学科服务平台构建

一、学科服务平台的含义与组成

（一）学科服务平台的含义

学科服务平台是为学科馆员与学科用户之间沟通学习以及进行学科信息资源交流而搭建的虚拟场所。它是在学科馆员和学科用户之间起到连接作用，学科用户和学科馆员能够利用这一平台进行交流和沟通。它是学科服务系统的外部体现，是进行学科服务的基地和场所，也是图书馆进行学科服务的综合信息服务平台。学科馆员利用图书馆本体、文献资源等现有物理设施建立学科服务实体场所，利用网络技术和先进的信息技术建立虚拟网络学术平台，为学科用户提供更全面的学科信息资源服务。与此同时，学科用户可以运用学科服务平台进行信息资源的检索与提取，并与他人或学科馆员进行互动交流，全方位地体验图书馆学科信息资源服务。学科服务平台的构建与完善，能够有效地将学科服务渗透到学科用户的信息获取、利用、交流学习的物理空间与虚拟空间，保证学科服务的全面性与高效性，提高学科服务的品质。

学科服务平台是一个综合性平台，它既能够展示图书馆馆藏资源，又能够实时链接学科导航资源；它既是学科资源组织管理的平台，也是学科信息发布的平台。它整合了图书馆实体文献资源与网络信息资源，既能够为学科用户与学科馆员提供交流沟通的机会，也能够实现知识挖掘、学科知识导航等个性化定制服务。学科服务平台能够对学科用户学术进行需求跟踪，迅速进行知识资源检索与定位，准确高效地供应其需求的专业知识与服务。

（二）学科服务平台的组成

对于学科服务对象来说，学科服务平台是一个服务载体；对于学科服务实施主体来说，学科服务平台是工作开展的渠道。学科服务平台的建设、维护和完善必须立足于各图书馆学科的现状，结合相关学科的建设，引进科研团队，辅助科学研究，充分发挥自身特色，在学科服务平台的设计与架构中反映嵌入式、主动式、个性化和增值化服务理念。目前来看，我国图书馆的学科服务平台建设主要包含物理平台建设和虚拟平台建设两个方面。

（1）学科物理平台

学科物理平台是指图书馆为学科用户提供的沟通、学习的实体场所，主要包括实体环境、硬件设施、服务设施和馆藏纸质文献资源等。实体环境中包含多个不同大小、不同功能的服务空间与学习空间，空间的设计主要从学科用户的日常学习行为角度出发，在氛围的营造上采取视觉艺术、声学艺术与色彩艺术相结合的方式，为学科用户提供舒适的学习与研究环境。在保证环境功能不被影响的前提下，可以将多个区域的服务进行交叉，更加便于学科用户之间的相互交流与学习。学科服务物理平台有其特定的组成部分和资源配置，主要包括资源服务区、学科咨询台、独立研究室、数字化工作室、休闲区等。

（2）学科服务虚拟平台

在网络信息化时代，学科服务虚拟平台在学科用户的学习与交流中具有重要的作用，它为学科用户提供了在线共享信息知识资源提供了虚拟化场所，使知识的获取更加智能化和高效化。学科服务虚拟平台是互联网新技术运用基础上的一个交互式的开放服务平台，他在提供服务的过程中强调交互性、参与性与共享性，提出学科用户不仅是信息资源的利用者，更是信息资源的生产者与传递者。学科服务虚拟平台是一个动态化的信息资源空间，它的内容资源在不断扩充和更新，这就要求学科馆员妥善地对这一虚拟平台进行维护与管理，关注社会与学术界的新知识、新动态，不断增添新的知识服务项目以满足学科用户不断变化的需求，为学科服务建设提供有力支持。

二、学科服务平台构建

现如今，图书馆的学科性建设不断增强，而学科服务的科学化是保证图书馆学科建设的根本所在，因此，图书馆应建立起与社会学科发展相适应的学科服务系统和行之有效的学科服务平台，以满足自身的转型要求以及学科用户的发展需要。

（一）学科服务平台设计理念

学科服务平台是沟通学科用户与学科馆员之间的纽带，同时为双方的信息交流与学习提供了空间。构建学科服务平台，是实现学科馆员工作开展和学科用户获取信息服务的有效策略。以网络环境为依托，学科服务平台的构建首先能够对图书馆的学科服务进行有效的宣传与推广，增强图书馆的学术影响力；其次，学科馆员能够利用这一平台处理参考咨询、资源设置等日常工作；最后，学科用户能够通过这一平台获取学科知识与动态信息，可以以讨论的方式对学科专业知识进行深入研究。

学科服务理念是学科服务平台设计与建立的指导思想。学科服务平台的设计必须以学科建设为重点，引入学科的科学研究团队，体现自身特色，参与科研开发过程，体现嵌入式、主动性、个性化、增值性服务意识，展现图书馆的资源优势和特色，以推进服务区域经济、社会发展为方向，培养高层次、高水准的专业人才，以此来建构学科专业系统结构的发展特色和多学科协调发展的专业结构规划，为学科发展创新提供支撑力量。

（二）学科服务物理平台的构建模式

学科服务的物理平台是学科服务工作的现实场所，依靠信息共享空间的实体，以用户为中心，进行一站式服务是当前学科服务理念的重点要求。缺少一定的工作场地，学科馆员很难对学科用户进行组织学习或学术交流与探讨，学科用户之间也难以得到有效的沟通。可以看出，缺少必要的服务场所会对学科服务效果产生很大影响。因此，图书馆必须结合本馆的实际情况，在现有条件基础上，充分运用原有建筑和馆藏资源，依托建设信息共享空间实现学科服务物理平台的构建。

（1）学科服务物理平台设计思路

学科服务物理平台的设计思路是在图书馆分馆、资料室、馆藏室等现有实体空间的基础上，按照区域的面积大小规划出不同的功能区，如资源区、学科咨询台、自主学习研究区、数字化操作区、休闲区等，区域规划完成后可配置相应的服务设施。从模块组成上看，各区域与信息共享空间的实体结构基本一致，主要由实体空间、硬件设施和服务设施构成。

（2）学科服务物理平台的架构

1.资源区

图书馆的学科信息资源是开展学科服务工作的基础，同时，种类丰富的学科信息资源也是学科用户开展学科研究的必要前提条件。学科服务物理平台必须有庞大的实体学科信息资源作为支撑，也要具有存放这些实体资源的对应区域与基础服务设施。物理平台上的学科信息资源形式主要有学科专业类书籍、期刊、特色文献材料、科研成果、高价值档案、实用型参考书、工具书、百科全书、休闲类期刊、照片、音频、视频等专业缩微数据、光盘资源等。

2.学科咨询台

学科咨询台受理咨询是实现学科服务最基本的途径，通常设置在学科资源服务区。学科用户在进行学习或科研活动时遇到的常识性问题、专业性问题、技术性问题或其他一切与学科学习相关的问题都可以通过学科咨询台寻求帮助。学科馆员在处理学科用户的问题时，首先应保持热情的服务态度，认真聆听用户的需求，耐心解答用户的问题，提高用户满意度。学科馆员的管理服务范围涉及面对面的实际咨询和网络、电话咨询等形式。

3.自主学习研究区

自主学习研究区是指学科用户进行独立学习与科学研究的实体区域，它的设置应根据图书馆的实际情况而定。如果图书馆的环境条件允许，可以将学习区与研究区分离开来，如果图书馆没有进行分区的条件，学习区与研究区合并也是可行的。自主学习研究区通常设置为个人学习室、学科专家工作室和小组讨论室等三种形式，其中，个人学习室与学科专家工作室对环境的要求较高，应该与小组讨论室分离开，保证环境的安静。

个人学习室主要供学生使用，用于学生检索文献、浏览网络（局域网、Internet等）信息资源、论文写作、模拟实验操作等，为学生提供适合个人思考和创作的安静空间。学习室内配备了无线网络接口和相应的电脑桌椅等公用设施，用户可以利用自带的笔记本电脑或者租用图书馆内电脑进行学习。

学科专家工作室主要供具有重要科研任务的用户或群体使用，通常安排一人一室或同一科研项目一室，工作室内一般会配置高性能电脑及附件、装配适合科学研究的软件及电脑桌椅等，并且根据科学研究的需要配备相应的文献信息资源。如果图书馆的环境条件有限，可以实施多学科共建共用，充分发挥资源优势。

学科小组讨论室是为满足用户学习、交流、讨论和交流需求而创设的区域，是开展学术辩论、话题讨论的重要场所，能够有效促进学科用户之间进行观念启迪、思维提升、思想碰撞和培养团队合作精神，是学科馆员在交流中发现隐性知识、增加经验的理想场所。讨论室内一般会配备电脑及多台显示器、投影仪、黑板、桌椅等，建筑的尺寸因不同的群体而异。与个人学习室和学科专家工作室相同，学科小组讨论室也可以多学科合作共建共用。

4.数字化操作区

现代信息技术的发展与普及，人们对数字技术的理解越来越深入，特别是对多媒体操作和制作的重视程度越来越高，这已经成为一项必不可少的能力需求。图书馆应认清并掌握这一发展趋势带来的契机，及时更新图书馆的物理空间布局，确定适当的位置建立起专门的数字操作区域。在硬件配置上，数字化操作室应能满足常规数字操作和实践演练的要求。例如，室内应配置多个高性能的计算机及附件、必要的网络设施等。除了安装常用软件外，还应装配图像处理、网页制作、音频、视频等多媒体制作管理程序。根据学科服务的需要，还可以安装一些适合相应专业的专用软件，确保实现用户所进行相应研究工作。另外，打印机、复印机、扫描仪、录音机、数码相机、数码相机、大屏幕电视、音响设备等输入和输出设备对于多媒体制作也是必不可少的，由于这些设备价格昂贵，更新速度快，通常可以多个学科共建共用。

数字化教室主要用于学科馆员对学科用户进行与学科服务相关的信息素养培训，提升用户的信息技术素养。此外，数字化教室还可以以预约的形式向用户提供，如进行学术报告、讲座、学科专家传授专业知识、科研方法及培训指导、学习、科研成果展示等，室内应配置电脑、网络接口、投影仪、电子白板、音响等设备。基于资金、场地、使用频率等问题的考虑，可依据需求合作共建共享。

5.休闲区

休闲区的主要功能是放松用户的精神，区域内应配备舒适的桌椅，还可提供饮品和茶点，甚至可放置少量的报纸或休闲杂志，供读者在学习期间短暂休息。休闲区的环境设置应别具匠心，加以优美的工艺品加以点缀，让人产生舒适之感。用户可以在这一区域尽情享受舒适的环境，也可以在这一区域进行讨论与交流。

一个学科服务物理平台的完整性是由以上几个组成要素共同构成的。由于图书馆的综合实力不同，一些图书馆可能无法完全实现大规模的建设与完善。对于这类情况，可以进行阶段性建设，有计划地进行空间规划，不断加强区域建设以至实现全部物理空间建设。

（三）学科服务虚拟平台建设

在网络信息时代，学科服务虚拟平台为学科用户提供了学习、交流和共享知识的虚拟空间，对于学科服务的开展具有深刻影响。学科服务虚拟平台的建立，使学科服务平台成为一个统一的有机整体。学科服务虚拟平台集学科知识门户、学科导航、RSS定制与推送、网络资源展示、知识挖掘、SDI知识服务等服务功能于一体，是一个需求驱动的学科专业化、智能化服务平台，支撑学科馆员进行学科需求分析，选择和整合以学科为导向和以知识为基础的信息，以及个性化服务的设计和管理。学科服务虚拟平台以学科知识库、数据资源、信息资源库、虚拟学科类别分支平台为基础，连接到个人数字图书馆与个性化信息环境，可以帮助学科馆员深入进行科学研究，跟踪用户需求，及时将个性化服务渗透到用户信息需求环境。学科服务虚拟平台全面贯彻落实了学科化、知识化、个性化、智能化的服务目标，在服务过程中强调学科馆员与学科用户的交流与互动，鼓励用户参与知识生产与传递的全过程。学科服务虚拟平台主要包括以下模块：

（1）学科资源

类型多样的学科资源是学科服务的重要基础之一。学科信息资源是学科服务发展的前提条件，学科服务机制的建立、运行和实施离不开学科资源。这里提到的学科信息资源是内容丰富的文献资源保障体系中的专业学科知识信息资源，以学科专题知识库为重点。学科专题知识库是学科信息服务系统中的一种特殊的学科知识集合，是知识型学科信息服务区别于传统文献型信息服务的主要特点之一。学科专题知识库中的知识主要包括显性知识与隐性知识两部分：显性知识是指学科馆员在处理学科用户的问题时可以查找到的已存在的专业知识资源；隐性知识是一方面是指学科馆员自身的隐性知识，另一方面则是指为了解决用户特定问题而运用学科信息资源系统中的显性知识所形成的新知识成果或知识信息。

（2）学科门户

学科门户是学科服务平台上最重要的板块，它代表着学科服务平台的门面，主要利用互联网先进技术建立起BBS、学科博客、学科动态、学科人物和学科学术信息推送、虚拟学习社区等。学科门户整合了用户所需的学科知识信息资源，以网络手段为依托将这些信息资源组织和应用于一个可定制的个性化界面中，为用户提供了一个充分满足学术交流需要的网络信息环境，是学科用户最终享受学科服务的必经之路。学科门户中提供的信息资源一般分为以下几类：

（3）学科咨询

学科咨询主要包括咨询服务和知识库两类。咨询服务是指学科馆员运用现有的图书馆参考咨询服务台和参考咨询服务模式，为用户提供科学有效的信息服务。知识库是指学科馆员将接受的咨询各类问题进行整合，不断向知识库中增添新的内容，方便学科用户进行自助服务。

（4）后台管理系统

后台管理系统是保障学科服务平台正常稳定运行的主要管理功能，它一般会选择性能好、稳定性强、响应速度快的数据库作为数据管理基础，设计程序时遵循方便、易操作的原则要求，以便于日常维护。在系统管理模块内部，主要设置系统参数和权限管理，当学科服务平台需要加入新的学科知识时，需要对平台系统中的参数进行设置，在相应功能中加入新学科知识的相关内容。在系统安全的问题上，可对不同类别的人进行访问权限设置，通常是图书馆馆长与主管领导权限最高，向下依次为学科馆员、其他领导和部门同事，这样就有效地保证了系统数据的安全，同时分工明确，强化了系统操作的稳定性与方便性。后台管理系统能够对各个模块内的信息资源设置特定的检索字段，使系统具有强大的检索功能，进一步提升了学科馆员的工作效率，为学科用户提供了更加快捷、有效的信息获取方式。

第三节 图书馆学科服务队伍与学科信息资源建设

一、学科服务队伍构成与组建模式

（一）学科服务队伍的构成

学科服务队伍在学科服务体系中会对学科服务的品质与水平、服务产生的效益等因素造成决定性影响，它是系统中具有主观性与能动性的关键性因素。学科服务队伍的主要成员包括专兼职学科馆员、咨询馆员、图情专家等，其中，专兼职学科馆员是学科服务队伍的核心要素，在学科服务过程中，学科馆员是具体的问题的设计者与规划者，也是学科服务的实际执行者。随着知识信息的飞速发展，用户的需求越来越向专业化、特色化转变，学科馆员的工作内容也越来越复杂。咨询馆员、图情专家等是学科服务队伍中的重要的组成人员，对他们进行全方位分析可以掌握相关学科信息需求，了解更多学科用户的科学研究要求。

（二）学科服务队伍组建模式

学科服务队伍的建设是否科学合理，对学科服务的开展具有直接的作用。科学合理的学科服务队伍会对学科服务的开展产生积极的推动作用；无序、混乱的学科服务队伍将严重阻碍学科服务的正常实施和发展。对于现代图书馆来说，组建一支具有科学性与合理性的学科服务队伍能够有效促进学科服务的高效运转，是当下图书馆建设的一项重要内容。从现代图书馆服务实践上看，组建学科服务队伍主要采用以下两种模式：

（1）个体模式

个体模式主要是指一名学科馆员固定对应一个或多个院系，或者安排图情专家，其职责以宣传沟通、资源建设为主，同时深入专业的课题研究过程中，协助完成科学研究工作。但是，个体模式下的学科服务也有一定的缺陷，例如，提供的学科知识信息内容较为单一，缺少与其他学科的互动与交流。因此，为了进一步提升学科服务的认知、提升服务质量和水平，应在单一模式的基础上进行协作式沟通交流，促进学科服务队伍由单一的个体模式向团体模式转变，实现服务效果的最佳化。

（2）团体模式

团体模式下的学科服务队伍是一个强调团队协作的专业化队伍，主要包括学科馆员、咨询馆员、普通馆员、学科用户和学术顾问（通常由各学科推荐的学科专家和教授担任）。其中，学科馆员与咨询馆员通常由专职的图书馆员担任，并且要求其具有专业的职业素养与知识技能。图书馆员在学科服务队伍中具有核心作用，其主要负责团队的发展规划、队伍成员的组织协调和相关服务工作的开展。因此，图书馆对于学科馆员有明确的岗位职责划分和工作内容、目标规定。

二、学科馆员队伍的培养

现如今，图书馆学科服务开展得如火如荼，这就对学科服务中的核心力量——学科馆员提出了更高的要求。从长远发展的角度上看，图书馆应充分发挥文献信息建设的作用，构建具有专业化力量的学科馆员队伍，适应各领域学科的发展与建设需求，创新图书馆服务的形式与内容，特别是要增强对学科馆员制度的认识与利用，充分发挥学科馆员的优势和作用，形成高质量、高水准的学科服务。图书馆学科服务的深入发展，学科服务在用户心中的地位不断提升，对学科馆员的培养已经成为图书馆学科建设的重要内容。学科馆员的培养主要包括对图书馆内现有学科馆员的培养，同时还包括对图书馆引进人员进行人才培养。

（一）学科馆员能力培养内容

培养学科馆员的能力涉及多方面的内容：第一，对学科馆员专业知识与能力的培养，主要包括对学科基础知识、理论知识、前沿知识和专业语言知识的培养。第二，对信息能力与信息素养的培养，主要是指信息检索能力、信息处理能力、信息分析能力、现代信息技术能力等。第三，对创新能力的培养，强调学科馆员提高自主学习能力，不断更新自身知识，提升自身的综合水平。第四，进行图情专业思想培养和专业技能培训。学科馆员必须研究学科的基本理论和学科的发展趋势，才能更好地进行学科用户及其信息需求研究。第五，加强对学科馆员专业意识和专业素养的培养，使学科馆员形成强烈的职业责任感、职业使命感和荣誉感，加强对学科馆员的职业道德教育。

（二）对现有馆员的培养

（1）通过自主学习获得自我培养

随着计算机技术、网络信息技术的发展，社会各领域的知识资源频繁更迭，知识推新与换代的速度加快，面对这一社会现象，图书馆学科服务要紧跟社会与技术发展的步伐，始终保持知识的高度先进性与丰富性。作为学科服务核心力量的学科馆员必须建立起终身学习的观念，不断更新自身的知识体系，不断在实践中掌握学科服务中心所需的新技术，新理论，新方法和新知识，以提升个人专业知识水平与素养推进学科服务水平的提升。学科馆员本身具有很强的自主学习能力和知识获取能力，对待新知识、新技术较一般用户能够更快地吸收和接纳，同时，图书馆为学科馆员能力的提升营造了优越的知识环境，能够为学科馆员提供必要的文献信息资源、先进的技术设备和良好的学习氛围。学科馆员服务的主要对象是学科用户，这类用户本身具有一定的学科知识以及科研能力，学科馆员在为这类人提供学科服务时会受到他们学术能力、科研能力甚至是学术精神的影响，这对于学科馆员来说也是进行自我提升的重要途径。

学科馆员进行自主学习的途径有很多，除了可以进行日常的阅读、研究文献资料之外，还可以抓住机会与学科用户或专家进行深层次的探讨，参与相关的知识讲座等，都可以实现自我学习能力与水平的提升，为更好地提供学科服务做铺垫。

（2）通过培训获取培养机会

1.馆内培训

为了加强学科服务队伍建设，图书馆可以依据自身的实际情况建立起知识经验交流体系，增强内部人员沟通，适时为学科服务队伍提供参与专业知识讲座的机会，促进旧知识的完善与新知识的接收。图书馆可以定时举办内部经验交流会，将不同专业、不同类别的学科馆员聚在一起进行自身服务经验传递。同时推动"以老带新"的机制建设，让经验丰富的优秀学科馆员带动新学科馆员，传授从事学科服务的工作经验，为新学科馆员开展日后的学科服务工作做好准备。

2.馆外培训

为了让学科馆员开阔眼界，积累经验，图书馆可以有计划、有组织地安排学科馆员去往相应的馆外培训机构进行知识技能培训，或感受其他图书馆的学科服务建设，使许可馆员能够增长见闻、了解学科发展动态，推进学科服务创新。馆外培训的主要形式有以下几种：

①学科服务经验交流报告会

学科服务经验交流报告会集中了优秀的学科馆员以及学科服务工作者的最新、最实用的工作实践经验，在会议上，来自各馆的学科馆员可以互相探讨、研究，从中挖掘各馆在学科服务中的成功经验，去粗取精，去伪存真，为本馆所用。

②学科馆员培训班或到学科服务开展得好的馆去观摩学习

学科馆员培训班的设立为学科馆员的学习与成长提供了平台，学科馆员可以在这一平台快速掌握学科服务的相关技能，提高学科服务能力。到学科服务开展得好的图书馆进行观摩学习，可以向经验丰富的学科馆员学习相关知识，以迅速提升自身的学科服务能力，推动本馆的学科服务建设。

③到国外图书馆观摩学习

学科服务最先兴起于国外，国外的图书馆积累了很多丰富的学科服务实践经验，拥有前沿的学科服务管理理念，具备先进的学科服务技术与设备。这对于我国图书馆来说能够起到很好的借鉴作用，有足够条件的图书馆可以安排本馆的学科馆员到国外图书馆进行观摩学习，促进先进的理念与技术在世界范围内广泛传播。

（三）引进学科馆员人才的培养

随着社会研究与学科领域知识的不断扩展，学科服务的内容与形式不断更新，仅仅依靠图书馆现有的学科服务人员队伍无法满足社会与学科服务的实际需求。因此，图书馆需要引进专业的高素质人才，加入学科馆员队伍中，不断增强学科馆员队伍的能力与素质，完善学科馆员队伍的结构，推进学科服务水平的整体提升。

（四）外聘资深学科专家兼职学科馆员的培养

资深的学科专家是先进学术知识的掌握者与传播者，他们通常是具有很高学术造诣的人员，在其学术领域具有一定的威望，在其长时间的学术研究过程中总结了相当多的学术经验。聘请这些专家作为图书馆学科服务队伍的成员，可以为学科服务带来更具权威性、学术性和指导性的学科信息。但是这些专家通常不具备学科服务的经验与条件，因此，对这些专家也要进行相关能力的培养，如信息能力，技术操作能力以及参考咨询服务能力等。只有这样才能够使学科专家在图书馆学科服务建设中发挥最大作用。

三、学科信息资源建设的策略

（一）建立完善的学科信息资源保障制度

为学科建设提供有效的信息资源保障，需要图书馆必须建立健全的学科信息资源保障体系，确定学科信息资源建设的目标、范围和计划等。首先，图书馆应建立起由图书馆高层领导、学科专家和图书馆专业人员组成的学科信息资源建设委员会，指导学科信息资源建设；其次，图书馆要明确本馆的级别、专业层面、服务范围、服务群体、科研重点等方面，依照本馆的实际情况设定发展目标与方向，确立学科信息资源进馆的原则、标准等；再次，要依据图书馆自身的经费条件等设置详细的经费计划，加强重点学科文献资源建设，保证图书馆的重点学科建设中具备足够的资金支撑，着重确保重点学科信息资源形式、种类和数量尽可能完整；最后，图书馆应加强与其重点学科的学术联系，与重点学科建立起互相支撑，共同发展的良好平衡关系。

（二）加大对重点学科文献购置经费的投入

随着科学技术的发展，网络资源的丰富，电子文献开始出现并且得到了很大范围的应用，这对于图书馆来说是一个很大的冲击。知识信息量的增大，学科水平的不断提高，使得各类书刊与文献数据库的价格提高，面临日益发展的电子文献信息并不具备优势。因此，图书馆应最大限度地争取经费支持，保证在学科信息资源建设的经费投入。同时，经费的设置要科学合理，对于重点学科与非重点学科之间的经费投入比例要进行全方位的权衡，保证学科信息资源建设能够全面、系统地开展，最终促进图书馆特色资源库的建设。

（三）优化资源结构，建立学科特色资源

图书馆要依据自身研究的重点专业、重点学科的特点进行文献信息收集与整理，确保图书馆馆藏文献的完整化与特色化，形成具有图书馆特色馆藏学科信息资源布局。

（1）重视学科专业核心期刊的收藏

核心期刊是重点学科文献中的核心力量，其内容专业的信息内容丰富，学术内涵水平高，研究成果往往能够反映出该学科或领域所具有的前沿水准，能够得到该领域学者与用户的一致认可，对用户的知识研究内容与方向有很大影响，是重点学科文献收藏的首要对象。

（2）重视外文文献选订的比例

在科学与学术研究的过程中，对外文文献的借鉴与参考是必要的。外文文献实效性较强、参考价值高，能够体现出学科发展与科学技术发展的最新动态，是新知识、新信息的重要载体。图书馆应按照自身重点学科建设的实际特点，将资金投入到具有很强的指导性与参考价值，并与学科建设相关的外文期刊与图书的采购中，始终保证图书馆学科建设的前沿性与先进性。

（3）重视"灰色文献"的收集

"灰色文献"是一种新型的信息形式，它通常不对外公开出版，但是所涉及的内容相当广泛，观念新颖、见解独到，是目前国内外图书情报界公认的重点情报源之一。

（4）加强数字资源建设

在当今社会，数字资源建设相对于馆藏文献资源建设来说更具有实用性和必要

性，数字资源建设包括学科数据库的建设，同时也包括网络学科资源的导航、学科机构知识库建设、学科新闻报道等。图书馆应充分运用自身的资源优势与技术优势，对网络中的资源进行组织与加工，为学科用户提供便捷、实时的学科服务。图书馆可以根据自身的学科重点，建设具有特色的馆藏资源数据库，最大限度地体现图书馆馆藏信息资源，为学科用户提供多元化的信息服务。

第四节 图书馆学科服务评价

一、学科服务评价的目的

图书馆学科服务评价在一定价值观念引导下，以一定的技术和方法对图书馆服务的所有信息进行收集，并根据这些信息对服务过程和效果的作用进行客观衡量和价值判断。学科服务评价是图书馆工作规划中的一个重要环节，是实现图书馆服务目标的重要方式。学科服务评价的目的在于：

（一）指明服务方向，创新服务理念

学科服务方向是指从图书馆的管理运行体制到服务内容与服务手段都应体现图书馆学科建设服务的需求，最终在于为图书馆发展服务。服务评价可以对服务方向是否正确、服务手段是否合理进行判定。学科服务评价需要认定学科服务的计划、目标与发展方向，了解学科服务的思想建设，分析学科服务管理的过程，检验学科服务的最终成果。利用服务评价，矫正学科服务设计与开展时的不足，引导其向正确的方向发展、前进。

（二）改善服务条件

图书馆服务条件是指实施学科服务的物质条件，如学科服务的场所、设施、人员、资金等，服务条件的好坏会对学科服务工作造成直接影响。通常一个物质条件优越的图书馆，其服务质量与服务水平相对于物质条件差的图书馆要更高。然而，服务条件应与图书馆的实际情况相适应，条件的改善应与学科服务工作同步开展。如果学科服务的基本条件超出工作需要是一种资源的浪费；如果学科的基本条件不能满足工作的基本需求，那么必然会阻碍工作的进行。因此，应对服务过程中的相关因素进行科学评价，找出薄弱环节，并在此基础上制定改进措施。对于图书馆来说，学科评价能够准确判断出学科服务条件中的不适应的因素，对于这些因素可以加以优先改善。

（三）优化管理过程

学科服务管理是学科服务正常进行和有效实施的重点，是学科服务的重要保障和可持续发展的支撑力量。对图书馆学科服务管理过程的评价，主要指对学科服务管理过程中形成的数据信息进行统计与分析。另外，对学科服务管理过程进行定性和定量

分析，可以使学科服务管理更加高效合理，进而优化学科服务管理过程。

（四）提高服务质量

图书馆的服务质量是指图书馆进行服务的过程与服务产生的最终效果的优劣程度，表现为服务取得的效益多少、达到目标的程度以及问题解决的情况，最终反映在用户和服务组织双方的满意程度上。服务质量的高低一方面取决于图书馆服务能力上，另一方面还体现在用户在接受服务过程中的心理感受上，用户是服务的直接接受者，如果用户能够主观感受到服务，并肯定服务带来的效果，那么就证明图书馆的服务质量较高，用户的满意度较好。学科服务是伴随着用户的实际需求而出现和发展的，学科服务缺少了用户或者用户的满意和满足就很难立足。以学科用户的满意度对学科服务进行客观评价是科学、公正、合理的，它降低了图书馆管理者对学科服务评价过程中的主观性，使得学科服务评价结果更具有说服力。同时，用户对学科服务的满意度可以使图书馆学科服务机制的不足与缺陷显现出来，引导学科服务进行内容与形式上的转变与更新。将学科用户作为学科服务评价的重要群体，可以让更多的用户充分了解学科服务，激发学科用户参与学科服务的热情，树立主人翁意识。另外，学科用户作为学科服务评价的主体，能够有效监督学科服务的过程，对于推进学科服务开展、提升学科服务水平具有重要意义。

（五）提供决策依据

学科服务评价是了解用户对学科服务内在感受的有效途径，通过评价可以进一步了解用户对学科服务的真实需求，促进学科服务的完善与发展。学科服务的开展应与学科建设的客观实际相结合，学科服务的内容、方式与范围应与图书馆的可持续发展需要相适应。因此，图书馆在进行学科服务决策时，要对学科服务评价结果进行充分的调查与论证，对调查的结果进行全方位的分析与判断，根据有效的评价结果改善现有学科服务过程中的不足，推进学科服务内容的转变，为学科服务的深层次发展提供依据，为图书馆管理者决策提供可靠的证据。

二、学科服务评价的意义

（一）有利于学科服务工作的整体优化

学科服务评价是图书馆学科服务体系中必不可少的环节，是促进学科服务进一步优化的保障。总体来说，学科服务评价充分考虑了学科服务体系中各层次之间的联系，是结合学科服务现状和实际工作目标，对学科服务过程中各项工作内容的综合性评价。在对学科服务的评价过程中，同时也会引起图书馆管理者与馆员的关注，进而更容易发现不同角度、不同层面的优势与不足，全方位加强对图书馆学科服务的认识，对学科服务机制中的缺陷与不足进行有针对性的改善与优化，为图书馆学科服务发展奠定了良好的基础。

（二）有利于丰富学科资源

学科资源建设施图书馆的根本任务之一，学科服务的开展需要得到学科资源的支撑。为了充分发挥学科资源的优势，保证学科资源建设符合学科用户的基本需要，为学科建设提供必要的资源保障，图书馆必须建立相应的学科服务评价标准，对学科资源的标准、原则、结构、规模、类型、数量、内容、质量、价值以及学科馆员选择资源的方式、资源现状、学科资源需求等多个方面进行科学、系统的评判，对学科资源中存在的不足进行进一步完善。

（三）有利于提升学科服务的质量和效果

科学客观的学科服务评价是提高学科服务质量的重要保障。通过经常性的学科服务质量评价，了解学术用户对服务的认同度、满意度，找出服务中的不足之处，不适应学科服务之处，进行适当的调整和改善，使环境布局更加明确，设备配置更合理，工作方法更加科学，工作任务更加清晰，工作内容更加合理，从而使学科服务机制更加全面、系统，实现服务机制的最优化。

（四）有利于图书馆社会地位提升

学科服务评价既是一个改造、完善图书馆自身服务机制的过程，同时也是一个宣传图书馆服务的过程。通过服务评价，可以增强学科用户对图书馆的认同感和满意度，引起社会与国家对图书馆的重视，有助于进一步帮助图书馆更新设备设施，优化学术环境，改进服务方式，优化学科服务质量。同时，学科服务机制的完善有助于培养学科馆员的工作积极性，不断根据变化的形势转变自身的服务态度与方法，全身心为用户服务，以获得更多的用户认同，进一步提升图书馆的社会地位。

三、学科服务评价指标的构建

为了保证学科服务评价的顺利实施，必须建立一套能够保证预期目标实现与服务效果衡量的有效的指标体系。评价指标体系中集中反映了学科服务评价的内容和评价方法，必然会直接对评价结果产生影响。因此，科学、合理的学科服务评价指标的构建势在必行。

（一）学科服务评价指标构建的要求

在对学科服务评价指标进行设计时，需要从图书馆学科服务的性质、特色与方法等方面出发，确定既切合实际又符合长远发展规划的评价指标，使评价结果能够切实反映学科服务的水平和质量。通常情况下，学科服务评价的构建应符合以下要求：

（1）科学合理

学科服务评价指标的设计要以科学合理为基础，从学科服务的现实情况出发，确定符合学科服务发展方向、准确衡量和反映学科服务规律和趋势的指标体系与原则，保证指标体系设置的科学性与合理性。

（2）全面系统

学科服务工作是一个完整的、系统的过程，学科服务指标的构建也应从学科服务的整体出发，全面、系统地展现评价对象的基本情况。随着学科服务的广泛开展，学科服务评价的内容也日渐增多，这就要求在设计学科服务评价指标时，要从服务的整体性出发，充分地考虑到学科服务工作的方方面面，使评价结果尽可能准确和可靠。

（3）简练可操作

这里所说的简练可操作是指指标体系在全面系统的基础上应尽可能清晰、精练且可操作性强。进行指标体系设计时要分清主次，对重要的、影响较大的加以详细阐述，有些次要的、偶然性的尽量不放置在体系内，力求指标体系内容能够既全面又细化，同时具有可操作性。

（二）学科服务评价指标设置原则

（1）现实性与前瞻性相结合的原则

服务评价是一项有意识、有目的的活动，通过对图书馆学科服务的现状进行评价，使图书馆学科服务不断完善与发展。因此，在设置评价指标时，应该结合图书馆学科服务的现实情况，通过评价为服务工作开展指明方向，同时还要了解未来学科服务发展态势，制定出具有前瞻性的学科服务评价指标体系，确定许可服务日后的发展目标与重点。

（2）定量与定性相结合的原则

客观存在的一切事物都是质和量的统一，当量积累到一定程度上时就会产生质的飞跃，学科服务也不例外。在学科服务评价时，最直接的形式就是指标量化。为了保证评价在更充分的基础上进行，增强其可信度，在评价指标制定时，主要应以定量指标为主，定性指标为辅，尽可能将各项指标进行定量阐述。然而在具体操作中，很多指标是无法进行定量阐述的，因此需要先定性后再进行定量，如此间接地获取量化数据。

（3）静态与动态相结合的原则

静态指标展现的是学科服务在某一时间节点上的情况，动态指标展现的是学科服务在某一段时间内的情况。为了保证评价结果的科学性与合理性，学科服务评价既不能停留在某一时间节点上，也不能只关注某一时间段上，而是应从整体发展出发进行权衡考量。因此，在对评价指标设计时必须坚持静态与动态相结合的原则，通过对比各个时段的变化程度来反映学科服务的整体情况。

（4）整体与部分相结合的原则

学科服务作为一项全面、系统的工程，是由各个子系统与工作要素共同组成的，学科服务的开展是多方面要素互相联系、共同作用的结果。因此，在进行学科服务评价指标设计时，不仅要考虑学科服务的整体性，同时也要将学科服务系统的各要素进行层次划分，建立起不同层次的子评价指标体系，通过评价对学科服务的各环节进行优化与改善，保证学科服务体系的完整性与稳定性。

四、学科服务评价方法

（一）经验评价法

经验评价法主要以人的实际经验作为评价的标准，包括观察分析法和调查研究法等，通常用于工作检查与工作总结中。由于人的主观意识不同，这种评价方法受到人的经验、眼界、知识等多方面影响，具有很强的随意性。通过经验评价一般很难得到客观的、有效的评价结果。因此，这种评价方法通常只用于图书馆学科服务发展初期，在日后的发展阶段很少使用。

（二）定性评价法

定性评价法是指在评价者的主观判断基础上，按照已确定的标准对评价对象进行非量化的状态评价，具体包括现场访谈法、问卷调查法、学科专家评价法、对比法等。定性评价方法在一定程度上体现了学科服务的价值，大致上可以反映学科服务的现状，能够处理一些不宜于定量分析的问题。在使用定性评价方法时，由于评价者的知识储备与工作经验的不同，或者评价者对被评价对象有明显的偏颇，评价结果会有很大的差异甚至歪曲。同时，由于缺少相应数量的数据支持，这只是一个抽象性的评价，其说服力也有所不足。因此，在进行定性评价时，一般需要对评价结果进行可靠性分析。

（三）定量评价法

定量评价法是采用数学或统计学的方法，利用一定的数学模型来进行判断的方法，具体包括概率抽样法、模糊评判法等。客观上讲，定量评价法克服和降低了评价者的主观、随意性和价值或利益的偏差，它提供了一系列的客观、精确、清晰的数据，是一种系统、客观的数量分析方法，其评价结果具有很强的可靠性。随着现代计算机技术的发展和应用，定量评价方法已被广泛应用于许多领域，无论是图书馆学科服务评价还是其具体工作评价都广泛应用这种方法进行评价。

第四章　图书馆社会化服务创新

第一节　图书馆社会化服务概述

现代高速发展的社会中,图书馆的存在始终是人类知识的源泉,也是广大人民群众终身学习的地方,更是人们可以接受社会文化教育,提升自身文化素质和水平的重要途径。

一、图书馆社会化服务的概念

社会化指生物性的个体,经由参与社会团体的活动,吸收社会文化与规范,逐渐适应社会生活的过程。图书馆的社会化是指图书馆积极参与社会工作,发挥自身信息资源的优势,不断促进社会发展的一个过程。高校图书馆的社会化服务就是高校图书馆服务功能和外延的扩大化,高校图书馆在满足校内教职员工的基础上将服务的群体逐步从周边社区扩展到所有社会读者,向社会开放,为政府、企事业单位、社区居民等群体提供信息服务。

二、图书馆社会化服务的意义

图书馆的社会服务化为广大人民群众提供信息化资源。随着时代的不断发展,政府以及一些企业和科研机构由于本身的资源和经济条件有限,并不能够在本单位或者机构设置应有的专业信息服务资源,而经济的高速发展却又正在向这些人们提出了更多的挑战,所以,他们对知识的需求和渴望是相当迫切的,图书馆的社会化服务却恰好地解决了这些问题。因为图书馆的馆藏资源是相当丰富的,而各大高校的图书馆中都有众多的专业人才和相当先进的信息服务技术,如果只对本校的各种项目服务,那无疑是对信息资源极大的浪费,所以,现在我国很多高校的图书馆正在逐步地向社会公众开放,以社会化的服务更好地为人们和知识的继承做着更多的贡献。

三、高校图书馆社会化服务开展的必要性

（一）社会属性要求

图书馆是国家为满足人们的知识信息需求而支持建立的公共事业型单位，所以在公共教育，满足人们文化需求方面，具有重大责任。高校图书馆是前沿科技与知识资源的集散地，这个功能使得高校图书馆应向大众开放，向大众提供社会化，全面化的知识服务。

科技兴国、人才强国是我国多年来坚持的发展战略，国家对高等教育的重视程度不言而喻。高等院校的教育在从学校走向社会，高校逐渐将教育资源分享给社会大众。图书馆作为高校文化知识教育的重要组成单位，给学校教学与科学研究活动架设了一座桥梁，高校师生在学校图书馆获取用于学习和科研的文献信息，高校图书馆是教学和科研必不可少的基础条件。图书馆为教育和科研提供了相当大的资源依托，为了鼓励学科创新，推动科技发展，图书馆也积极开展各项活动，高校图书馆已成为人才和社会交流、结合的重要场所。

（二）相关政策规定

高校图书馆聚集了大量的知识文献信息，是文化知识宝藏。国际社会早有人呼吁高校图书馆面向社会开放。国际图书馆协会在20世纪就出台了相关政策，鼓励高校图书馆推行社会化服务，整合知识资源，完善知识体系，保证最大限度地实现社会服务义务。在国际图书馆协会出台高校图书馆社会化服务政策之后，美国积极响应，率先实施图书馆服务社会化，并在公立高校发表宣言，宣言指出社会读者具有和高校师生同等的阅读权益，并享有相关服务，为保障社会读者能够顺利进入高校图书馆阅读，美国高校图书馆还减少了相关权限，真正做到学校师生和社会读者的无差别对待。21世纪早期，我国也顺应时代发展潮流，吸收开放思想，倡导有条件的高校，结合自身实际条件，尽其所能地开放图书馆，为社会读者提供服务。随后，国家又进一步完善规程，明确高校图书馆应同社区联合起来，以地区为划分，逐步发散到其他区域实施服务。国内高校纷纷响应国家号召，在相关规程出台后，很多高校图书馆根据有关规定和相关政策，结合自身条件和当地社会环境，先后不同程度地开展了社会化服务。国家的相关政策是高校图书馆发展的方向指引，是图书馆未来积极探索开展社会化服务方式、与社会企业团体实施合作、资源共享的有力保障。

（三）时代发展需要

互联网早已成为人们工作生活必不可少的生产，信息的广泛广播和无限搜索是人们获取知识的主要方式之一。在知识经济时代，知识成为经济发展的关键因素，各个领域的发展进步都无法脱离知识。互联网的发展，使高质量的信息不断得到传播，并日益受到人们的关注。知识是人类进步的阶梯，人才的培养，科技的进步都需要参考

大量的文献信息，知识资源是社会发展的保障。知识不断的被更新，旧的知识不断被新的知识取代，国家与社会要想持续发展，不落人后就要不断获得新的信息知识，同样，社会读者也需要获取知识。图书馆是社会读者信息主要来源之一，在图书馆里，读者可以迅速找到所需信息，与公共图书馆不同，高校图书馆的馆藏数量极多，是高校重要教育资源之一。而且高校图书馆的文献信息更新及时，涉及知识范围广泛，丰富的馆藏资源可以满足社会各界，不同读者的阅读需求。

由于地理位置、历史遗留、经济发展等诸多因素的影响，我国一些区域并不发达，公共图书馆相关配套设施并不完善，信息资源受到限制，馆藏文献缺乏，无法为当地企业、团体及其他社会读者提供服务，当地的研究机构也不能在当地图书馆查找到最新的、全面的资料信息。在人口相对密集的城市，公共图书馆的资源在面对大量需求人群时，很难满足读者需求。而有大学的地方几乎就会有图书馆，因高校培养人才的需求，学校十分重视文献资源的建设，高校图书馆拥有公共图书馆所不具备的优势，并且以往的高校图书馆的主要服务对象仅仅是本校师生，其服务对象十分单一，致使馆藏资源得不到充分利用，开展高校图书馆社会化服务能充分利用馆藏资源价值，使利用率最大化。

公共图书馆数量稀少，几乎一个市区仅有一个，且大都处于城市中心，如果这个城市的人口密集，就会出现大量的人群使用同一个图书馆，且处于市郊还有县级的市民要想到图书馆查找资料就比较困难。公共图书馆数量稀少、布局不合理，是我国公共图书馆建设的现状，也是需要解决的问题。高校图书馆尤其是本科院校，校区面积很大，部分重点院校拥有多个校区，新校区由于建设时间和地理空间的位置大多设置在偏远地区，这为当地社区居民获取信息提供很大帮助，能够缓解公共图书馆服务压力。

（四）社会舆论

随着时代的发展，高校图书馆服务社会化成为必然趋势，也被多数的专家学者所认可。曾有组织团体对高校图书馆是否应该推行社会化服务做出统计，有超过80%的网友给出了肯定的回答。而且，在强烈的信息资源需求的驱使下，社会各类组织团体纷纷表示应由政府出面，制定相关政策鼓励地方高校将图书馆开放，推行高校图书馆服务社会化，这样在提高公民素质的同时，对于缩小区域文化差距，促进区域文化交流起到积极作用。

四、高校图书馆开展社会化服务原则

（一）可持续性原则

高校图书馆社会化服务是公共文化事业建设的重要内容，是公共文化服务体系的重要组成部分。就我国当前高校图书馆自身发展现状与社会化服务推广程度上看，高校图书馆社会化服务将成为一项需要长期坚持的系统化建设工程，实现高校图书馆社会化服务并非一蹴而就,而是任重而道远。因此,坚持可持续性发展的原则是非常必要的。第一,高校图书馆要在社会经济迅速发展、知识资源不断更新、科学技术不断进步、网络资源不断累积增长、用户数量越来越多,以及读者需求的不断多样化的严峻条件下实现自身的可持续发展。第二,图书馆的社会化服务要实现经济效益与社会效益的双赢,就要继承传统服务优势、总结现代服务经验、探索未来服务模式,将当前服务与长远发展相结合,让图书馆社会化服务发展在社会公共文化体系建设中发挥积极作用。

(二) 以人为本原则

中国图书馆学会曾发布一个关于图书馆服务的宣言,此宣言明确了图书馆服务的目标,强调图书馆的服务和管理要体现人文关怀,要关注弱势群体的知识文化需求,消除弱势群体利用图书馆的困难,秉持"人人可用图书馆,人人具有享有图书馆服务的权利"的思想开展图书馆服务活动。中国图书馆学会坚持人性化管理与服务原则,让图书馆服务面向全体社会大众,包括弱势群体。图书馆服务要以人为本,高校图书馆在开展社会化服务时更应该坚持此项原则,针对不同需求、不同文化背景、不同层次的社会人群提供个性化服务。

(三) 梯度开放原则

虽然高校图书馆社会化服务是历史发展的必然,但其发展的过程受众多因素不同层面的影响,不同高校图书馆应根据自身资源建设情况、自身环境及服务力的大小,有计划地实现从基础性服务到创新性服务的梯次开放,循序渐进提高自身的社会服务能力。

我们已经知道高校图书馆社会化服务不是一蹴而就的,要循序渐进地开展。虽然国内外都在大力倡导高校图书馆社会化服务,高校图书馆社会化服务是高校随着社会知识经济发展必将行进的方向,但由于高校地处区域发展状况、自身资源建设,以及自服务能力的影响,高校图书馆社会化服务成为一项长期任务,高校图书馆的社会化服务不能一瞬间就全面展开,而是需要从基础性知识服务到信息咨询服务,再到更高层级的个性化服务有梯度地开放,逐渐提高自身的社会服务能力。

(四) 特色先行原则

信息时代的用户对知识的需求开始变得十分迫切,也变得多元化与个性化。高校图书馆社会化服务在满足普通大众需求的基础上,要发展其特色服务,重点挖掘本校优势,结合高校优化和发展条件推出特色服务,让特色服务成为高校图书馆社会化服务的核心竞争力。特色先行原则实质上就是个性化、集成化、高效化的具体体现。在具体操作中,高校图书馆要依据学校性质、借助学校的优势学科、特色专业,发挥其优势地位构建高校图书馆专有特色数据库,优先发展本校特色学术资源,加快高校图书馆社会化服务进程,保持特色服务的主导地位。另外,将本校先进科研成果通过社会化服务的平台流向社会，为用户提供有针对性的、有特色的一对一服务，同时促进科研成果的转化。

第二节 图书馆社会化服务的模式

一、图书馆社会化服务模式含义

服务是面向广大社会各种群体的或个人，其收益可以是有偿或无偿的一种活动。广泛的服务对象、多样化的服务需求、多元化的服务内容，使服务的方式不可能是统一、具有同一标准的活动形式。服务模式应该是根据不同的服务对象，不同的服务需求，为满足大多数人群的需要而不断变化的活动形式。

图书馆社会化服务是图书馆保持可持续发展的必然结果，一个个体要想在社会中生存发展下去，就要学会社会中的标准、规则，为社会创造价值。图书馆社会化服务根本目的是为社会提供丰富、全面、广泛的信息资源，满足社会大众知识需求。图书馆社会化服务模式应满足知识经济时代发展需求，应有益于图书馆信息化管理、服务模式变革、业务发展创新的需要。所以，图书馆社会化服务模式的建立应该本着满足社会成员对知识资源需求的根本原则，适应知识经济发展需要，转变传统服务理念，促进图书馆创新发展，丰富社会知识资源，推动社会经济、科技等各领域的研究发展进步。图书馆社会化服务模式应在信息资源方面、知识体系、服务机制、管理体系、组成结构等方面结合广大用户需求，综合考虑各方面的因素，构建合理的服务新模式。

服务模式按社会用户所需知识需求的显隐性程度大小、知识服务过程中馆员所倾注的智力因素大小、知识产品信息化程度的高低分为文献提供等基础性服务模式、信息参考咨询等过渡性服务模式和知识增值服务等创新性服务模式三种模式类型。

二、图书馆开展社会化服务的多种模式

图书馆社会化，即是图书馆面向社会开放，图书馆社会化服务就是服务于社会。图书馆要秉承以人为本的原则，结合本馆与当地的实际情况，充分利用图书馆丰富的信息资源，专业的图书馆管理与服务人才，先进的科学技术等优势，全面推进图书馆社会化服务的开展，进而促进图书馆的社会化发展，让图书馆信息资源倾泻到社会中，充分体现图书馆的社会价值。

（一）区域性图书馆联盟服务模式

个体的能力是有限的，合作可以共享资源，提高服务能力。任何一个图书馆的存储能力、信息搜集能力、文献管理能力、现代化科技能力都是有限的，而用户信息资源的需求却是复杂的、动态的、多样化的、涉及领域极其广泛，所需的信息形式也是

多样的。在一定的区域范围内，多个图书馆联盟合作，整合多个图书馆的信息资源，建立一个相对完善的、资源丰富的、结构化、一体化、社会化服务平台是满足用户需求的方法之一，同时图书馆之间也可以借此机会分享信息资源，整合管内信息资源，合理并充分利用信息资源，使其产生的效益最大化。另外，通过协商一致，按照协议标准建立起一个信息共享平台，使图书馆之间可以实现及时的文献信息传递、交流与沟通，并且让每个图书馆都可以查询访问其他图书馆可供查询的文献信息，了解各馆之间的文化特色和其优势领域，让资源共享落到实处。这样既丰富了各馆的信息资源，避免资源内容重复，节省财力物力，又可以优势互补，为用户提供广泛的、全面的信息资源，使图书馆与社会人群都实现利益的最大化。

（二）专题服务模式

针对用户需求的不同，图书馆可专门针对需求较高的高端用户，结合自身管理优势和信息资源优势推行专业化服务，即专题服务模式。针对一些科研领域，要求获得较高质量信息和事实资源的用户，可以为其提供专题情报服务；为需要社会信息资料参考、辅助决策的小众领导层级提供专题社会信息服务；为渴望更多知识、增加自身修养的社会群体提供专题学习服务；为推进"全面阅读""终身教育"，提供大众化服务和在线信息素质教育服务；对有校企合作的企业，图书馆针对企业发展需要，建立校企资源共享平台，搭建校企合作平台模式。

（1）专题情报服务

专题情报服务是指为某一固定用户，在一段时间内，根据用户需求就某一领域或某一专题，主动地、不断地提供情报信息。通常这类服务的完成需要图书馆组成专业的科研项目合作小组共同完成。专题情报服务的内容通常是对新兴科技研究、高端产品开发、重大科研课题、前沿信息理论等信息进行有计划、有组织的收集、分析、加工处理，最终以主题报告形式供给各特定用户，以便为用户学科指导研究服务。值得注意的是，专题情报服务不同于传统的图书馆服务模式的被动服务，在已知用户需求的条件下，图书馆会主动地向用户不间断提供服务。

（2）专题社会信息服务

专题社会信息服务是指图书馆根据社会需求提供的信息参考服务。专题社会信息服务的主要工作内容是对各个不同时期，不同的领域在工作重点问题、难点问题，以及热点问题进行整理、分析，并以专题报道或者是简报的形式形成文献信息资料。这些信息资料通常是为帮助有关单位的领导层级的工作管理人员在作出某些决策时提供参考资料和理论依据。

（3）专题学习服务

专题学习服务是指图书馆开展的一系列学习活动和专题服务。在经济知识时代发展中，为促进社会发展、科技进步，推动学习型社会建设，我国倡导"全民阅读"，各地区也积极开展了"全民阅读"活动。图书馆是开展"全民阅读"的主力军，在国家大力支持，各地区积极配合的环境背景下，图书馆推出了专题学习服务。图书馆的专题学习服务为图书馆创新服务方式、拓宽发展路径、开展图书馆社会化服务提供了事实依据。

（4）大众化服务模式

不同于专题情报服务与专题社会信息服务针对少数需求较高的人群，图书馆开展的大众化服务模式的主要服务人群是普通的社会大众。这部分人群虽然数量庞大，但需求相对简单，所需服务较为单一。对普通的社会大众来说，对图书馆的需求大都是资料查询与文献借阅。图书馆可以在保障文献资料完整保存备份的条件下，根据馆藏情况与服务人员具体能力，适当的开放图书馆，为社会大众提供资料查询、文献借阅等服务。大众化服务模式的开展并不是一朝一夕能够完成的，在逐渐整合图书馆信息资源、实现信息化管理的过程中，图书馆社会化服务就可以慢慢展开，在图书馆社会化服务开始初期，图书馆可以只提供文献借阅服务，再逐渐追加资料查询、信息咨询、知识扩展培训等服务，最终实现图书馆的全面开放。当然，在服务制度上也要跟得上服务发展变化，如借阅发放借阅证和相关借阅记录等实际操作问题。

大众化服务模式是图书馆实现社会化服务的重要方式之一，从服务对象上来看，其几乎涵盖了社会生活的所有人群；在服务内容上，虽说形式还相对单一，但目前为止，能够满足大部分人的知识需求。大众化服务模式同时是推动"全民阅读"活动广泛开展的坚强后盾。为更好地实行图书馆社会化服务，图书馆可以主动走基层、下社区，定期开展知识讲座，将知识送入人们生活工作的各个角落，丰富人们的文化生活，为公民终身教育奉献力量。

（5）在线信息素质教育服务模式

现在是知识经济时代，也是互联网时代，在网络迅速发展，社会科技飞速进步的信息化时代背景下，拥有基本的信息素质是人们想要获得知识、提升自身修养所必备的条件之一。图书馆在提供信息素质教育方面，要结合自身优势，建设并开放网络数据信息平台，积极引导社会大众提高自身的信息素质。为普及信息技术知识和教会大众查询信息的方法，图书馆可以在信息素质教育平台上定期发布和更新信息素质教学内容，主要让大众学会如何检索信息，如何获取文献资料等操作方法和流程。这样一来，人们就可以足不出户地、不受时空限制地自由选择学习内容，学会资料查找的方法后人们的学习范围、方式将更加广泛，为提升个人的综合素养创造了条件。

（6）搭建校企合作平台模式

高校图书馆是图书馆的主体，图书馆开展社会化服务高校图书馆担任的角色是不可忽视的。为在激烈的市场竞争中占据优势地位，企业需要拓展发展空间，提高科技含量；而高校需要缓解毕业生就业压力，为学生寻找实践场所，在如此背景下，校企合作方式诞生。通过校企合作的方式，企业可以获得大量高校培养出的科技人才，并可以获得高校的技术支持；高校向企业输送人才的同时，也缓解了毕业生的就业压力，获得稳定的学生实习基地。学校的人才为帮助企业研发新型产品、优化升级已有产品，并使技术不断得到更新，解决企业在生产活动中遇到的科研难题。一方面，高校图书馆可以搭建企业专属档案库，建立校企间有效的合作交流网络平台，实时提供行业信息及市场动态，针对企业需求远程链接校内精品课程，提供电子学习资源、特色数据库、学科与专业导航等服务，实现校企资源共享；另一方面，高校图书馆可以充分调动图书馆工作者的工作热情和积极性，及时跟踪学科前沿，对获取信息进行深度挖掘、分析、整合，研发出更多优质的信息精品，提高企业对市场的快速反应及应对能力。

第三节 图书馆社会化服务的目的及功能

一、图书馆社会化服务的目的与价值

图书馆社会化服务是顺应时代发展，为满足社会需求的、被广大社会群体倡导的图书馆服务形式。图书馆社会化服务有着明确的目标，发展方向是根据我国经济、社会、文化等领域的发展而确定的。图书馆中的公共图书馆服务一直是社会化的，但其服务的开放程度并不大，利用率不高，究其原因是公共图书馆信息资源客观上存在一定的不足，科技资源更新缓慢，管理方式、服务理念落后，为其社会化服务制造了瓶颈。而大部分的文献信息，科技资源都掌握在高校图书馆手中。要想全面实现图书馆社会化服务，就不能忽视公共图书馆与高校图书馆社会化服务的开放程度，及其重要价值。

（一）图书馆社会化服务的目的

（1）顺应时代与社会需求

当前图书馆社会化服务，在一定程度上可以满足大部分人群的知识需求，为基础社会知识的普及提供保障。但图书馆的资源不够充足，开放程度不能满足部分人群对某些领域专业知识的需要，无法提供高效专业的信息资源服务，加强图书馆社会化服务程度，可以优化信息资源，丰富知识信息资源品类，提高专业水平和文献资料质量，满足广大用户需求的同时，提高图书馆效益，顺应时代发展需要。

（2）满足国民需要

不论是公共图书馆还是高校图书馆都肩负着教育大众，实现人终身教育的重大社会责任。因此，在社会的需求下，图书馆资源就要相互补充，高校图书馆的开放也势在必行。高校图书馆的开放服务为社会大众解决了公共图书馆资源匮乏的难题，也满足了人们不断增长的文化知识需求，提高高校的社会地位的同时，完成了高校教育大众的社会使命。

（3）促进资源开放性

交流促进发展，高校图书馆的开放给社会带来丰富的知识资源的同时，也将开放

的思想与建设观念融入了高校进一步发展建设中。故步自封、闭门造车的思想只会成为高校发展建设的绊脚石。图书馆开展社会化服务使知识资源向社会流通，知识在不断地流动和被使用中体现了其存在的价值。图书馆社会化服务不仅提供了大量的知识资源，满足人们的知识需求，同时也是推动学习型社会向前发展的助推剂。

（二）图书馆社会化服务的价值

（1）社会价值

高校图书馆社会化服务体现了我国知识开放的本质特性，也反映出了高校管理体制的开发性。高校图书馆社会化服务，提供了学习型社会构建的知识资源条件，实现其作为全民终身教育主体作用。目前，与一些国外的发达国家相比，我国高校图书馆的开放程度还远远不够，尚不能完全满足国民的知识文化需求，所以需要结合图书馆与高校的自身条件，有计划、有目标的逐渐加强图书馆社会化服务程度，促进知识在社会上的流动，提高知识使用效益，为社会创造价值。

（2）资源价值

因教育教学的需要，高校图书馆的藏书丰富，收录更新新知识文献的速度也明显高于公共图书馆，且在数量庞大的专家教授、源源不断的高科技人才的支持下，高校图书馆的文献资源不断得到扩充。但是每个高校对图书资源的需求是有限的，图书馆的资源被利用的程度并不高，推行社会化服务，弥补了公共图书馆资源不足，让图书馆的资源得到充分利用，使知识资源效益最大化的同时，避免了资源的浪费。

（3）宣传价值

每所高校都有自己的图书馆，高校图书馆是高校深厚文化底蕴的客观表现，也是教育文化的主要组成部分。在国际高校图书馆推行社会化服务的大环境下，我国高校图书馆就相对保守的多，服务观念还没有得到转变，缺乏开放性服务理念。图书馆社会化是一种发展趋势，是高校全面发展的必然要求。通过图书馆社会化服务，让人们看到了高校的教育实力，展现了高校的教学文化和人文精神，无形中让高校在图书馆社会化服务中得到广泛宣传。并且，通过提供社会化服务，高校图书馆也可以发现自身存在的不足，对高校的发展建设起到了一定的促进作用。

二、高校图书馆社会化服务具体功能

（一）有利于创建文明社会

我国倡导公民终身教育，积极开展"全民阅读"活动，就是为了推进学习型社会建设。高校图书馆应担负起"全民阅读"的主要责任，积极开展社会化服务。"全民阅读"活动的顺利展开，可以有效带动全民学习气氛，营造积极学习的环境，同时提高公民的综合素质。高校图书馆是信息的集散地，是信息传播的重要组成部门，应该为社会经济增长、公民素质提供、文明生活建设贡献力量。有些高校图书馆社会化服务，吸引了附近社区的居民，为社区居民提供了阅读条件，丰富了社区居民的文化活动,调动了社会读者参与阅读的积极性,增添了居民生活的文化乐趣,营造了良好的学习生活氛围;还有些高校图书馆向社会读者开放,使得诚信借阅广泛开展,有利于促进精神文明建设。

(二) 促进企业良性竞争

高校图书馆是知识资源宝库,应当起到促进社会发展的作用,保证图书馆内信息的及时更新,以及涵盖广泛的知识信息资源,并能够满足企业咨询以保证社会的发展。

在知识经济时代,占有大量生产资料已经不再是企业发展的绝对优势,掌握先进信息才是企业发展的决定性因素。高校图书馆拥有庞大的信息资源,和获得最新知识资源的优势,是为企业提供技术支持、科研咨询的保障。为在激烈的市场竞争中保持优势地位,很多企业纷纷寻找重点高校,寻求合作,以获得高校的支持,为企业提供最新最全面的科技情报、社会信息、技术指导。比如在某企业新产品研发初期,可以通过高校图书馆的社会信息服务,了解行业信息,分析企业发展形势,最大限度上避免企业在新的领域遇到麻烦。

有些高校拥有大量的人才,具有较高的科研能力,在一些专家教授的领导下成立科研小组,取得了很多先进的科研成果,但是却缺少推广平台。在高校图书馆社会化服务中,可以建立信息平台,将科研成果推向社会,促进项目的开发。例如,中国海洋大学的海洋专业研究委员会,通过图书馆建立的信息平台,为海产品加工企业提供相关研究成果,为科研成果的推行和实际应用开创了渠道,同时也加强了校企交流与合作。

(三) 促进与政府机关合作

政府机关在需要作出一些重大决策时,往往需要掌握一定的社会信息,而原始信息分布在各个领域,收集起来非常困难,不易整合,并且相当地耗费人力。政府部门的工作效率的高低对社会发展、经济进步速度、政策实施水平都具有很大的影响。而且政府的一些研究报告、工作总结、生产数据等资料的撰写都需要专业文献信息做参考。高校图书馆聚集了大量的人才,具有较高的数据信息分析整合能力,可以为政府机关提供相关的信息资源支持,促进了高校与政府机关的合作。以政府拥有的信息资源结合高校图书馆的信息处理能力,为高校图书馆社会化服务开辟了新的道路,为社会的发展,政府执政能力做出了巨大贡献,减少了政府的工作量,对于未来高校图书馆社会化服务的发展做了良好的铺垫。

(四) 地位不断提高

高校图书馆开展社会化服务,加强高校图书馆开放程度是社会各界普遍支持的,受到社会读者的欢迎。高校图书馆开展社会化服务有利于提高高校的声誉和拓展高校图书馆的发展渠道,促进高校同当地文化的交流与融合,在无形中逐渐加强了高校图书馆的社会影响力，为社会文化发展提供了条件。另外，高校图书馆开展社会化服务扩大了服务对象，为满足不同读者的知识需求，图书馆工作人员需要不断补充知识，扩大知识面，提高与社会沟通合作能力和工作效率，这样图书馆工作人员本身的素质就不断得到提升。

第四节　图书馆社会化服务建设

一、图书馆社会化服务的保障机制

（一）政策与法律保障

高校图书馆的社会化服务对高校自身发展、对社会人群提高个人素质等都有积极的影响。高校图书馆建立的主要目的是服务于学校教育和一些科研项目。高校图书馆是隶属学校的，高校肩负教化民众的义务，高校图书馆也同样要积极投入社会化服务中，但高校图书馆如果不想参与社会化服务也无可厚非，他人无权干涉。事实上，却也如此，高校图书馆社会化服务的开展情况并不乐观。剔除高校自身条件限制和其他考虑，相关政策和法律保障的缺失，所以制定相关的政策和法律保障是目前教育机构和政府机构亟待解决的问题。在政策方面，政府部门应该为高校图书馆社会化服务创造条件，并给予政策支持，大力倡导高校图书馆推行社会化服务，鼓励高校师生积极参与社会化服务，为高校图书馆社会化服务提供健康生长的土壤；在法律方面，有关机构应根据我国发展特色和高校图书馆的实际情况，制定关于图书馆的法律法规，从法律层面促进高校图书馆社会化服务的发展。在相关立法中，要明确图书馆的服务内容、开放程度、开放资源等，并要强调哪些设施和资源是可以面向社会大众的、哪些是需要有偿获得的、哪些又是需要图书馆保护的。这样不仅可以保障图书馆社会化服务的顺利开展，也有利于图书馆信息资源的共享，为知识在社会中流通营造了有利环境。此外，相关法律的制定让高校图书馆在社会化服务中遇到的问题能够有法可依，有章可循。

营造政策和法律保障氛围是高校图书馆实施社会化服务的必要条件。有政策可依，有法可循才能让高校图书馆免除后顾之忧地投入社会化服务建设中，推进社图书馆会化服务进程，同时高校图书馆的资源可以得到充分的利用，避免资源浪费，为社会创造更大价值。

（二）人员保障

影响图书馆的管理与发展的关键因素是人，图书馆的工作人员素质决定了一个图书馆管理是否有效、发展是否合理、服务是否符合标准，影响着图书馆的未来。只有图书馆的工作人员自身素质的不断提升，才能更好地发展图书馆，为读者服务。高校图书馆的社会化服务带来的变化是巨大的，第一，服务读者的范围扩大了。原本图馆只是为本校师生提供服务，开展社会化服务后，面向的服务对象从校内师生扩展到了生活各个领域，服务对象数量骤增，在积极地向校外的读者服务的同时，保证每个读者都能享受到有效服务。第二，图书馆读者需求发生了变化。以往图书馆主要的读者人群是校内师生，他们的阅读需求无外乎教学科研，专业学习。开展社会化服务后，社会读者的需求涉及了生活的方方面面。

在这样的状况下，高校图书馆以往的人员配备显然已经无法满足社会化服务需求，增加图书馆工作人员，提高人员素质是保障读者服务的前提。在工作人员选拔上，不仅要关注人才对图书管理的专业知识，还有了解掌握现代信息技术和计算机技能。在人才培养上，要定期组织培训、开展知识讲座，优化图书馆工作人员的知识结构、计算机技能，提高主动服务意识。从整体层面上来说，图书馆社会化服务要求有充足的人员配备保障，且每个工作人员要知识广博、熟悉多种学科、掌握有关的信息技术，有为人民服务的主动性和自觉性。

（三）资源保障

文献信息资源是图书馆生存的根本，是社会化服务的基础，充足的馆藏资源才能满足高校图书馆社会化服务进程中大量读者的不同需求。高校图书馆馆藏资源由两部分组成，一部分是纸质的实体馆藏资源，另一部分是以电子技术为载体的虚拟馆藏资源。高校图书馆加强资源保障就要从这两部分馆藏资源入手，第一，增加馆藏。保障图书馆具有充足的馆藏资源，最为直接有效的方式就是增加购买力度。增加购买力度时有一点需要注意，就是不能盲目地扩充。在购买文献资源之前，要对校内外读者的不同需求，分析所需补充资源类型，根据读者不同需求和数量，按照科学的比例合理购进资源。充足的信息资源储备，不仅可以保障高校读者的使用不受影响，也可以保障社会用户的信息需求得到满足。第二，加强资源整合。将图书馆实体馆藏资源与虚拟馆藏资源进行优化整合是图书馆社会化服务的另一重要手段。整合是将尽可能多的不同类型的资源，按照一定的规律，运用知识管理的方法，通过集成、分析、综合的手段，使不同资源形成一体化的有机整体，使高校图书馆的资源利用最大化。不同类型的资源整合，是一种资源内容的整合，而内容的整合也意味着内容价值的增值。资源整合可以方便用户在统一的用户界面上完成对不同类型信息资源的获取和利用，这可以使高校图书馆的社会化服务效能更好、效率更高。

（四）资金保障

"经济基础决定上层建筑"这句话在一定程度上揭示了资金的重要，资金是保障某些活动得以顺利进行的必要条件。高校图书馆的社会化服务需要图书馆具有相应的基础条件，图书馆的资源储备、技术更新、设备引进、人员配备，以及针对工作人员进行的各项培训都要有资金的保障。但高校得到的财政资金有限，资金来源少，能用于图书馆建设的资金相对的就更加稀少。而且高校图书馆开展社会化服务使读者数量迅速增加，读者需求也变得多元化。资金少、需求大，导致图书馆的供需不平衡，供需矛盾无法得到有效解决。资源供应不足，就无法满足读者需求、为读者服务，那么高校图书馆社会化服务就徒有其表。没有充足资金的保障，图书馆社会化服务就不能落到实处。

高校图书馆可以从以下几方面入手保障社会化服务所需的资金：第一，高校要积极争取政府的支持，预算专门用于高校社会化服务的资源、设施、人员等费用的支出，并以社会化服务的成果说服政府给予更多的财政帮助。第二，经费较充足的高校图书馆，可以在满足校内信息需求的情况下，有意识有计划地抽出一定金额的经费，用以支持高校图书馆的社会化服务。第三，高校图书馆的社会化服务可以以有偿的形式开展，针对不同的服务项目和服务内容收取适合的费用，如高校图书馆面向社会用户的科技查询、专题服务、技术培训等项目可以收取一定标准的服务费，以缓解高校图书馆社会化服务费用的不足，当然这些费用要取之于社会用户，用之于社会用户。第四，高校图书馆可以争取社会各界的广泛捐赠。有了这些途径的资金保障，高校图书馆的社会化服务会更加顺利地进行。

二、当前在高校图书馆社会化服务体系中存在的不足

（一）缺乏足够的社会服务意识

我国的文化事业与教育事业分属两个不同的管理体系，图书文献事业单位即是文化事业单位的主要成员之一，所以公共文化事业领域也会提供公共信息服务，其主要服务方式就是公共图书馆。虽然高校图书馆也是图书馆的主要成员，但它是隶属高校的，是面向学校师生而建立的，其原本的主要服务对象只有本校师生，而非社会读者，这就导致了高校图书馆缺乏社会服务意识。高校办学规模的扩大与高校图书馆建设投入少形成了新的矛盾，使高校图书馆的资源仅仅能够满足本校师生的需求，无法实现社会化服务，即使有些高校图书馆开展了社会化服务，开放程度和服务水平也不容乐观。另外，高校图书馆开展社会化服务需要大量的资金投入，产生的经济效益甚微，投入和产出不成正比，入不敷出限制了高校图书馆本身的发展，打击了高校图书馆社会化服务的积极性。另一方面，在社会长期注重经济发展忽视文化建设的大环境下，要在短时间内改变高校图书馆的社会化服务意识，谈何容易。

（二）不健全的管理机制

高校图书馆的管理结构、管理机制、流程规范、服务标准等都是针对本校师生群体制定的，其本身的服务对象也只是本校师生，所以并没有设立相应的社会服务部门，也没有相应的管理机制。这在无形中又加大了高校图书馆社会化服务的难度。高校师生人员相对固定，图书馆对这类人群的管理就相对简单得多，而对于松散的、动态的社会读者没有相应的限制条件，其管理难度就非常大。针对社会读者管理有难度的问题，一些高校采取的措施是收取图书文献押金，而在实际操作中会出现诸多问题，如涉及经济监督、物价监管问题；社会读者的抵触情绪、降低用户吸引力；难以

准确把握图书折旧损坏标准等。

（三）公共文化服务体系建设的参与程度不高

当前我国的和谐社会正在如火如荼地建设中，在文化建设方面，很多城市或地区都积极响应，加强了对公共文化事业的建设和投入，最大限度地保障社会群体文化活动、满足社会群体的知识需求，但是并没有将高校图书馆的建设纳入公共文化事业范围，对高校图书馆的关注程度不够和建设力度不大，相应的资金投入就非常有限。在相关政策的指引和有关部门的倡导下，虽然一些地区开始关注图书馆建设问题，并加深了政府与高校的沟通与合作，但以实际情况来看，还存在很多矛盾。比如，就高校图书馆而言，它关注的是政府的支持力度和资金投入大小，更加关心自身的建设与发展；而政府考虑的是高校图书馆建设对社会的影响和作用是否能够达到预期，投入和收益是否平衡。这样的矛盾导致运行模式缺乏必要的可行性。

三、优化当前高校图书馆社会化服务建设对策

（一）建设现代化的图书馆资源管理模式

高校拥有众多人才，掌握最前沿的科学技术，高校图书馆应该利用高校本身的技术优势，基于现代化信息技术，将图书馆文献资源集中建设，变革图书馆信息资源管理模式。图书馆可以建立网络信息平台，建设统一图书馆数据库，挖掘网络信息资源，整合网络信息与图书馆信息资源，优化知识结构、完善资源体系，打造高校图书馆丰富的馆藏资源。在网络信息平台上推行社会化服务，为社会读者提供方便快捷的网络图书馆电子资源服务。高校图书馆可以将信息资源数字化、信息化，加大电子设备投入，实现图书馆信息化管理，同时还可以促进知识在网络中的传递、扩散，实现图书馆信息资源共享，加快图书馆社会化服务进程。在图书馆社会化网络服务过程中，高校可以提供先进的数据检索技术与培训视频，让社会读者足不出户地学习新技能、获取新知识；在网络时代背景下，利用现代化技术，有机整合图书馆信息资源，优化高校图书馆的社会化服务模式。

（二）强化图书馆中的社会化服务应用

推行高校图书馆的社会化服务是为了图书馆资源得到充分利用，弥补公共图书馆供给不足，满足人们日益增长的文化需求。高校图书馆社会化服务工作的开展对于高校本身有一定的难度，图书馆可以借助社会组织的力量，提升图书馆的社会化公共服务质量，丰富和完善图书馆服务工作内容与方式，满足公众对文化的个性化需求。对于有不同需求，不同层次的社会读者，有针对性地进行图书管理服务，尤其要关注社会中有文化需求的弱势群体，使这类人群得到应有的帮助，享有同等的阅读权力，同时还要保证对弱势群体保持应有的尊重。校际图书馆可以加强合作，互通有无，分享馆藏资源和先进的管理经验，整合优势资源，利用各种现代化信息技术，提升社会化

服务质量，丰富服务方式和服务渠道。

（三）建设特色的社会化服务

首先，在高校图书馆建设过程中，要融入可持续发展的思想，向开放式图书馆方向建设。在优化管理与服务体制中，要积极完善社会化服务体制，建设特色的社会化服务模式，把传统服务思想转变为开放性、主动性管理与服务，彻底改变封闭式管理服务模式，基于社会化服务思想构建共享的高校图书馆服务平台。在此基础上，构建特色数据库，丰富信息资源的类型与形式，应用现代科技分析整合文献资源，用数字化技术去处理传播特色资源文献，在图书馆社会化服务过程中，提高图书馆资源利用率。其次，在知识经济时代背景下，转变以往只为本校师生被动服务的思想，在图书馆内引入竞争机制，改变管理与服务制度，在图书馆社会化服务实践中，将有偿服务与义务服务相结合，不断拓展新的服务渠道，开拓社会化服务新领域，努力寻找特色服务，如本校图书馆独有的文献资料、优势文化资源、重点优势学科资源等。最后，在高校图书馆社会化服务建设中，积极开展图书馆工作人员的培训工作，提升工作人员的工作能力和综合素质，通过挖掘每个服务人员的优势和潜能提升服务质量、增添服务特色；加强服务人员对岗位的了解，理解为读者服务的真正目的；培养复合型高校图书馆管理人才，完善服务人员知识结构，打造一个高素质的服务管理团队，切实推进高校图书馆社会化服务建设。

第五章 图书馆网络信息服务管理

第一节 网络信息服务概述

一、网络信息服务的概念

信息服务是一项新兴产业,根据其发展历史,可以划分为传统信息服务和现代信息服务。传统的信息服务主要包括图书资料、报纸杂志、新闻广播、电影电视、音像视听以及印刷出版等;现代信息服务一般是指以计算机为核心所进行的信息处理服务和以数据库形式提供的信息服务。现代信息服务也可称为电子信息服务,主要包括电子数据处理、交换、查询、传输、数据库联机服务以及信息系统集成服务等。

网络信息服务是现代信息服务的高级形式,它是现代信息服务机构通过国际互联网络所进行的一切与信息有关的服务活动的总称,其中包括传统信息服务在网络上的应用和拓展。主要是指在网络上从事的信息获取、存储、处理、传递及提供利用等服务工作。

更确切地说,网络信息服务应该还包括电信和电视两大网络的信息服务,但是随着宽带网技术的发展,电信、电视和计算机三网合一的趋势愈加明显。因此,我们所讨论的网络信息服务,主要是指在计算机网络即因特网上开展的信息服务。而且图书馆所要进行的网络信息服务,也主要是依托于计算机国际互联网。

二、网络信息服务的特点

网络环境的形成和发展,使图书馆的信息服务增添了网络这种形式。与传统的图书馆信息服务相比,网络信息服务在信息资源的形式、信息载体、信息服务方式和服务对象等几个方面都发生了根本性的变化;信息资源由印刷型变成了电子型;信息载体由纸张变成了各种磁性介质;传统的信息服务是在规定时间内的"人——人"方式，而在网络环境下则是24小时全天候的"人——机"方式；服务的对象由原来的固定范围扩大到了所有的因特网用户。

当然，上述的变化只是现象层面，网络信息服务真正带给我们的不仅仅是这些，它还具有如下的一些特点：

（一）时间上的及时性

无论是信息的检索、请求和获取，网络信息服务都实现了传统信息服务所不能相比的快捷和及时。用户的信息需求可以在最短的时间里得到最大的满足，比如，用户想要马上查阅一篇文章或者文献，想要知道正在进行的一场比赛的赛况，想要了解正在召开的国际会议或谈判的进展，想要掌握股市行情等等，都可以通过网络上的信息服务和实时报导来获得。因此，用户不必等到图书馆开馆或者证券交易所开市，不必再去等明天的报纸报道或者广播、电视里的整点新闻。

（二）空间上的方便性

通过网络信息服务，用户可以随时在家里或者办公室获取自己所需要的信息，而不必亲自跑到图书馆、书店或者报刊亭去查阅或者购买，同时还节省了检索和挑选过程中所要花费的时间。而且，在接受网络信息服务的时候，并不影响其他工作或者活动，比如打电话、听音乐甚至写报告等等。

（三）提高了信息资源的利用率和需求满足率

前面两项特点是相对于信息用户来说，对于服务的提供者而言，网络信息服务则提高了信息资源的利用率和需求满足率，扩大了信息服务面。因为网络信息资源绝大多数都不存在数量上的限制，而图书馆馆藏的书籍最多不过三到四个副本，销售的图书、期刊和报纸都有脱销的情况，特别是那些正当热门和畅销的信息产品，更是令需要者"踏破铁鞋无觅处"。而网络上的信息，无论提供给多少用户，都不会有任何的减少。当然，这里还涉及到版权和拷贝的问题，图书馆在做到信息服务合法化的同时，还要加强自身网络信息服务的安全控制。

（四）促进了信息资源的共建与共享

在没有网络的情况下，信息资源的共建与共享十分困难。对图书馆而言，要耗费更多的人力、物力和资金，还要受交通、通信以及种种人为因素的制约。对读者和用户而言，则需要较长时间的耐心等待，或者不断奔波于不同的图书馆之间。在网络信息服务条件下，信息资源的共建与共享都迈上了新的台阶，各项建设项目都能够广泛、便捷地开展起来。

三、图书馆开展网络信息服务的优势

在传统信息服务方面，图书馆可以说占有垄断性的优势，这是由它的性质和社会职能所决定的。但在提供网络信息服务方面，竞争则非常激烈。各种各样的网络信息服务机构如雨后春笋般蓬勃地发展起来,图书馆因此受到了极大的冲击。然而,与其他类型机构相比,图书馆进行网络信息服务,仍然拥有着得天独厚的优势:

(一) 信息资源优势

图书馆是人类知识的宝库,有着深厚的文化底蕴和几千年积淀的文化遗产。其知识门类齐全,从中可以了解整个人类历史、社会、经济和科学技术发展的轨迹。当前,图书馆各类电子文献的入藏量在迅速增加,图书馆数据库的建设,也将成为图书馆开展网络信息服务的一大宝贵资源。

图书馆拥有如此数量巨大的文献信息资源,当之无愧地被人们称为信息资源的集散地。而且,图书馆的信息、资源优势不仅如此。文献信息资源经过图书馆的整序、加工和处理,具有较好的系统性、连续性和科学性;图书馆信息资源获取的渠道多、方式好,既能保证数量又能保证质量;图书馆的馆藏文献信息类型多、品种全、标准化程度高,在馆际及其与别的信息部门之间既能转换,又能共享。图书馆信息资源这方面的优势在当前乃至未来,都是任何其他类型信息部门和信息机构所不能比拟的。

(二) 专业理论优势

图书馆向来就是采集、整序、加工、处理、保存和传播文献信息资源的专业机构,拥有一整套专业理论体系。在信息资源的分类、编目、检索和服务等方面有着成熟、先进的理论指导。传统信息服务与网络信息服务相比,只是服务场所和工具的不同,彼此并没有本质的区别。因此,图书馆在开展网络信息服务方面所具备的专业理论,也占有绝对的优势。

(三) 人员经验优势

图书馆拥有一大批优秀的专业人才,他们在各自的岗位上长期从事与信息服务有关的各项工作,在信息资源建设和服务方面积累了丰富的实践经验。同时,图书馆还重视人才培养,使优秀人员的宝贵经验和理论得以代代相传,从而使得图书馆提供的网络信息服务更加科学、准确、实用和便捷。

(四) 信息技术优势

长期以来进行的联机编目、资源共享等联网工作,使图书馆积累了丰富的网络管理、用户管理以及网上信息管理经验。随着图书馆自动化技术的发展和数字图书馆的研究与建设,在信息检索系统、数据库设计和管理以及自然语言处理、专家系统等方面将获得更加丰富的软件技术开发经验。此外,作为重要的信息资源集散地,一些大型图书馆经常能够获得国家资助引进各类先进的信息技术设备,因而在硬件资源方面,图书馆作为一个整体也具备比较大的优势。

(五) 社会地位优势

图书馆作为向公众提供文献信息的社会机构,长期以来形成了庞大的读者群体。

图书馆与读者结下了不解之缘；社会看重图书馆，依赖图书馆，时刻离不开图书馆；各类专业信息机构也离不开图书馆。比尔·盖茨也毋庸置疑地说："我觉得不可能存在一个不需要图书馆的社会。"1996年，他成立了"盖茨图书馆基金会"（Gates Library Foundation），向美国公共图书馆捐资2亿美元，还赠送了价值2亿美元的软件。不难看出，图书馆的社会地位是不可动摇的。全社会对文献信息存在着愈发巨大的需求，而图书馆也有能力和潜力去满足这种需求。此外，由于其固有的社会地位和良好的社会形象，图书馆为用户提供的信息服务是最值得信赖的，也是最可靠的，这是图书馆在网络上开展信息服务一个极为突出的优势。

四、图书馆网络信息服务管理的意义及层次

（一）图书馆网络信息服务管理的意义

图书馆对网络信息服务进行管理的目的在于运用各种管理思想和手段有效地组织本地资源，提高服务质量，更好地为用户提供服务，将有效且高效地为用户提供网络信息服务内化为图书馆的一种资本。

目前来说，图书馆网络信息服务虽然趋于成熟，但对其管理却基本处于一种无序状态，或者处于传统管理状态。把这种无序状态有序化，变传统管理为适应网络信息环境下的现代管理，提高图书馆网络信息服务的效率与质量，也就是为用户提供了优质的服务，真正体现图书馆网络信息服务管理的目的，既为用户创造了价值，也间接或直接地为社会创造了效益，实现图书馆网络信息服务存在的社会价值。

（二）图书馆网络信息服务管理的层次

图书馆网络信息服务管理包括三个层次：宏观管理、中观管理和微观管理。

第一，图书馆网络信息服务的宏观管理是指由国家政府或国家政府授权的全国信息产业部门通过政治、经济、技术、法律等形式，根据国家信息经济发展的需要，对全国范围内的图书馆网络信息服务进行统一的控制，实现全国网络信息服务的宏观调控，规范图书馆网络信息服务环境，满足全社会日益增长的网络信息需求。如国务院通过颁发《互联网信息服务管理办法》等法律法规来对全国的网络信息服务进行宏观上的控制。

第二，图书馆网络信息服务的中观管理是指地方政府或地方政府授权的地方信息产业部门通过行政、技术、服务等方式，根据本地区图书馆网络信息服务发展的需要，对本地区范围内的图书馆网络信息服务进行统一控制，实现地区范围内的网络信息服务的合作与发展，满足本地区日益增长的网络信息需求。

第三，图书馆网络信息服务的微观管理是指各个图书馆对其利用网络信息资源为用户提供网络信息服务的过程进行控制和协调，提高服务质量，满足用户的多样性特点和个性化需求。

五、现代图书馆信息网络平台的基本功能

从专业技术的角度进行分析，现代图书馆信息网络平台是一个具有统一功能的服务网络，也是沟通用户与信息资源的"桥梁"。用户通过登录图书馆的信息网络平台，可以获取自己所需要的各类文献和信息，而网络平台内的信息资源则具有结构分明、排列有序与检索界面规整的特征。用户在获取相应的信息网络平台操作权限后，即可进行相关操作。目前，国内外构建的图书馆信息网络平台中，其基本功能主要分为引导性与服务性两类，下面进行具体的介绍。

（一）引导性功能

注重于现代图书馆各站点的机构设置、基本情况、人员组成、软硬件系统、运行管理等，其主要作用是增强用户对于信息网络平台的了解，具体包括：第一，常设信息，其中包括图书馆概况、机构设置、规章制度、读者指南、图书馆之友等；第二，动态信息，其中包括本馆公告、最新动态与新书通报等；第三，信息网络平台的软硬件环境，其中包括网络配置、信息系统、操作注意事项等。

（二）服务性功能

服务性功能就是图书馆在提供信息服务过程中，信息网络平台为用户与管理员提供了双向交流与交互运作的必需条件，注重体现了图书馆在信息服务中所应具备的服务能力，具体包括：第一，用户服务，其中包括办证、留言、借阅书刊、借阅查询、催还通知、网上答疑、网络课堂等；第二，信息检索服务，其中包括馆藏目录与联合目录查询、网络信息检索、联机数据库及光盘检索等；第三，网络导航服务，其中包括网上工具书、报刊、专家指南和信息机构的导航服务，以及专业学科主题资源导航、网上资源的检索指南与导航、虚拟图书馆或书架等。

第二节　国内外图书馆网络信息服务发展状况

一、国内图书馆网络信息服务发展状况

图书馆网络信息服务的硬件基础设施是以高校图书馆网站建设为核心，主要内容则包括电子文献传递、阅览、信息导航服务等。

（一）高校图书馆网站建设

从20世纪90年代末开始创建到今天，我国高校图书馆网站已经走过十多年的发展历程。在建设之初，这些网站大多形式单一，内容也很少，一般只有一些文字性的描述，如馆情介绍、用户指南等，实际上只是一个展示高校图书馆的窗口，几乎没有网络信息服务的项目。

随着高校图书馆逐步向自动化、网络化的数字图书馆的方向发展，国内几乎所有高校图书馆都建立了自己的网站，并将其作为最重要的宣传阵地，为读者提供数字化资源和网络信息服务的平台。各高校图书馆网站一般通过教育网与外界相连，绝大多数学校都把本校图书馆网站的链接地址放置于学校网站的主页上，以方便用户点击进入。

目前，国内大多数高校图书馆网站不仅能提供书目查询、书刊借阅等传统的信息服务，而且还能提供馆际互借、咨询服务、个性化的学科馆员服务等，为高校教学和科研提供了重要资源，成为师生学习和工作中不可或缺的良师益友。

（二）电子文献检索、传递、阅览服务

图书馆网络信息服务中最基础的内容是将馆藏书刊目录信息通过联机公共查询目录系统提供给用户。由于选用的自动化管理系统各不相同，因此，不同高校图书馆提供给用户的检索界面、检索字段和信息结果显示也会有所区别。但检索字段一般都会包括文献的题名、著者、关键词、中图分类法、索书号、国家标准书号和刊号、出版社等项目。检索结果显示的信息一般包括以下几项：总记录数、内容摘要、馆藏地点和借阅状态等。

各馆大都选购了电子图书、电子期刊、二次文献数据库等，选购率最高的多是一些大型的数据库资源。电子期刊数据库方面，主要是中国知网全文数据库、维普科技期刊数据库、万方期刊全文数据库、中国人民大学报刊复印资料数据库等。电子图书方面，包括书生之家、超星数字图书馆、方正电子图书等。二次文献数据库方面，主要是科学引文索引数据库（SCI）、EBSCO全文数据库、Elsevier（SDOL）数据库、美国工程索引数据库（EI）等。有的高校图书馆还根据本校学科和专业特色，有针对性地购买了一些专业文献数据库。

例如，西安石油大学图书馆购置了《美国石油工程师协会全文数据库》《美国石油文摘》《中外石油文献数据库》等大量的石油科技信息资源，校内用户可以登录这些数据库，检索、查阅和下载有关资料和电子论著，从而为学校的教学和科研活动提供强有力的文献信息保障。

有的高校图书馆还开展了电子文献传递、阅览等服务，通过电子邮件和其他远程传输等方式，方便快捷地将电子文献传递到用户手中。有的图书馆还实现了馆际之间的互借、互阅、互检，进行资源共享，发挥高校图书馆网络信息服务的整体优势。

（三）信息导航服务

网络信息浩如烟海，目前国内多数高校图书馆都开展了信息导航服务，指导用户如何更有效地搜集和利用网络信息资源。例如，开办讲座，指导用户对馆藏书目、电子图书、电子期刊、二次文献数据库等进行搜集、分析和下载使用。在图书馆主页上设置帮助性的信息，为用户提供互联网资源检索工具、提示检索途径等等。

二、国外图书馆网络信息服务发展状况

（一）搜索引擎

国外的图书馆网站，大多提供了本站点的搜索引擎，供用户检索图书馆网站内的信息资源。这既方便了用户，也节省了他们的时间；同时，这也减轻了图书馆网站系统单位时间里的负荷。如果一个用户因长时间不能找到需要的有用信息而滞留在某个图书馆的网站上，他就会不断向系统发出请求，这样就会增大系统工作量、降低系统访问的速度。

（二）新闻播报

国内图书馆的网站上也有类似的服务，但国外这些图书馆把新闻播报作为一个重要的网络信息服务内容，显得更为正式，而且更新也非常及时，内容也较为详尽。例如，欧洲核物理研究中心图书馆，在其主页上以静态网页的形式直接发布新闻，栏目名称是"Library News"；而加州大学伯克利分校图书馆则在网站右上角以框图的形式给出了新闻的链接"What's New"；美国国会图书馆的新闻栏目叫作"The Library Today"，这是一个定期更新的电子杂志（Electronic Magazine），报道一些专题新闻和事件等，并且在网页上突出显示有意思的和最新的信息。大不列颠图书馆则更加突出，他们的首页上除了几个主要服务项目的链接和其他一些内容以外，约1/3的版面都属于新闻"What's New"，按时间顺序列出了新闻标题。

（三）信息罗列

国外大多图书馆都喜欢采用下拉菜单加滚动条的形式，列举出本馆所有主要的网上信息服务项目。这种形式的好处，一是集中而直观，方便用户一目了然地了解和定位自己需要的服务；二是节省了主页空间，提高了访问的速度。例如，加州大学伯克利分校图书馆，其首页上就有三处利用下拉菜单罗列其信息资源，其中之一是"图书馆馆藏"，列举了122项之多，但却并不显烦琐，按字母顺序排列，选取和使用非常方便；另外两个是"电子资源"和"Internet资源"。美国国会图书馆则是在其二级页面"馆藏与服务（Collections 和 Services）"里，按用户类型、资源类型和功能，列举了各种信息资源和服务。

（四）特色服务

与国内图书馆一样，国外图书馆在网络信息服务方面也都有各自的特色服务。这主要是由各馆的性质、功能和馆藏所决定的。特色服务也是图书馆在进行网络信息服务时，提高竞争力的一个重要手段。例如，美国国会图书馆的"THOMAS"和"New Site for Kids&Families"。前者是一个全面提供法律信息、国会议案、立法报告等内容的站点，也是国会图书馆Web站点的一个重要内容，并配有功能强大的搜索引擎，可以让你以多种标准查找对你的法学研究有用的信息和站点。而这项服务的名

称，则是使用美国第三任总统托马斯（Thomas）的名字命名的。后者则是国会图书馆专门为儿童和家庭设立的服务项目，也是近来点击率较高的服务之一。

第三节 图书馆网络信息服务模式

一、用户驱动模式

从市场经济的角度出发，强调了用户的作用和网络环境下信息服务的目的。在设计、架构网络环境下图书馆服务模式的过程中，遵循用户驱动，以需求定服务，以层次信息产品进行全方位的信息服务，即买方市场驱动型服务模式。这种模式的优点是信息产品和信息服务适销对路，信息生产者和信息用户之间的间隙比较小，减少了信息开发的风险。但这种模式也存在明显的不足，那就是未来的市场预期不足，信息生产始终无法占据主导地位。

二、以用户为中心的模式

强调用户的主导地位和主观能动性，强调用户的专业素养、检索能力和分析能力的发挥，图书馆管理人员只进行前期和幕后服务，即用户自己服务于自己。以用户为中心的服务模式充分调动了广大用户的积极性，创造了开放式、超市型的信息市场模式。这种模式在最大限度地方便了用户的同时，也带来了一些先天不足，如容易造成信息混乱，信息的利用、开发率受到用户水平的制约等。

三、信息代理模式

一是面向用户的个人信息查询助理（Personal Information Searching Assistant，PISA）；二是面向主题的主题信息代理（Subject Information Agent，SIA）。如同产品营销代理制度一样，信息代理服务模式每个 SIA 仅提供某个领域的主题服务，SIA 和信息用户的信息服务通过 PISA 来实现。此模式是一种基于智能代理的新型信息服务模式，具有优化用户提问、查询目的明确、服务智能高、便于深层次数据分析的优点。同前两种模式不同的是，这种服务模式又过分强调信息管理者的决定作用，用户信息需求的满足与否完全取决于信息代理人的素质和水平，诸如计算机网络水平、信息资源协调能力等。

四、网络咨询模式

网络咨询模式就是以网络咨询为主导的电子文献信息服务，是指文献信息机构接收用户委托，借助现代新技术，通过获取电子信息资源或网络信息资源满足用户的信息需求。这种模式具有网络化、实时性、开放性、广泛性、共享性以及远程式的特点,是目前较为重要的信息服务模式。这种服务模式的优点是事实迅速、快捷、不受时空的制约,可以实现网上协作咨询,有广泛的服务对象和专业的服务内容,服务实现人工智能化,但这种服务模式对计算机、网络、通信等现代化技术和设备的依赖性非常强。

五、创新型服务模式

创新型服务模式就是以一次文献信息服务为基础,以二、三次文献信息服务为特色,以互联网等现代高科技手段为主导的信息服务模式。具体而言,创新型服务模式包括服务方式创新、服务手段创新、服务内容创新、服务过程创新、服务资源创新。这种服务模式是相对于传统的单一型信息服务模式和经济转轨时期的综合型信息服务模式而言的。它强调在分析的基础上对文献进行深层次的开发和利用,突出其服务资源、内容、手段、过程、方式等方面的创新。

六、一站式服务模式

一站式服务模式就是信息服务机构凭借种类齐全的馆藏资源(包括现实馆藏资源和虚拟馆藏资源)满足用户的各种信息需求,用户只需要求助于一个信息服务机构就能获得自己所需要的全部信息。换言之,用户只需通过最简单的操作,便能够一步到位地检索到所需的信息资源,从而实现对各种不同形式的资源、数据库以及不同形式的图书馆服务功能的高度、有效整合。所以,一站式服务模式的实质是服务的集成、整合。此模式有两种不同的设计:一种是按专业将书刊、电子文献资源陈列在一个阅览室中。它便于集中同一内容、不同载体形式的信息,能让用户在"点——站"实现从得到查询线索到获取原文的全过程。它对传统的书、刊、电子文本分离的模式进行了变革。另一种是针对 Internet 和 WWW 的查询用户而言的。用户可通过网络,一次性地检索到多个书目数据库,并且可通过查询,一次性地获得从印刷型到电子型的各种原文信息。这些原文献能以用户指定的方式,如邮寄、传真、Email 等借助馆际互借网尽快送到用户手中。此模式优点在于:

第一,便于用户获得"一站式"书目查询服务,保证用户查询方便、快捷。它同传统的"书目查询文献线索——索取原文——提供原文"相比,较为方便省事,在提高信息检索效率、满足用户个性化信息需求方面具有非常大的作用。第二,有利于方便用户更好地利用图书馆所有的资源,有利于图书馆资源发挥最大的效益。第三,有利于图书馆整体服务水平的提高。第四,有利于树立图书馆良好的社会服务形象。

七、中介服务模式

它是指机构本身不直接生产数据库产品,也不收藏电子文献,而是"通过数据库商购买数据库(或授权使用他人数据库)集中提供服务或利用计算机网络从其他机构获得信息源提供中介服务的模式。"此模式是网络环境下最常见的一种，具体表现为三种形式：数据库联机服务；数据库联机系统的终端检索服务；Internet网络信息检索服务。其优点在于：第一，便于开展数据库联机、数据库联机系统的终端检索、Internet信息检索等多种信息服务，便于资源共享，提高效益；第二，主题广泛，服务项目多样；第三，产业化、规模化服务；第四，以用户需求为中心。

八、资源主导模式

它是指文献信息机构直接生产数据库产品和提供馆藏电子化文献信息服务的一种服务模式。它是由传统图书馆印刷型的一次文献和二次文献服务脱胎而来，在现代信息技术的支持下，通过数字化转换后提供服务的一种新方式，它起到提供文献信息服务的作用。资源主导模式的具体运作方式包括数据库的开发和馆藏电子文献信息的服务。此模式便于对信息资源在分析的基础上进行深层挖掘、信息创新，便于将信息价值转化为现实生产力，产生可观的经济效益。

九、综合开发模式

它是指集资源开发、中介服务和网络咨询服务于一体的大规模、深层次的服务模式，是一个以电子图书馆为基础设施，构建全球信息资源共享系统以及一个生产知识和智慧的庞大的思想库组成的集成信息服务系统。此模式具有融汇资源主导模式、中介服务模式、网络咨询模式于一体的特点，能将信息产品加工、分析开发、提供、利用、培训、教育融于一体，能最大限度地发挥出规模效益与辐射功能的作用。

十、多元一体化服务模式

这一模式大多集咨询功能、信息检索功能和文献提供功能于一体，用户只需要坐在自己的计算机终端前，敲击键盘，就可以直接下载或通过在线定购获得自己所需要的期刊文献或其他文献。多元一体化服务模式绝不是将图书馆的各个服务项目进行简单的堆砌，而是通过服务工作的内部改进（具体包括信息资源一体化、信息内容一体化、信息技术一体化），使用户获得最满意的服务，其核心是以用户为中心。这一模式的优点为：第一，可以实现服务内容的整体化；第二，可以实现服务机构职能的综合化；第三，可以实现服务方式与用户需求的协调化；第四，可以使服务人员多能化。

十一、指导自助式用户服务模式

它是指用户借助于图书馆工作人员的指导和帮助，自我利用图书馆的各种资源解决问题、满足需求的一种服务模式。也就是说，它是一种以用户为中心的主动服务模式。这种模式是对用户服务本质的革命。它主要包括馆内自助服务和网络自助服务。

在这种模式下,图书馆一方面要保证图书馆系统的易用性、开放性。另一方面要提高用户自我服务的能力,包括检索文献、分析文献、截取所需资料生成个人文档等技能。其优点是:第一,有利于揭示馆藏,提高文献利用率;第二,可以减少图书馆人员编制,减少文献复本量,减少建筑空间;第三,加强了工作人员与用户之间及工作人员之间的沟通;第四,有利于调动馆员和用户的主观能动性;第五,方便用户,节约了用户的时间;第六,用户在开放的环境中的频繁交流中,自我服务的能力将更为提高;第七,有利于实现用户服务向以参考咨询工作为重心的转移。

十二、学科专业集成化服务模式

它是指将集成思想创造性地用于图书馆的业务系统,即按照学科专业相依相近的原则来构建文献加工、知识交流、信息服务和情报信息开发经营于一体的服务部门,通过信息资源的集成化、服务的专业化来支持和满足用户的个性化需求。它改变了图书馆的管理方式,即由文献知识的粗放型管理转变为学科专业的集约化管理。其具体方法是:开发具有本馆特色的数据库,提供各种指导,履行信息代理人的职责。例如,德国的比勒费尔德大学图书馆就采取了专业集成化管理模式,该馆所有文献均按学科集中,相当于一个专业图书馆。这种模式作为图书馆把握机遇、迎接挑战的一个高效能、多元化的平台,可以满足用户多样化、专业化的信息需求,也有利于提高图书馆员的学科服务水平和学科专业知识。

十三、"图书银行"服务模式

图书馆开办的"图书银行"是以各种载体文献为存储介质,以利息及其他优惠为返还条件、以存储和租借文献为服务模式的用户服务窗口,是图书馆一种崭新的服务模式。具体做法是:第一,"图书银行"的文献全部来自于用户。第二,用户将这些文献拿到"图书银行"后,"银行职员"应该进行挑选,有选择地收存,并对文献的数量、内容、形态、载体、完好程度等诸多要素进行登记造册,用计算机进行管理,使这部分文献成为图书馆局域网的一部分,可以检索、查询,用计算机借还。"银行职员"为存储者开具收据和"存折"。第三,"图书银行"根据不同的载体文献返还利息,一般以年息计算,利息的返还可以是人民币,也可以是某些优惠条件。第四,任何用户都可以租阅"图书银行"的文献,事先交纳一定的租金,办理相应的证件,按租借时间的长短支付租金。第五,用户在租借过程中对文献的损坏或丢失,应予以赔偿,"图书银行"将视情况给予存储者以补偿。第六,"图书银行"作为一个部门设在图书馆内,既可以拥有独立的空间,也可以与某个部门合为一体,设立专门的书架或书柜,由专人负责,开放时间参照馆内其他服务窗口。总之,"图书银行"是图书馆的一个分支机构,是为了弥补图书馆馆藏不足的情况而建立的。这种服务模式可以让更多的文献进入流通,"书"尽其才,使图书馆更好地发挥文献信息中心的作用,其优点具体表现在：第一，"盘活"了个人藏书，实现了资源共享，可以使知识资源得到充分利用和增值；第二，可以激发用户的学习热情和创造激情；第三，可以丰富馆藏文献量，也可以缓解因购买数字型文献资料和印刷型文献资料之间比例问题而引起的矛盾；第四，"图书银行"是图书馆的一项创造性举措，又是一项创造性的服务，可以拓展用户服务的新领域；第五，可以创造一定的经济效益和社会效益。

十四、"学科馆员—图情教授"协同服务模式

它是一种把高校图书馆现有的图书信息资源及网络资源与人有机地结合起来，通过筛选、转换与整合推介给各院系及科研院所，以更加有效地发挥资源效益的新兴管理举措。这一模式的出发点是为了适应数字时代信息资源的飞速发展，在图书馆与院系师生之间建立起通畅的"需求"与"保障"渠道，从而为教学科研工作提供主动的、深层次的信息服务，帮助用户充分地利用各种资源。其优点在于：第一，使用户获得从原始文献信息中开发出来并经过重组的增值信息，节约了用户盲目搜索网络资源的时间；第二，使得信息收集更为便捷；第三，信息的利用率得到大幅度提升；第四，信息的转化运用周期大为缩短。其缺点在于：第一，人才短缺，而当前学科馆员的服务营销理念和公关素质还有待进一步提高，这也影响了这一模式的服务效果；第二，服务效果取决于学科馆员和图情教授的沟通情况，稳定性较差；第三，尚未建立"学科馆员—图情教授"的激励机制。

此外，还有垂直门户模式等服务模式，它们主要是从微观的不同角度、不同层面而设计的，无论在信息资源上、服务内容上都各有所长，但也有不足，主要是宏观上考虑不周，忽略了信息管理人员和现代技术的融合性，有的是传统的服务模式在网络环境下的改进，有的只强调管理方式的变革，有的仅仅是技术模式或技术加服务的模式。

第四节 图书馆网络信息平台的构建

一、现代图书馆信息网络平台构建中关键技术的应用

（一）信息网络平台主干技术的应用

目前，国内图书馆在信息网络平台的构建中，经常采用的主干技术方案包括：异步传输模式技术、以太网技术、光纤分布式数据接口技术等，其中异步传输模式技术是一种较为先进的网络技术，其在各类数据、语言与图像的传输中，对于传输速率的控制效果较为理想，在局域网、广域网中都具有较强的实用性。但是异步传输模式技术在应用缺乏完善的标准，而且造价相对较高，所以，其在实际应用中受到一定的限制。以太网技术是现代图书馆信息网络平台构建中最早应用的主干技术，在国内各地

区的图书馆数字化、自动化建设中得到了广泛的应用。特别是快速以太网、千兆位以太网的应用，有效解决了多媒体信息在传输中面临的速率问题，而且技术的操作流程也较为简单。光纤分布式数据接口技术是一项在图书馆信息网络平台早期构建中应用的主要技术，其具有技术成熟、稳定的特点，但是存在传输速度相对较慢、兼容性不强等缺陷。由此可见，在国内现阶段的图书馆信息网络平台构建中，以太网技术是应用得最为广泛的网络主干技术方案。

（二）信息网络平台结构技术的应用

在现代图书馆网络信息平台的构建中，结构技术的应用主要可以分为四个层次，具体包括：第一，核心交换机，主要应用于图书馆信息网络平台的网络中心，为信息网络平台提供必要的主干带宽网络信道，带宽一般在千兆以上。核心交换机的功能是提供路由转发与双工备份，支持多种主干技术的运行需求，具有较为完整的硬件集成与多种接口选项，符合相关网络互联的标准，而且具备相应的容错结构。第二，二级交换机，主要应用于地级的网络中心与以太网中心的交换机，为信息网络平台提供多个光缆端口，带宽一般在百兆以上。在图书馆信息网络平台的运行上，二级交换机多被作为视频、广播等信息资源的接入点，为用户提供优质的动画传输与VOD资料。第三，三级交换机，主要应用图书馆内部情报机构之间的沟通与交流，通常提供多种网络接口组成局域网络平台，带宽一般在百兆或十兆多。在图书馆信息网络平台的构建中，三级交换机必须与硬件资源、地址资源等相匹配，以实现其基本的运行功能。第四，接入因特网，在图书馆信息网络平台与因特网的连接中，必须使用路由器及相关设备，以实现各类信息资源的传输和共享要求。

（三）信息网络平台路由交换技术的应用

在图书馆信息网络平台的构建中，对于高层协议而言，交换网络仅仅是一个平面的网络，并没有特定的层次概念。在信息网络平台的构建中，二级交换机的综合性能较为理想，基本可以满足信息网络平台设计的技术要求，可降低相应物理网段的主机数，但是在实际应用中技术人员发现，二级交换机难以有效解决信息的隔离与安全问题。因此，在图书馆信息网络平台的构建中，必须通过路由器将整个网络平台从逻辑的角度出发，划分为若干个子网，以实现广播域的隔离，使得整个信息网络平台更加突出层次化。与传统的路由器技术相比，在信息网络平台中应用的三级交换机对于数据包具有较强的处理功能，但是二者在物理构建方面仍然存在一定的差异。在信息网络平台通用的路由器上，应合理应用微处理器引擎进行数据包交换，并且不断完善路由器应用的技术方案，从而增强图书馆信息网络平台与网络的连接能力。

二、现代图书馆网络信息平台的构建

当前用户需求特点，对信息资源建设的深度、广度和精确都提出了更高层次的要求，既要适应多层次用户的需求。又要适应个性化和专业化发展的需求。这就需要创建优质的综合服务平台，来满足用户这些复杂、多向的需求。

（一）综合平台构建

（1）利用网络建立各类专家服务平台

以图书馆为结点，以网络为途径，聘请高校、研究部门及社会知名专家学者担任信息咨询专家，为读者提供高质量，具有很强实效性的服务终端。此外，也应建立图书馆服务团队。图书馆馆员面对的是各个学科专业的用户，所传递的信息将覆盖各个学科领域，因而要求馆员必须具备比较广博的知识面，熟悉各种信息源，有能力从无限和无序的信息中做出正确的选择。由于每个馆员不可能精通所有的学科，所以只有通过建立各有所长的协作团体才能解决这一问题。具体做法是：根据工作需要，针对各自不同的知识、技能、动机和态度，将各类人员有机地组合起来，为对口学科提供信息开发和检索、在线咨询、信息教育与培训等服务。通过这样的途径，实现博学与专业的优化组合，使个人的能力在团队的支撑下充分得以发挥。

（2）加强信息资源整合，建立学科导航站

这一工作的重点是采集相关专业文献数据库、电子期刊、专利、标准、学术会议、学位论文等动态学科信息，并根据不同学科的特点，有针对性地选择有专业特色、有利用价值的内容进行收集和整理；对因特网上的学科资源进行详细的调查，利用搜索引擎、学科主题指南等对网上的信息进行采集、筛选、分析与评价。以此为基础建立学科导航系统。针对图书馆自身的实际条件，建立专业特色的文献信息数据库、科技成库、专家数据库、重点学科数据库等。进一步形成有特色的学科导航站，首先要加强网络资源的搜集和整合，加强对各类型信息的搜集、整理和保存。其次，根据特定用户的需求，通过多种途径、运用多种技术方法，在网上开展重点学科建设和科研课题的查新、数据检索、信息分析、课题论证等工作。

（3）建立主要专业科技服务网络信息交流平台

将学科动态、科研成果、新产品等信息展现给网络用户。加强主要专业科技信息资源的收集、加工和传播，面向新技术与新产品的研究开发，建立新型多元化的科技转化，推广应用的服务体系，在提供信息、技术、培训、实现购销一体化方面提供综合服务，从而形成技术开发与应用的良性互动循环的理想模式。

（二）重点学科服务平台的设置

（1）服务平台构建模式

通过网络访问，利用图书馆服务器，挂在图书馆主页，加强交互式功能和信息链接功能。用户获得信息的主要方式：通过图书馆主页中"学科馆员"栏目进入，点击相关学科，逐层浏览所需专题和栏目。

（2）数据采集、分析和信息输入

根据学科发展需求，采用数据挖掘技术，从大量的、不完全的、模糊的、随机的数据中，提取隐含在其中、人们事先不了解，但又是潜在有用的信息和有价值有关联

的知识。这些数据挖掘后通过信息处理,输入数据库的相应栏目,便于科研人员查询。具体步骤为:

第一,需求分析与知识采集。通过对用户需求的全面分析,找出用户需求的核心内容,进行用户需求表达的规范化处理,并按需设计服务栏目;有针对性地进行信息与知识的采集。

第二,知识过滤与挖掘。学科馆员对挖掘的信息进行前期处理,对无用信息进行过滤处理,使内容高度关联的学科专业知识形成一个整体的"知识网络"。

第三,知识提供。提供研究领域中高影响力学者的信息、文献中实验相关的事实性数据、该领域的核心期刊、热点课题、跟踪研究领域的最新进展等等,并按信息处理原则归类,输入数据库。

(3) 建设目标

重点学科服务平台的建设目标是为特定的用户群提供高质量的信息服务。提供重点学科带头人和科研人员所共同关心的信息。按照特色化原则、标准化原则、服务于教学科研原则、协作化原则和安全性原则,构建学科建设信息服务支撑平台,使学科资源、用户需求、学科馆员、知识服务做到无缝连接,形成良性循环的学科知识服务动态的交互系统。

(4) 解决的关键问题

第一,定义可测量的学科信息导航目标。针对专业研究型用户的需要,建立和链接可靠的国内外本学科的专业信息资源的规范导航系统,将各种海量信息资源中所收集的数据进行筛选、整理、分类和分析,按信息处理标准归类,进行储存和提取。

第二,定义学科信息服务的规模和范围。实行学科信息纵向整合,提高分布资源的集成界面。并能通过平台,科研人员可以提出需求和建议,学科馆员有针对性地提供科研信息服务,包括文献检索、全文提供、参考咨询服务以及个性化集成定制等。

第六章　图书馆个性化信息服务管理

第一节　图书馆个性化信息服务概述

一、个性化信息服务的内涵及特点

（一）个性化信息服务的内涵

个性化信息服务是指能够满足用户个体需求的一种服务，也就是根据用户提出的明确要求提供服务，或通过对用户个性、使用习惯的分析而主动地向用户提供其可能需要的服务。个性化信息服务的内涵主要包括两个方面：一是用户根据自己的兴趣、爱好和需求定制所需要的信息和服务；二是信息提供者根据用户的需求和特点建立起个性化的用户模型，对提交给用户的信息进行过滤，并根据用户的动态需求进行主动性推荐。其中主动性和针对性是个性化信息服务的本质特点，同时它还具有与用户交流的互动性。

（二）个性化信息服务的特点

（1）针对性

个性化信息服务的根本就是以用户为核心，所有的服务必须以方便用户、满足用户需求为前提。通过研究用户的行为、兴趣、爱好和习惯来组织信息内容和调整服务模式，以便为用户提供更具针对性的信息服务。

（2）可定制性

个性化信息服务允许用户充分表达个性化需求，动态地定制自己需要的用户界面、信息资源、信息服务种类和服务方式，创造适应个人知识结构、兴趣爱好、信息需求和行为方式的信息活动环境，从而获得"量身定制"的信息服务。

（3）主动性

个性化信息服务能够主动感知不同用户的个性化信息需求，并将用户所需要的信息及时推送给用户。这种"信息找人"的主动服务模式与传统"人找信息"的被动服务模式截然不同。

二、图书馆个性化信息服务的特点及方式

(一) 图书馆个性化信息服务的特点

(1) 层次性

图书馆主要服务对象是教师、学生和科研人员,这具有较明显的层次性,如教师可分为教授、副教授、讲师、助教等,学生也可分为博士研究生、硕士研究生、本科生等。很显然,不同层次用户的信息需求侧重点不同,所要求提供的信息服务也有所区别。例如,对于科研人员来说,他们要求掌握学科的前沿发展动态,他们对图书馆的信息服务要求体现在查新检索上;而对教师来说,主要侧重于对教学参考资料的使用与教学方法的研究上。

(2) 专业性

图书馆的服务对象大部分是具有一定专业背景的读者,他们对信息的需求主要集中在自己从事研究或学习的学科专业及相关学科专业上。教学科研是按照一定的学科专业体系而开展的,不同学科专业的读者有着不同的信息需求,因此图书馆的服务具有较强的专业性。

(3) 特色性

从服务对象来看,图书馆个性化信息服务是相对于图书馆整体服务而言的,它既可以针对单独的用户,同样也可以针对具有相同特征的特定群体,因为同一专业、学历等背景下的用户有着相似的信息需求。一般来说,每所图书馆在馆藏与服务方面都有一定的区别,这正是所谓的特色。拥有高质量的特色资源,就等于拥有自己的生存与发展的空间,就能立于不败之地。因此,图书馆的特色服务是提升图书馆形象的关键所在。图书馆要有特色服务的意识,开发特色服务的产品,打响图书馆的品牌,以此扩大图书馆的影响力。

(二) 图书馆个性化信息服务的方式

(1) 信息分类定制服务

信息分类定制是指用户可以按照自己的目的和需求,在某一特定的系统功能和服务形式中,自己设定信息的资源类型、表现形式和系统的服务功能等。分类定制方法建立在用户细分和数字化信息内容分类及定制的基础上,图书馆网站首先根据自身的内容以及其他服务特征确定自己的用户,再将用户划分为多个具有相似性信息需求的用户群,然后根据可能的用户群对馆藏(包括现实馆藏和虚拟馆藏)的信息内容和各类服务进行分类,形成多个资源和服务模板,使用户定制的目标集中在这些模板上。当用户向系统递交自己的个人信息和定制选项后,这些信息就被加入到用户数据库中。通过分类定制,用户每次登录网站时,只要键入自己的账户名和密码,服务器便

根据用户数据库将查询结果主动递送给信息用户，并自动生成用户定制的动态页面。这样，用户进入到一个完全个性化的信息空间，只看到自己感兴趣的内容并享受自己需要的信息服务。

目前，国外已有许多大学图书馆运用分类定制的思想为用户提供个性化服务，如康奈尔大学图书馆开发使用的"My Library"就是较为成熟的信息分类定制服务系统。国内也有多个大学图书馆开发并使用了信息定制系统，浙江大学图书馆、上海图书馆都有类似的服务方式。

（2）信息推送服务

推送服务于1996年由Point Cast公司率先倡导和使用，它较好地解决了人们在网上盲目点击和无目的阅读的问题。由于推送服务具有一定的智能性，可以使用户每次访问固定的网站后就能获得所需的最新信息，省时、高效。因此，目前推送服务已成为在个性化服务中应用最广的一种网络信息服务模式。

信息推送服务是基于推送技术出现的一种新型的信息服务方式，它是传统定题服务在网络环境下的具体应用。其实质是借助一种特殊的软件系统来提供服务。该软件能够根据用户事先向系统输入的信息请求（包括用户的个人档案、用户个人信息主题、研究方向等），主动地在网上搜索出符合用户需求的主题信息，并经过筛选、分类、排序，按照每个用户的特定要求，在适当的时候传送到用户指定的"地点"。信息推送服务的最大特点就是能够实现用户一次输入请求，就可定期地、不断地接收到最新的信息，将"人找信息"转变为"信息找人"，通过邮件推送、"频道"推送、预留网页等多种途径，将信息送给他人。Web Mail是把E-mail和Web结合起来，基于WWW方式进行E-mail收发的一种电子邮件系统。Web Mail使用户仅仅以访问Web的方式就能够得到和使用完整的邮件服务，给用户构造了一个相对独立的空间。图书馆利用这种方式可以主动将有关信息发布到列表中的用户，将用户感兴趣的个性化信息直接发送给用户，从而实现个性化的定制服务。Web Mail的介入，为图书馆提供了与用户新的沟通方式和新的服务空间，使得图书馆为用户提供个性化定制服务成为可能，即根据不同用户的需求，向其传递不同的信息，实现只对单个用户进行管理和服务。当前，国内许多图书馆现已开始尝试提供此项服务，例如，根据注册用户的专业、研究方向，用电子邮件发送与之相关的最新数字资源和服务动态，使用户及时获取有价值的信息。

（3）个性化推荐服务

个性化推荐服务是一种比较深层次的、主动性的服务方式。它不仅能够根据用户的特性提供具有针对性的信息，而且能通过对用户专业特征、研究兴趣的智能分析而主动地向用户推荐其可能需要的信息。个性化推荐服务是指使用多种数据分析技术，根据用户兴趣信息向用户及时、主动地推荐其需要的且以往没有获得的知识信息，并能根据用户对推荐内容的反馈进一步改进推荐服务。

个性化推荐服务是基于web的智能代理服务最广泛的应用方式之一,基于web的智能代理服务的工作流程是:用户通过客户浏览器向Web服务器发出查询请求;Web服务器向搜索引擎传递请求;搜索引擎根据用户的请求提示对所有数据进行组织分类,提取初步数据并将结果传递给智能代理系统Agents;Agents根据已有的用户信息表对传递来的数据再进行数据提取,过滤掉不符合用户需求的信息。同时,Agents根据新的需求信息和数据挖掘的结果更新用户信息表;将符合用户需求的信息结果传递回Web服务器,最后由Web服务器将结果返回客户浏览器。智能代理服务的优点是:能够为用户提供更为准确的信息,减少用户的搜索时间,加快信息的访问速度;可以利用数据挖掘技术从访问Log(日志)文件中提取用户的访问模式,用于决策推荐服务;采用聚类用户访问模式方法,预测用户未来的访问行为,进行相应的信息推荐。

(4)垂直信息服务

垂直门户是通过汇聚网上某一特定专题信息资源并对其进行挖掘及加工,以满足用户基于专业的深入的信息需求。对数字图书馆而言,垂直门户可以说是传统定题服务的延伸。垂直信息服务是通过提供专门化、个性化、精品化、高技术和创造性的服务,使新形势下用户的信息需求得到最大的满足,使情报工作在提高科研的效率和水平上真正发挥其应有的作用。这里的"垂直"一词既指专门而深入的信息服务,也是相对于传统信息服务面广而不够深入的现状而言。目前在大部分的数字图书馆中,传统的定题服务、回溯检索、代查代译、专题咨询等仍然是主要的服务项目,这种服务难以解决用户信息需求中潜在的一些根本性的或深层次的问题,也不能解决用户随信息技术的发展而产生的高精深的信息需求,与知识经济时代用户的需求极不适应。垂直信息服务的特点就在于它对网上的专题信息资源进行收集、鉴别、筛选、过滤、组织以及描述与评论,组织目录式索引提供源站点地址,并带有专业搜索引擎。它是立足于提供某一领域的精品服务。这种特定服务能够有效地把对某一特定领域信息感兴趣的用户与其他用户区分开来,更能满足用户的特定信息需求,从而提供个性化的、高质量的信息服务。

三、图书馆个性化信息服务中存在的问题

(一)资金问题

尽管国内一些图书馆不同程度地开展了个性化信息服务,但是,对于大多数图书馆来说,资金问题仍然不可避免。图书馆为用户提供良好的个性化信息服务需要必要的技术支持,或引进国外成型的个性化信息系统,或与其他公司合作开发个性化系统,或组织馆内相关技术人员自主研发个性化系统等,这些都必须依赖强大的资金才能实现。

(二)技术问题

基于网络的个性化信息服务的实现有赖于成熟适宜的技术支撑,虽然支持个性化

信息服务的技术如完成用户登录、身份认证、数据匹配的Web数据库技术，根据用户数据动态生成网页的网页动态生成技术，实现主动服务的数据推送技术和用户身份认证技术以及数据加密技术已基本成熟，但生成相对完整的方案知识的方法和技术，如信息融合技术、数据挖掘技术、知识表达技术等还有待于进一步的研究探讨。另外，数据格式和检索途径的差异，用户界面的复杂性和差异性都会导致图书馆个性化服务的水平和进程受到影响。

（三）观念问题

在资源建设上，很多图书馆都给予了重视，在保证纸质文献采购的同时，均不同程度地购买了电子图书，引进了各类型数据库，使图书馆的文献资源建设上了一个新台阶，为信息服务提供了保障。然而，大多数图书馆对开展深层次的个性化服务却未表现出积极的热情，在服务方式上仍然沿袭着传统的、被动的服务模式，这就严重影响了图书信息服务向纵深方向发展的进程。

（四）用户隐私安全与保护问题

为了更好地开展个性化服务，用户的个人信息必不可少，而这就牵涉到了用户的隐私问题。由于个性化信息服务需要对用户的基本信息和查询行为进行基本的分析，因此有关用户日常行为日志、个人信息、注册信息等都在用户个性化特征的分析之中。一方面用户担心在使用个性化信息服务时个人信息会被泄露，另一方面用户对个性化信息系统的隐私保护技术和能力尚不清楚。图书馆的个性化信息服务应该使用户相信其个人信息不会被滥用，而是用于有效地满足用户的需求。图书馆应该在用户中树立良好的信誉感，鼓励用户提供详细的个人信息，制定出较为完善的隐私保护政策，提供隐私政策公示，并提供设定用户隐私公开程度的工具和运用保证隐私不外泄的保护技术等，以便进一步满足用户的信息需求。

（五）服务反馈问题

个性化信息服务反馈问题不仅反映了用户的满意度，而且是今后如何进一步开展个性化信息服务工作的重要依据，其中包括用户信息、访问频次、反馈信息等内容。通过统计和分析，研究用户的行为和习惯，评价服务效果，总结和分析服务中存在的问题，为用户选择更为重要的资源，进一步提高服务质量。

（六）知识产权意识问题

图书馆进行个性化信息服务，必然会涉及大量的信息资源和电子文献资料的处理、下载和上传，而大量的信息资源、文献资料都存在作者版权保护问题。此外，图书馆会采用一些新的网络技术，而网络技术作为一种技术创新成果，其本身的许多微观技术包括硬件和软件也可以成为知识产权的保护对象。由此可见，网络环境下的图书馆工作在诸多方面都涉及知识产权的保护问题。现代图书馆要不断强化知识产权保护意识，要求图书馆员掌握一定的知识产权规则，才能在实际工作过程中避免侵犯他人的知识产权,减少不必要的纠纷,从而集中更多的时间、精力为用户提供更优质的服务。

(七)人员问题

个性化信息服务要求服务人员具有较为扎实的专业知识与广博的学科知识、信息检索能力、对信息的整序与加工能力、计算机能力、外语能力、文字表达能力以及人文素质等。个性化信息服务中体现在人员方面的问题,主要有人员文化素质、技术能力偏低、知识结构单一等。

四、图书馆提供个性化信息服务的主要技术

(一)数据挖掘技术

(1)数据挖掘技术及其功能特性

所谓数据挖掘,顾名思义就是从大量的、不完全的、有噪声的、模糊的、随机的实际应用数据中,提取隐含在其中的、人们事先不知道的、但又是潜在有用的信息和知识的过程。它是在没有明确假设的前提下去挖掘信息、发现知识。先前未知的信息是指该信息是预先未曾预料到的,即数据挖掘就是要发现那些无法依靠直觉发现的信息或知识,甚至是违背直觉的信息或知识,挖掘出的信息越是出乎意料,就可能越有价值。数据挖掘通过预测未来趋势及行为,做出前摄的、基于知识的决策。数据挖掘的目标是从数据库中发现隐含的、有意义的知识,主要有以下五大功能:

1.自动预测趋势和行为

数据挖掘自动在大型数据库中寻找预测性信息,它根据时间序列性数据,由历史的和当前的数据去推测未来的数据。

2.关联分析

它是反映一个事件与其他事件之间依赖或关联的知识。如果两项或多项属性之间存在关联,那么其中一项的属性值就可以依据其他属性值进行预测。也就是说,通过数据挖掘可找出数据库中隐藏的关联网,从而指导决策制定。

3.聚类

聚类同日常所说的"物以类聚"相似,是把一组个体按照相似性归成若干类别。它的目的是使属于同一类别的个体之间的距离尽可能小,而不同类别的个体间的距离尽可能大。通过聚类,数据库中的记录可以被划分为一系列有意义的子集。聚类增强了人们对客观现实的认识,是进行概念描述和偏差分析的先决条件。

4.概念描述

概念描述就是对某类对象的内涵进行描述,并概括这类对象的有关特征。概念描述分为特征性描述和区别性描述,前者描述某类对象的共同特征,后者描述不同类对象之间的区别,生成一个类的特征性描述,只涉及该类对象中所有对象的共性。

5.偏差检测

数据库中的数据常有一些异常记录,从数据库中检测这些偏差非常有意义。偏差

包括众多潜在的知识，如分类中的反常实例、不满足规则的特例、观测结果与模型预测值的偏差、量值随时间的变化等。偏差检测的基本方法是寻找观测结果与参照值之间有意义的差别。

（2）数据挖掘技术在个性化信息服务中的应用

目前，数据挖掘技术在个性化信息服务中最重要的应用就是Web日志挖掘。这种基于Web日志的挖掘技术发展迅速，通过访问Log（日志）文件来提取用户的访问模式，利用Web日志可以获得页面的点击次数、页面停留时间和页面访问顺序等信息。通过分析Web日志可以获得相关页面、相似用户群体和用户访问模式等信息，个性化服务系统可以利用这些信息创建或更新用户描述文件。Web日志挖掘中最常使用的方法是根据网页的点击次数来评价用户对该网页的兴趣，其实这种方法存在一定的欠缺，而且经常出现错误。但该方法可用于辅助其他日志分析技术。尽管Web日志的信息不够全面，但还是可以从中发现许多有意义的信息，比如通过收集用户顺序请求的日期和时间，可以分析出用户在每个资源上所花费的时间，从而可以推断用户对该资源感兴趣的程度；通过收集用户感兴趣的领域，有利于对用户感兴趣的内容进行分类；通过分析用户请求的顺序有利于预测用户将来可能的行为，从而推荐合适的信息。

（二）数据推送技术

（1）数据推送技术及其特点

数据推送（Push）技术是一种信息发布技术，是指信息服务机构依据一定的技术标准或协议，主动从网上的信息源或信息制造商选择并获取信息，并以一定的方式（如电子邮件等）有规律地将信息传递给用户的一种技术。Push技术最早于1996年由美国Point Cast公司提出，它也因而成为第一个在Internet上使用Push技术发布信息的公司。其本质上是一种智能化的信息获取技术，它不仅能主动从网上搜寻信息，还能了解、推导、发现用户的兴趣，形成用户知识库，将获取的信息按照用户需求特征进行匹配，经过筛选、分类、排序后再推送到客户端上，用户可在任何时候浏览，从而有效减少了网络信息过载给用户带来的困扰。Push技术有以下特点：

1.个性化

用户只要在最初设定好规则之后，系统就能够自动跟踪用户的使用倾向，不需要用户的请求而主动地将信息传送给用户；Push技术不仅可以针对用户的特定需求进行检索、加工和推送，而且还可以根据用户的特定信息需求为其提供个人定制的检索界面。

2.灵活的通知方式

当有新的信息需要提交或到达时，依据传送信息的类型和重要性的不同，Push软件会及时以发送E-mail、播放一种声音、在屏幕上显示一条消息等不同的方式通知用户进行读取，提高了用户获取信息的及时性。

3. 智能化

Push 技术服务系统中的信息是高速流动的，不是停留在一个地方等人去寻找，而是有目标的，主动寻找合适的信息用户。为了提高推送的准确性，还可以控制搜索的深度，过滤掉不必要的信息。

4. 高效性

由于系统中信息能主动寻找用户，信息的有效传递率会大大增强，信息的利用率会大大提高，用户直接面对的信息量可以得到控制，信息的商业价值得以充分发挥，避免了垃圾信息对网络资源的大量占用。

（2）推送技术在个性化信息服务中的应用

1. 最新资料快报服务

通过推送技术开展最新资料快报服务，也就是信息服务机构在动态收集用户信息行为或用户定制基础上，建立用户信息需求模型，及时将符合用户兴趣的最新资料推送给用户的一种服务方式，这是一种个性化内容定制服务。例如，My Library 中的 My Updates 就是一种资料快报服务，利用 My Updates，系统会定期检索图书馆的最新资源，一旦检索到满足用户要求的资源，系统便立即通知用户。

2. 信息定题服务

利用网络推送技术，信息服务机构可为特约信息需求用户群体，长期或定期推送定向式、跟踪式的专题信息服务，即信息定题服务，这也是一种资源定制服务。如同济大学图书馆的信息定题服务可根据用户课题的主题制定检索策略，根据课题的学科范围选择数据库，并定期检索。将检索结果进行筛选，以电子邮件形式，每月或每季度将这些最新信息及时转送给使用者。

3. 智能化推荐服务

智能化推荐服务不仅能根据用户的特征提供具有针对性的信息，还能通过对用户专业特征、研究兴趣的智能分析而主动向用户推荐其可能需要的信息。

（三）智能代理技术

（1）智能代理技术及其特点

智能 Agent 技术是人工智能领域发展起来的一个概念，是指具有感知能力、问题求解能力以及与外界进行通信能力的能持续自主地发挥作用的一个软件实体。它可根据用户定义的准则自动搜索收集用户可能感兴趣的信息，并根据用户指定的时间将其传递至用户指定的"地点"，成为用户通达资源的中介。智能代理技术是分布式计算的一个分支，广泛应用于商业、制造、金融、电子商务等领域。

1. 代理性

代理性体现在：它是"代表用户"工作的，它可以把其他资源包装起来，引导并代替用户对这些资源进行访问，成为到达这些资源的方便的枢纽和中介。

2. 智能性

智能Agent可以做许多有高技术含量的工作，例如，理解用户用自然语言表达的对信息资源和计算资源的需求；帮助用户在一定程度上克服信息内容的语言障碍；捕捉用户的偏好和兴趣；推测用户的意图并代替用户完成工作等。

3. 自主性

一个智能Agent应该是一个独立自主的计算实体。它应能在无法事先建模的、动态变化的信息环境中独立规划复杂的操作步骤解决实际问题，在用户不参与的情况下独立发现和索取符合用户需求的可利用资源与服务。

（2）智能代理技术在个性化信息服务中的应用

智能代理由通信协作代理、界面代理、浏览代理、通知代理、监督代理、数据库管理代理以及信息探测代理等功能模块构成。它通过以下的功能来实现个性化信息服务：

1. 信息导航

如果信息用户上网查找信息，智能代理就能充分发挥它的记忆功能和分析功能，根据用户的浏览爱好，分析出该用户当前所感兴趣主题和专业领域，并能够向该信息用户建议与该领域更加密切的页面或链接。

2. 智能检索

信息用户在网上检索信息时，往往遇上检索到的信息大量重复、可用性差。而智能代理技术，能够根据信息用户的特定需求，进行信息过滤为用户提供更精确的信息。当信息用户指定了特定的信息需求以后，智能代理能够自动探测到消息的变化和更新，进而将其下载到数据存储地存放起来，并同时将该信息自动地提示给用户。

3. 生成页面

智能代理能依据信息所存放的信息动态地生成网页，给信息用户提供一个友好的浏览界面。用户通过这个界面可以进行互动式的交流，使智能代理能更好地为用户服务。

4. 管理信息库

智能代理能管理用户个人资料及其个人目录下的信息库，能方便自如地帮助用户从信息库中存取信息。此外，智能代理还具有监督代理、协调与解决冲突等功能。

（四）信息过滤技术

（1）信息过滤的含义

信息过滤是一种系统化的方法，用来从动态的信息流中抽取出符合用户个性化需求的信息。而传统的信息检索则是从静态数据库中查找信息。信息过滤系统检查所有的进入信息流并与用户需求进行匹配计算，只将用户需要的文档送给用户。相比于传统的信息检索模式，信息过滤技术具有较高的可扩展性，能适应大规模用户群和海量信息；可以为用户提供及时、个性化的信息服务；具有了一定的智能和较高的自动化程度。

（2）信息过滤的两种技术及其优缺点

信息过滤技术基本分为内容过滤技术与协作过滤技术：

1. 内容过滤技术

内容过滤技术是通过比较资源与用户描述文件来推荐资源。如果用户的描述文件没有正确描述用户的兴趣和行为，那么该方法推荐的数据可能与用户真正的兴趣根本不相关。过滤的结果只取决于用户信息需求模型与信息源的匹配程度。它的优点是简单、有效，缺点是难以区分资源内容的品质和风格，且不能为用户发现新的感兴趣的信息。

2. 协作过滤技术

协作过滤技术是根据用户的相似性来推荐资源，其关键问题是用户聚类。由于它是根据相似用户来推荐资源，所以有可能为用户推荐出新的感兴趣的内容。合作过滤系统的优点是能为用户发现新的感兴趣的信息。但是，它也存在缺点：其一是稀疏性问题，即在系统使用初期，由于系统资源还未获得足够多的评价，系统很难利用这些评价来发现相似的用户。另一缺点是系统可扩展性，即随着系统用户和信息资源的增多，系统的性能会下降。

3. 信息过滤系统在个性化信息服务中的作用

信息过滤系统在个性化信息服务中侧重于信息推荐服务，这种信息过滤技术更符合个性化信息服务的思想，可以作为数字图书馆信息服务的推荐系统的一种解决方法。过滤技术将对用户研究课题有利用价值的资料，尤其是最新资料，以所要求的方式及时地告知使用者，以便用户能及时地掌握该主题的最新研究动态。数字图书馆的过滤系统就是要从其巨大的资源中通过自身的过滤机制，将最符合用户需要的文献以用户友好方式及时地发送给用户，节省用户宝贵的时间和精力。

（五）其他相关技术

除了以上四种主要的个性化信息服务技术以外，还有Web数据库技术、门户技术和网页动态生成技术等等。Web数据库技术具有跨平台支持传统数据库的优点，主要完成用户登录、身份认证、数据匹配等功能，由于Web数据库的开发使用统一标准HTML，这就使得Web数据库具有了强大的适应性；而网页动态生成技术则主要根据用户的数据动态生成网页；门户（Portal）技术从表面上的表现形式来看可视为人机界面技术的一支，但实质上其内涵可以包容目前所有的个性化服务内容与相关技术，是一个综合性很广、实用性很强的实用技术。一个优良的Portal通常具有以下特性：用户界面友好，易于设定和个性化，尽可能不需要培训；组织性良好，以易于查找的方式将内容分类；具有自服务性，用户可以不依赖管理者管理和发布内容；具有可扩展性，支持新的数据格式和访问方式；有较好的安全性，能对授权用户进行识别和保护；有兼容性，能访问不同来源的、结构及非结构的各种数据。

第二节 图书馆个性化信息服务的模式分析

一、图书馆必须树立个性化信息服务的意识

现代图书馆的个性化服务，主要是指读者坐在图书馆或家里通过电脑联网，点击相应的界面就可以获得他所需要的全部信息。这是一种集咨询功能、文献检索功能和文献提供功能于一体的现代信息服务方式，现代模式的个性化服务，使读者在服务时间、服务方式、服务内容上都得到满足。与以往较为被动的传统式服务相比，个性化信息服务有着鲜明的特点。针对这些特征，图书馆个性化服务的出发点是建立一套个性化服务机制，而非资源的简单收藏。

要引进和吸收全新的服务理念，根据用户的不同特点和具体需求，为他们量体裁衣，定做或由用户自己定制个性化的信息产品，吸引具有特定需要的用户，获取和利用图书馆个性化的特色信息资源和特色服务，图书馆必须首先树立个性化的服务意识。

（一）服务对象的个性化

服务对象的个性化是指为用户提供个性化定制服务。不同的用户有不同的个体需求，用户个体差异使其信息需求具有非常明显的个性化特色，现代信息技术促使个体信息需求观念发生变化，个性化成分进一步增强。个性化定制服务维护和发扬了用户的个性，体现了"以用户为中心"的服务理念。

（二）服务方式的个性化

服务方式的个性化是指根据用户的个体兴趣和特点开展具有特色的服务。个体在心理、行为、体质、爱好、价值观等方面各不相同，这些差异造就了个性的不同，个性是个体在一定的社会环境和教育模式下所形成的相对稳定的个人性格。个性化服务就是根据用户的个体差异、个体需求来选择不同的服务方式。

（三）服务内容的个性化

服务方式的个性化是指图书情报机构用一些智能软件技术为用户提供专门服务。而用户也可以根据自己的需求选择自己需要的服务，服务内容不再是千篇一律，而是各取所需，各得其所。因此，图书馆开展个性化信息服务模式，不仅是适应图书馆用户需求多样化的需要，而且是提升图书馆用户服务质量的重要手段。图书馆的个性化服务作为图书馆特色服务的进一步深化，为图书馆的生存与发展带来了新的思路与希望。

二、现代图书馆个性化信息服务的基本模式

(一) 信息推送服务

"信息推送"就是网络公司通过一定的技术标准或协议,从网上的信息源或信息制作商那里获得信息,然后通过固定的频道向用户发送信息,是一种新型信息传播系统。推送技术则是一种按照用户指定的时间间隔或事件发生的需要,把用户预约范畴的最新数据,自动推送给用户的计算机数据分布技术。信息推送服务最大特点是实现用户一次输入请求,用户便可以定期地、不断地接到最新的信息,充分体现了信息服务的主动性。可以说,信息推送服务是传统定题服务在数字图书馆中的一种再现,图书馆可以定期或不定期地不断地向用户提供新的有关信息,也可以为用户进行定题跟踪服务。

(二) 呼叫中心服务

信息呼叫中心服务是通过计算机电话集成技术,将电话、传真机、电子邮件、视频等通讯和办公设备输入一个强大的工作站,并与企业连成一体的综合信息服务系统,这是提供一对一的用户服务系统。呼叫中心最突出的特点是能够24小时全天候提供智能化的服务,客户可以随时通过各种通信手段获得信息或解决问题。

(三) "我的图书馆"服务模式

能够将个性化资源定制、界面定制等各种类型的定制服务集中于一体,为用户提供一个统一的可操作性平台服务系统,主要有"我的图书馆"、"我的用户"等等,其称谓虽然不同,实质却都是一种根据个人兴趣和爱好,灵活组织馆藏资源和网络资源于一体的个性化服务平台,它们基于灵活分析,可方便定制的个性化资源组织机制,使用户在定制信息资源内容、显示格式、检索机制乃至服务类型后,系统可以据此在用户的个性化主页上显示相应的页面布局、服务类型、资源内容,并定期自动检索符合用户定制需求的信息,将最合适的结果按定制方式反馈给用户。

(四) 垂直信息服务

目前在大部分图书馆中,传统的定题服务、回溯检索、代查代译、专题咨询等仍是其主要服务项目,这种服务不能解决用户信息需求中潜在的一些根本性的或深层次的问题,也不能解决用户随信息技术的发展产生的涉及高技术的信息需求。用户对信息的需求贯穿于整个科研过程中,然而,如何利用信息以了解自己所处的科研环境,如何才能甄别并获得自己最需要的信息,许多用户自己并不清楚。随着社会经济和信息环境的发展,用户对图书馆信息服务的要求将趋向精品化、高技术和创造性的服务等。图书馆服务用户潜在的和深层次的需求,图书馆必须采取主动性的、交互性的服务。

(五) 网络智能知识服务

网络智能知识服务系统由计算机信息服务系统发展而来，但又区别于一般信息服务的信息系统，它是一个在网络环境下，采用人工智能信息处理技术，同时从知识本身的特点出发，采取符合知识实际特点的资源采集、加工、存储和服务等方案进行服务的综合系统。

目前，人们较多地是通过研究用户检索行为特点，设计相应的检索智能帮助软件来提供此类服务，有效的检索系统应该允许用户能不断重新估价目标，由此调整他们的检索策略，在用户提问修改过程中提供智能帮助，使用户比较容易地进入搜索系统数据资源的主题领域与内容范围，是图书馆工作者努力的一个新领域。

个性化信息服务模式不是独立运作的，而是几种模式配合并存的，在实际工作中，不同的图书馆可以根据自身的技术条件、馆员素质、知识结构、服务及管理机制等，选择组合使用。同时，愿更多的图书馆能产生出更好的个性化信息服务模式，推动图书馆个性化信息服务的进程。

三、现代图书馆个性化信息服务模式应关注的几个问题

(一) 高素质的图书馆队伍是开展个性化信息服务的关键

图书馆网络已发展成为越来越庞大、复杂的协作系统，但目前我国信息用户真正能较好地利用计算机网络查找有用信息的还比较少。这就需要图书馆对信息用户进行培训，针对不同用户群的特点，采取传统方式与网络教学相结合的方式注重教学内容，让用户接受如何使用传统图书馆和数字图书馆，怎样检索专题文献以及网上信息交流等等。

个性化服务对馆员的素质提出了更高的要求，由于个性化信息服务的特点是针对性强、灵活性大、小型化和系统化，在实现个性化服务时，要求馆员具备多学科的基础知识，熟悉专业学科并拥有相关学科的知识，掌握信息技术、网络、数据库、检索系统等应用技术并具备强烈的信息意识，这样才能提供高水平的个性化服务。

(二) 知识产权与隐私保护

第一，由于虚拟图书的信息资源很多来源于网络，提供给用户时必然涉及到一些版权问题。因此，图书馆应提高版权意识，避免出现侵权问题；第二，为了更好地开展个性化服务，用户的个人信息是不可缺少的，这就涉及了用户的隐私问题。个性化服务系统必须在技术上保证个性化服务的安全性，要求使用安全认证技术保护用户的隐私，同时，要鼓励用户积极提供个人信息，形成良性循环。因此，图书馆可以综合多方面的意见，制定出较完善的用户隐私保护政策，并提供设定用户隐私公开程度的工具和运用先进的保护技术等。

(三) 交叉服务与资源共享

现阶段，互联网上存在众多用户与众多图书馆，这就必然会产生单个用户与多个图书馆或某个图书馆与众多用户之间的交叉重叠服务的问题。因此，最好能把不同的系统用户组成一个方便共享的机构，以利于系统对信息的判断与分流，实现一个具有个性化的服务模式。

第三节　图书馆个性化信息服务的实施

一、总述

随着计算机的应用，特别是互联网的普及，信息的膨胀和技术的进步，传统图书馆的运行体制和服务形式，日益暴露出其重藏轻用、效率低下、时效缓慢、程序繁琐等种种不利弊端。现在，较先进的图书馆都开始引入计算机和网络技术，建设网络载体的数字化图书馆，在适应当前信息量急剧增长的同时，也针对信息需求的变化，开始推行信息个性化服务。

图书馆的信息个性化服务，改变了传统的信息服务关系，就是以用户为中心设置服务体系，以需求内容为指导设计服务项目，以客户特点为参照组织服务活动。信息个性化服务改变了图书馆内外组织运行格式，重新排列了其工作程序、任务重心、优先顺序，导致了图书馆整体功能、运行方式、管理技术的一系列改革发展，已经成为现代化图书馆的主要服务形式和标志性特征、是图书馆发展的必然方向。

欧美发达国家的图书馆，为了提高工作效率，改善个性化服务，大多引入了企业管理中的BPR运营理论。20世纪90年代，美国的Hammer博士提出的这一企业再造理论（Businss Process Reengineering，简称BPR），强调以过程的连续性和有效性为目的，打破部门界限来组织工作流程、配置可用资源。欧美图书馆引用这样的运行理念，依照客户个性特点与需求，建立起突出个性化服务的业务模式、工作程序，实现了现代图书馆反应快捷、高效低耗的运转功能。

图书馆个性化服务的实施，就是其运行和服务体系的重组。目前，研究界对这种重组提供了三种方式：一是以数字化存储为核心的重组，利用数字技术进行信息资源的收集、存储、传递，实现针对个性化需求的服务满足；二是以系统管理为重点的重组，根据客户特点建立全新的工作流程和服务体系；三是以计算机及网络技术为基础的重组，通过互联网等多媒体手段，有效提供更及时、更便捷、更大容量的信息服务。各种方式重组的共同目标，是通过广泛的信息共享和先进的计算机技术，为信息需求者提供适应个性化需要的全面服务。

图书馆的个性化服务的体系重组，体现在服务方式的多样化、服务手段的数字化、运行体系的目的化和信息提供的系统化。在信息空间迅速扩展的形势下，人们对信息的兴趣和需求逐步离散，差异越来越大，满足这样日益复杂多样的信息需求，实施图书馆的个性化信息服务，必须在体系重组中解决好技术准备和流程再造两个领域的关键问题。

在技术领域，图书馆个性化信息服务的实施，必须以现代通信技术、网络数字技术为依托，多种存储、检索、传输、交换技术相互交融渗透，来提供所需的技术支持、保证条件。其中，关键是要完成好信息搜索、信息挖掘、信息组织和信息服务提供的技术准备。

二、信息搜索

现代图书馆的信息资源，是建立在广泛交互基础上的信息共享。而当前的信息总量，每天都在以几何基数急剧增长，依靠传统的手工作业，根本无法进行信息搜集整理，必须建立使用数字化的搜索引擎，来实现大容量的信息查询搜索。搜索引擎（Robot）是一种利用 Internet 平台快速搜索、连接相关信息资源的信息发现工具，涉及 HTTP 数据传输标准协议、HTML 数据传输语言、分词技术、数据存储和 GGI 网络接口技术，是网络技术中最核心的引导技术。针对个性化的信息服务要求，图书馆要建立使用适应自身资源和客户特点的单元快速搜索引擎、垂直专业搜索引擎、独立设置搜索引擎和特色智能搜索引擎。

二、信息挖掘

在各类存储载体中，特别是 Internet 网络空间，承载着大量模糊、潜在的信息资源，仅仅利用设置条件的随机搜索，难以全面搜集有效的使用的信息。Internet 中一般都在使用 Web 信息挖掘工具来进行信息组织，但其信息发现范围和搜索精度均存在一定的缺陷。国际上比较先进图书馆的信息挖掘多使用 OLAP（联机分析处理）工具来帮助我们进一步广泛、快捷、专业、准确地发现索引所需的信息资料。在引进消化这些先进技术同时，我们还可以探索建立适合信息我国图书馆系统的整合工具，为信息挖掘提供便捷通道。

四、信息组织

目前，网络传输的信息资源组织，都是通过公用搜索引擎、通用信息挖掘工具来完成的，其选择性和挖掘效果，对于千差万别的个性化信息需求，仍显不够方便实用。要帮助客户在最短时间内，在海量的信息流中检索查找到真正有用的资料，还要开发更好的信息组织整理工具。国内外已经提出了元数据（结构化数据描述）、ASP（服务器动态网页）、JSP（动态网页扩展）和 XML（结构化中介描述格式）等一系列提高信息组织效率的工具或理论设想，主要是在常规的信息搜索、挖掘方法的基础上，通过更细致地对所需信息的描述、搜索限定，为用户更加精确地组织整理出适合要求的有效信息。

五、信息服务提供

信息个性化服务，要求我们除了要在内部信息存储、检索以及组织上提升技术水平以外，更重要的是全面充实、改进向用户提供信息过程的服务技术。根据我国图书馆体系的具体情况，一方面，要以国家图书馆为核心，在建立信息资源共享体系的同时，协调建立交互式的客户服务连接体系；另一方面，要积极探索开发延伸窗口功能的客户随身服务的技术条件。未来的图书馆，不仅要存储、管理信息资料，还要存储、管理个性化的用户档案和需求资料。因为只有切实完善了服务延伸条件，才是真正地以客户为中心建立起了新型的、个性化信息服务体系。

在足够的技术支持条件下，实施个性化信息服务，在操作上就是个性化服务体系的建设。其主要思路是图书馆工作立足点的根本转移，就是改变传统的以馆藏资料为中心的运行模式，重新建立围绕客户需求，提供主动、个性化信息服务的业务组织体系。

首先，要调整内部组织重心，重点建设服务端口。根据端口传来的需求信息，再造后端的管理、保障程序；其次，要建立用户档案，分析用户需求，监测用户流动和需求变化。及时调整信息储备方案，改进优先检索工具；第三，要提高队伍素质，改进服务作业水平。完善员工业务培训、服务培训制度，建立用户联系机构，设立主动服务标准。同时，要不断推出和改进适应用户要求的服务方式，逐步开发用户随身的延伸服务，用户提议的协助工作式服务。

探索图书馆业务组织形式的改革，实施个性化信息服务，是当代图书馆发展的必然趋势。同时，推行个性化信息服务的业务组织模式，不仅会引导我国图书馆事业向现代化水平迈进，而且对扩展图书馆功能，营造图书馆新型运营体制都具有十分重要的理论意义和探索价值。

第四节 数字图书馆个性化信息服务分析

一、数字图书馆个性化信息服务模式

对于数字图书馆个性化信息服务模式，也在摸索实践中。根据技术标准，数字图书馆个性化服务的主要形式有以下三种：一是个性化推送与定制服务，二是个性化推荐与报道服务，三是个性化知识决策服务。个性化信息服务可分为四种类型：个性化内容定制服务，个性化信息检索定制服务，个性化界面定制服务，个性化信息推荐服务。上述两种说法不同，含义相似，我们主要讨论数字图书馆个性化服务的三种形式：一是个性化推送与定制服务。即根据用户的兴趣偏好，采用定制的web页面、分

门别类的信息频道（或信息栏目）、发送 E-mail 等方式，把具有针对性、特色性的信息传输给具有特定需求的用户；二是个性化推荐与报道服务，也就是通过智能化推荐和主动报道的途径，深入分析用户的专业特征、研究兴趣，从而主动地向用户推荐其可能需要的信息，是一种比较深层次的信息服务方式；三是个性化知识决策服务。这种服务强调充分运用数据挖掘、语义网络、知识发现等先进技术，对有用的信息内容再进行深层次的分析与挖掘，向用户提供能够用于决策支持、智能查询、科学研究等知识服务方面的规则和模式。

二、国内外数字图书馆个性化信息服务现状

数字图书馆个性化信息服务在国外的研究始于 20 世纪 90 年代末，并将研究成果应用于图书馆的实践中，My Gateway，My Library 等个性化信息服务系统都比较出名。一些图书馆如华盛顿大学图书馆、北卡莱罗纳州立大学图书馆、康奈尔大学图书馆、加利福尼亚州数字图书馆、新加坡国立图书馆等，将这些个性化信息服务系统应用于读者服务中。由康奈尔大学图书馆研制的 My Library 个性化信息服务系统，为该校读者提供大量的个性化信息和服务，已成为现今数字图书馆个性化信息服务的原型。

为顺应我国数字图书馆建设和发展的需要，满足用户对数字化信息资源利用的个性化需求，同时，在国外开展数字图书馆个性化信息服务的影响和推动下，近年来，国内的许多图书馆加强了数字图书馆个性化信息服务的研究和探索。就目前而言，国内数字图书馆个性化信息服务的成功例子当属浙江大学图书馆的 My Library 以及中国人民大学图书馆的"数字图书馆个性化服务系统"。

三、数字图书馆个性化信息服务系统的功能

（一）个性化检索

个性化信息检索是指数字图书馆用户根据自己的目的和需求，利用某些特定的网上功能和检索方式，自己设定信息的来源方式、表现形式、特定网上功能及其他网上检索方式等，以达到最方便、最快捷地获取自己所需网络信息资源的目的。例如，用户通过统一的检索界面一次性地检索馆藏书目数据库以及各种网络资源，并对检索结果的计算标准、输出格式、排序方式、重复记录整合方式、下载格式、传送地址等进行定制。个性化信息检索的实质是将接受信息的主动控制权交到用户手中，个性化信息检索方式对用户的要求较低，用户只要提供所需信息类别即可，具体的信息路径由 Web 服务器给出。

（二）个性化定制

个性化信息定制是指由用户主动向图书馆提供个人的信息需求和兴趣，图书馆据此建立用户模型，并向用户提供其所需的信息资源和服务内容。用户的定制行为建立

在系统预先形成的定制模板之上,数字图书馆根据用户需求及资源本身的特点,对可提供的资源及服务进行分类组织,形成多个资源与服务模块。用户可根据自己的需要从中选择内容,包括如下一些定制行为:第一,系统界面定制。用户可对页面结构进行定制,选择自己需要的模块、页面布局等。第二,资源与服务定制。用户可定制网上资源、数据库、电子书刊等。并可以定制服务内容、服务结构的推送方式等。如最新资源通报的定制,系统可根据用户兴趣从馆藏资源中选择最新的资源定期提供给用户。第三,定题服务的定制。针对用户的科研、教学等信息需求,根据用户事先选定的专题,通过跟踪最新的信息资源为用户定期或不定期地提供信息的服务,并应用推送技术通过网络主动、及时将最新信息传递给用户。

(三) 个性化推荐

个性化信息推荐是指使用多种信息分析技术,根据用户的专业特征、研究兴趣、个人偏好进行智能分析,从而主动地向用户推荐其可能需要的文献信息,帮助用户完成信息获取,并根据用户的反馈进一步改进推荐策略。其实质在于对不同用户采用不同的服务策略,提供不同的服务内容,主要包括两个方面内容:一方面服务内容的个性化。根据用户自身的兴趣、爱好和需求,并充分考虑用户需求的差别,向用户推荐感兴趣的信息。另一方面服务方式的个性化。信息提供者针对用户的个性和特点,主动为用户选择并传递最重要的资源和服务,并根据用户的需求变化,动态地改变所提供的信息,此外,还包括根据用户个人兴趣或特点来开展服务,如通过分析用户的浏览活动和查找行为来进行对信息内容的推荐。

(四) 个性化咨询

个性化信息咨询是指以因特网为载体,进行在线的、实时的咨询服务。读者不用到馆,就可以获得及时的信息服务。咨询的方式可以通过用户按照自己的意愿和特定要求进行定制,形成"我的咨询馆员"、"我的咨询专家"等一对一的咨询系统,并通过 E-mail 等工具进行咨询,还可以通过微信、QQ 等聊天工具进行在线的实时咨询,并且用户可对咨询结果的提供方式提出自己的要求。

四、数字图书馆个性化信息服务的关键技术

数字图书馆个性化信息服务的应用技术,集现代信息技术之大成,它包括推送技术、智能代理技术、智能搜索引擎技术、网页动态生成技术、数据挖掘技术、信息过滤技术、过程跟踪技术、安全身份认证技术、数据加密技术等,都可以为数字图书馆的个性化服务提供技术支持。

近年来,数据挖掘技术开始应用于数字图书馆个性化信息服务领域,使数字图书馆的个性化信息服务有了较大的变化和发展。相关学者提出了基于数据挖掘的数字图书馆个性化服务,数字图书馆的数据挖掘是从数字图书馆大型数据库。数据仓库和浩瀚的网络信息空间中发现并提取隐藏在其中的信息,目的是帮助信息工作人员寻找数

据间潜在的关联，发现被忽略的要素，而这些信息对预测趋势和决策行为也许是十分有用的。基于数据挖掘技术的数字图书馆个性化服务系统的工作原理如下：提取原始信息和收集用户特征，数据预处理和数据转换，确定数据挖掘目标，数据挖掘，结果分析和知识的运用。

信息检索技术主要是在数字图书馆个性化信息服务系统中进行信息检索，主要涉及结构化信息检索，即对元数据进行检索，全文检索，异构、异地数据源的检索，概念检索和多媒体检索。信息过滤技术主要是人们采用信息过滤技术，将检索结果和用户兴趣模型进行比较，根据比较结果选出用户需要的信息。信息过滤技术基本分为两类：一种是基于内容的过滤；另一种是协作过滤。为了综合基于内容和协作过滤两种方式的优点，数字图书馆可以采用基于混合模式的信息过滤模型，从而提高信息过滤的性能。信息推送技术是一种信息发布技术，实质上是一种应用软件，这种软件可以根据用户的定制，自动搜集用户最可能发生兴趣的信息，然后在适当的时候，将其传递到用户指定的地点。

五、图书馆开展个性化信息服务需注意的问题

（一）要以用户为中心

个性化信息服务要将以用户为中心作为出发点和归宿。要考虑服务用户群的类型、特征，分析用户的需要，并依据用户的信息使用行为、习惯、爱好和特点等建立用户档案、用户信息库。信息的获取可以通过多种途径来进行，如用户在网站上进行检索查阅后的历史记录，通过这些记录，可以了解到用户所需的检索内容及兴趣，有针对性地为用户提供咨询服务，帮助用户扩大检索面，提高查准率。同时，通过跟踪服务，可了解用户在一段时间内的检索内容。找出其相似性，从而及时更新数据库的内容，满足用户的检索需求；通过用户在网站登录注册时所填写的个人有关信息，如学历、爱好等；通过外部数据库提供的个人信息，主要包括有关个人信用等数据库提供的信息及联合图书馆中其他数据库提供的日志信息等。

（二）要完善技术，增强服务主动性

个性化服务理论是在科学技术不断发展的情况下产生的。只有运用先进的技术才能更好地发挥个性化服务，体现服务的主动性。一方面，要把已经成熟的技术运用到个性化信息服务系统中去。例如，Web数据库技术以及信息推送技术等。同时，要积极探索那些尚在发展中的技术，应尽早地在系统中予以实施。例如，智能代理、知识挖掘技术等。另一方面，与国外相比我国的个性化信息服务系统在技术上还存在一定的差距，所以要及时跟踪国外图书馆软件开发的最新功能，研发出适合我国图书馆的相关软件，以此来完善服务系统。

(三) 加强人员素质，提高服务专业化水平

个性化信息服务是知识密集型和技术密集型的服务，这种服务对信息服务者的素质要求比较高。虽然个性化信息服务系统依赖于成熟的技术，但是机器不可能完全取代人的服务，机器也不可能提供全部的服务，所以一方面要提高图书馆人员的整体素质，要求图书馆员工达到在熟悉一门基础学科的基础上拥有相关学科的知识；另一方面要加强学科馆员服务模式建设，数字图书馆以它的资源特点、服务功能为学科馆员提供了一个新的服务平台，他们以其专业的学科背景和丰富的信息专业知识为基础，在此基础上根据用户的不同需求提供专业化服务。

(四) 加强个人隐私及知识产权管理

首先，对于保护个人隐私来说。由于为了更好地了解用户的个性化需求，因此必须搜集用户的个人信息，包括个人信息和借阅记录等。由此，信息的安全性就成为了保护用户隐私的重要问题。一方面要加强网络安全技术。注重对用户身份的鉴别，保护个人隐私。如运用加密技术、数字水印技术、访问控制技术等。另一方面，用户也要加强自身的防范意识。如在登录及退出系统时要按系统步骤操作，用完后及时退出，以防个人信息泄漏。其次，要注意知识产权问题。在建设和使用个性化信息服务系统过程中，不可避免地要遇到知识产权保护问题。如在为用户提供定制、下载和复制保存等服务时，都存在着涉及版权保护的问题。解决版权问题最好的方法是建立法律制度或相关的法规政策，使版权保护与利用做到有法可依、有章可循。这些法律或法规的制定可以参考西方发达国家的法律制度，同时也要结合本国国情。

(五) 加强用户推广策略

由于许多用户对图书馆的个性化信息服务还不是很了解，那么就需要图书馆对用户进行引导和宣传。一方面通过对用户进行信息知识教育来正确引导用户利用个性化信息服务系统。其教育内容包括图书馆的信息资源类型和分布状况、图书馆个性化信息服务系统介绍、网络知识、个性化检索知识等。其交流方式可以采取定期讲座、在线多媒体交互、在线答疑等方式。另一方面要加大对个性化信息服务的宣传力度。例如，可以通过引入电子商务的服务模式和营销理念来推广数字化信息服务。在对个性化信息系统进行教育和宣传的过程中，要注意用户的反馈。反馈信息是完善服务系统，提高服务质量的重要信息来源，要力争做到及时获取，及时答复用户，让用户满意，同时这也是树立网络环境下图书馆个性化信息服务良好形象的重要举措。

在数字时代，个性化信息服务将是数字图书馆发展的重要趋势，也是今后图书馆用户服务的重要形式。目前，个性化信息服务系统取得了一些进展，但是和用户的实际需求还有很大差距，在资源整合、检索方法以及主动推送的质量保证等方面都还有待进一步的提高和完善。所以，图书馆要积极借鉴国外的先进理念和技术，结合本国国情，逐步完善个性化信息服务系统，真正把图书馆信息服务建设落到实处，让更多

的用户从中受益。

第五节　网络环境下图书馆个性化信息服务

网络环境下图书馆个性化信息服务是指通过网络等信息技术手段，针对不同的用户需求，采取不同的服务方式，提供不同的信息内容来满足用户信息需求的一种服务模式。高校图书馆在网络环境下开展个性化信息服务是提升高校图书馆服务水平的必然趋势，但是个性化信息服务是一个复杂的工作，必须认真分析，不断实践总结，实现个性化信息服务的跨越式发展。

一、高校图书馆开展个性化信息服务的现状分析

（一）信息资源建设方面

信息资源建设是个性化信息服务的前提。实践表明，信息用户在科研及工作中所需要的数据和参考文献等信息，不论是传统藏书还是网络资源都无法全面满足，目前，高校图书馆业务虽已进入网络化，但信息服务仅仅局限于书刊检索、网上阅览等。即使有的主页上存在读者咨询的内容，但也比较分散、不系统。这种信息服务只是把原来非网络环境下的信息"移植"到网络上，没有把整个网络资源置于图书馆视野下考虑，缺乏对网络资源的重视。至于如何把网络信息资源和图书馆的文献资源建设、图书馆读者服务、个性化信息服务结合起来，这样的实践活动更少。

（二）网络技术方面

成熟的网络技术是图书馆个性化信息服务的重要支撑。目前支持个性化信息服务的技术已基本成熟，如定制Web页面、信息频道或信息栏目、完成用户登录、身份认证技术、动态生成技术、数据推送技术以及数据加密技术等。有的仍在完善中，比如全文索引、信息过滤、智能代理、Web服务等技术。但是生成相对完整方案的信息融合、数据挖掘、知识表达等方法和技术还有待于进一步研究，同时尚存在若干难点，比如人类大脑融合信息、激活知识的机制还没有被人们完全掌握，从定性到定量再到定性的综合集成方法、系统辨识方法还不成熟。信息融合、信息建模、服务集成、知识表达、知识挖掘、客户关系建模、智能推拉等技术还无法普遍应用，这些技术方面的不完善和存在的难点，成为个性化信息服务开展的瓶颈，其开发研究仍然任重道远。

（三）服务与管理方面

服务观念的确立决定了图书馆开展信息服务的方式方法。传统的高校图书馆信息服务主要以文献为单元，进行文献的收集、整理、保存和传播，服务中突出共性而忽略个性。网络环境下的高校图书馆应以知识和概念为单元，对数字化信息资源进行组

织和管理，强调服务与被服务之间的一一对应关系，以提供个性化信息吸引具有特定需要的用户获取和利用图书馆个性化的特色信息资源和特色服务，服务中既要有共性的一面，更重要的要突出个性的一面。

管理分为两个层面：一是管理者具有什么样的思想观念；二是建立什么样的管理机制。在对网络环境下的高校图书馆服务进行定位时，有的管理者只考虑对上级领导负责，只考虑经费、设备、馆舍、藏书、阅读量等，"以图书馆为中心"，很少考虑用户需求。在管理机制方面缺乏执行的标准，难以衡量网络环境下信息服务的好坏，缺乏激励机制，对具有提高服务质量、深化服务内容的个性化信息服务形式，缺乏主动探索的热情。

（四）信息用户方面

用户信息能力及其个性化信息行为决定每个用户表现出的信息需求必然带有个性化的多元化性质。高校图书馆的信息用户主要是教师和大学生、研究生，他们都具有较高的学历和学术水平，对信息服务的要求层次较高，他们所需要的信息服务往往是某一学科发展最新、最前沿的，经过再构筑、再组合的信息，广泛、大量、高层次的个性化信息服务成为高校图书馆用户需求特征，其信息需求已经呈现多元化、综合化以及社会化的趋势。

（五）用户隐私安全方面

在开展个性化信息服务的过程中，有必要收集用户的个人信息，这就涉及用户个人信息及隐私权的保护问题。用户或出于保护隐私方面的考虑，或出于安全策略方面的考虑，在定制个性化信息的同时，有时又不愿意提供较充分的个性需求信息。高校图书馆在开展个性化信息服务时，应该对用户给予尊重，争取通过至诚服务与用户建立起在安全规范允许下的诚信关系。

二、网络环境下高校图书馆开展个性化信息服务的策略

（一）树立"以馆员为中心"的现代图书馆管理理念

现代图书馆的主要功能是以知识选取与存储、知识重组与再生产为内容的人性化、个性化知识服务。这种服务体系下的图书馆管理强调以人为本，此处的"人"应包括两个方面：作为服务客体的用户和服务主体的馆员。传统图书馆大多注重服务客体，而忽略了对服务主体的重视。事实证明，无论是信息采集、分类、加工等业务工作，还是面向用户的流通阅览与参考咨询工作，在同样条件与环境下，由于馆员个人素质与能力的不同，在工作效果上就会产生非常大的差异。随着图书馆的功能由单纯的收藏转向信息开发和服务，馆员在实现图书馆的功能中应当逐渐担任主角。

个性化信息服务要求图书馆员具有独立自主的批判性和创造性思维，要精通图书情报知识，熟练掌握现代信息、网络、多媒体等技术，由传统的单一化文献服务向以

提供知识单元服务的多元化角色转变，成为信息的提供者、管理者、顾问、专家。个性化信息服务需要一支高素质的、协调的服务团队。高校图书馆建设服务团队时要突出互补性，注重几个方面的结合：第一，校内资源与校外资源相结合。建立专家知识库，提供专家咨询服务，达到信息资源共享。第二，引进与培养相结合。在引进紧缺人才的同时，大力加强在职人员的培训，满足各类服务需求。第三，"老中青"相结合。加强人才梯队建设，实现人才的可持续发展。

（二）树立"以用户为中心"的现代图书馆服务理念

图书馆存在和发展的根本原因是满足人对知识、信息的客观需求，"以人为本、用户至上"的人文关怀是图书馆服务的永恒主题。在现代社会中，网络作为信息的重要平台，极大丰富了图书馆的文献资源，突破了图书馆的物理界限，实现了图书馆的异地服务，满足了用户的各种需求。这使图书馆的地位发生了根本的改变，它已由"文献中心"演变成"用户中心"，图书馆服务的重心应切实转移到用户需求上来。

现代图书馆的知识服务紧密地将信息用户、信息资源和信息技术结合起来，针对用户结构、用户对服务的需求层次和满足程度，连续地收集用户数据，深入研究用户信息需求。建立明确有序的用户信息反馈渠道和科学、可行、系统化的评测指标，借以客观准确地反映和评价图书馆服务运行的状态和效率，指明需要改进的环节和项目，有针对性地调整服务对策，从而扩大和提升图书馆的知识服务。知识服务的最后评价不是图书馆是否提供了信息，而是通过服务是否解决了用户的问题，帮助用户找到了解决问题的方案。

（三）积极引导用户需求保护用户隐私安全

用户需求是图书馆服务工作存在和发展的前提，高校图书馆普遍存在用户个性化需求能力较弱和个性化信息质量不高的问题：前一个问题的解决办法是对信息用户进行培养，向用户及时介绍最新的知识、技术、信息资源、检索工具以及服务方式。提高信息用户的信息素养和获得信息的综合能力，引导用户的信息需求；后一个问题形成的原因是图书馆在提供个性化信息服务时，不考虑用户的信息反馈和需求变化，不能准确反映用户的信息需求。在各类个性化信息的质量问题中，专业信息的质量问题尤其突出。高校的学术研究型用户迫切需要根据他们的专业、研究方向主动为他们提供最新的专题信息和学术动态，高校图书馆应该主动研究用户需求，力争提供针对性强、时效性高、新颖、准确、全面、深入的专业信息。

图书馆个性化信息服务的整个过程都存在对用户隐私造成侵犯的可能。没有征得用户同意而收集用户的信息，数据使用时保密措施不强造成用户信息泄漏、盗用，这些都侵犯了读者的隐私权。高校图书馆在积极开展个性化信息服务时，必须重视用户隐私保护工作。从国家层面来看，要加强立法保障制度，尤其是在网络环境下使得隐私权的保护有法可依；从用户角度来看，用户要增强个人隐私保护意识。作为图书馆，应该加强个性化信息服务的宣传，打消用户的顾虑；多与用户沟通，找准每一类用户的隐私侵犯底线；公布隐私声明，签订共同遵守的协议；公布信息收集人员的权利与义务；加强技术防范措施。

第七章 图书馆人本化信息服务管理

第一节 图书馆人本化信息服务管理概述

一、人本思想概述

(一) 西方人本思想

从西方来看,人本思想的实践波澜壮阔,一个个风云人物、一场场革命风暴,都不断把人本实践推向高潮。但是,资产阶级的人本思想既有进步性、真实性,也有局限性和虚伪性。所以,资产阶级人本思想中的精华部分值得借鉴和采纳,但是,要想成为广大人民群众寻求解放和发展的思想武器还是远远不够的。

西方人文精神的核心思想是:关心人,以人为本,重视人的价值;弘扬人的理性;尊重人的个性和自由平等权利。"人是万物的尺度"这一最早的人本主义观念由古希腊哲学家普罗泰戈拉提出。后来,中世纪的欧洲由于神权被推崇到至高无上的地位,人权逐渐被神权所替代,人文精神也逐渐被忽略。

西方人本思想在文艺复兴时期出现的背景是资产阶级为了寻求自身的发展和对抗宗教、神权和君权的压迫,从而产生了解放人、发展人的想法。它支持人的平等和自由,主张实现人的自我价值。西方人文主义推动了资产阶级民主革命和资本主义制度的建立,但在资本主义社会和资产阶级统治建立后,实行的却是"以富人为本",即以资产阶级为本。近现代以来,西方的人本思想被理解为"理性"或"非理性"的存在,不是现实生活中个体的人。

(二) 中国古代人本思想

从中国来看,以人为本的观念在历史上源远流长,并且在中华民族的传统民族精神中都有体现。作为中华民族传统的伟大理念和执政美德,在我国最早提出并实践这一概念并实践了这一美德的是春秋时期的政治家管仲。以人为本的提法源于中国古代,其最早见于《管子·霸言》:"夫霸王之所始也,以人为本。本理则国固,本乱则国危。"管仲提出的"以人为本"这一执政美德,对社会产生了广泛而深远的影响,在春秋战国时期,就已经形成了一场汹涌澎湃的人本思潮。在春秋战国时期,则是作为反映奴隶解放历史需要的时代精神的"爱人"精神,以人为本的精神推动了管仲、孔丘、孟轲、杨朱、墨翟、老聃、庄周、孙武、荀卿等一大批伟大的思想家、政治家、哲学家的出现,正因为在他们的思想里,都具有一个共同的时代精神——"爱人"精神的特点,自管仲提出要"以人为本"这一执政美德起,重视人的时代精神就使他们都汇集在人本思潮之中。

(三) 马克思主义人本思想

马克思主义的人本思想以世界历史上众多思想家的积极成果为基础,科学地总结、揭示了人的本质,对真正实现以人为本起到了重要的指导作用。马克思认为:人是现实的、具体的人,是以物质生活为基础的在实践中的人。马克思所指的以人为本。是以人为中心,其最终目的是达到无产阶级和解放全人类。马克思曾在《资本论》中指出"以每个人的全面而自由的发展为基本准则。"在《共产党宣言》中,马克思指出:"代替那存在着阶级以及阶级对立的资产阶级旧社会的,将是这样一个联合体,在那里,每个人的自由发展是一切人的自由发展的条件。"

(四) 人本思想的界定

从以上人本思想的发端和发展中可以看出,我国古代封建统治思想中以人为本的理念是治国必不可少的指导思想之一,但是古代的人本思想与当代我们所说的人本思想之间存在一定的区别,古代所指的人本思想是被君权和封建文明所束缚,它只是寻求在封建等级制度下的和谐,是用来调和君民关系的,而我们现在所说的人本思想是关心人,重视人的价值,重视人的本质的发展。

当代的人本思想是通过人们对人性认识的不断加深,探究人的潜能,从而实现满足人、尊重人、发展人的目标。以人为本中的"人"是指在社会发展中占主体地位的人。在我国,从全体社会成员的角度看,人指的是全体中国公民;从主体地位来看,人即最广大的人民群众、建设社会主义社会的群众。哲学意义上的"本",即世界的"本原",以人为本的"本",是万物的根本、根基,是各项工作的出发点和落脚点。

以人为本是指人们处理和解决问题的态度、方式和方法,即以人为根本。首先,把人作为各项工作的重心,即发展为了人民。把为人民服务和人民的利益当成做好所有工作的前提和基础。其次,发展是要靠人的力量,要把人当作主体。人民是历史的主体,是建设中国特色社会主义事业的主体,是先进生产力和先进文化的创造者,是社会主义物质文明、政治文明和精神文明协调发展的推动者。此外,正如马克思人本思想中所提出的要以人的全面发展为准则。把实现人的全面发展作为目标,最终走向共同富裕的道路。最后,把人当作发展成果的受益者,即一切发展取得的成就要让人民群众享有、利用。从人民群众的根本利益出发谋发展、促发展,不断满足人民群众日益增长的物质文化需要,切实保障人民群众的经济、政治和文化权益,让发展的成果惠及全体人民。

二、图书馆信息服务人本化的本质解读

(一) 什么是本

人本思想的精髓是"以人为本",此处的"本"是指"根本"、"本质"、"出发点"等等。诺贝尔经济学奖得主,美国经济学家舒尔茨曾在1960年美国经济学年会上提出"人是资本"的断语。出于适应实际情况的考虑,有很多组织或企业打着人本思想的口号,但是大多数都是说得多,落实得少。在实际工作中,还是会无视员工的价值,只是把员工当成谋利的工具,再则不重视用户的需求,缺乏主动为用户服务的意识。造成这些现象存在的重要原因就是这些组织对"本"的理解存在偏差。

首先,用户是图书馆工作之"本",为用户服务是图书馆工作的终极目标所在,是图书馆永恒的工作重心,是图书事业发展的动力、生命之源。只有图书馆的信息被充分利用,才能实现图书馆的价值。目前,图书馆应该朝着为用户提供全方位一站式服务的方向努力,与不同的信息机构紧密联系起来,以用户的需求为根本目的,不断加强图书馆馆藏建设,为用户提供高效、便捷的数字化服务。图书馆不仅要重视员工的服务质量和用户的感受,更要重视用户的反馈信息,这样才可以保证图书馆服务质量的持续提高。

其次,图书馆员工自我实现的欲望中原有的合理因素形成了员工个人的"本",这也是图书馆工作应该关注的问题。这些员工之"本"包括但不限于:合理的绩效评价体系、有竞争力的薪酬水平、融洽的人际关系、舒适的工作环境、提升职业素质和实现自身价值的空间、社会对图书馆工作人员的认同度与个人尊严等内容。在图书馆工作中,要想提高员工的工作热情和工作效率,领导层就要对员工之"本"给予高度的重视和充分的满足。否则,如果忽略了员工之"本",便会影响到工作,在员工心里留下怨言,为以后的工作留下隐患,进而影响图书馆为用户服务的质量。

鉴于以上分析,笔者认为图书馆工作人本化的本质,即在人本服务这个方面,贯彻尊重人、依靠人、服务人、满足人、发展人的人本理念,全心全意为用户服务,从而实现图书馆的和谐发展。在图书馆工作中,应将图书馆用户视为图书馆工作之"本",从用户的需求出发,关注用户的感受,总结用户的信息需求规律,根据用户的不同特点提供个性化信息服务,保证图书馆信息的充分利用,充分挖掘图书馆信息的使用,实现图书馆的可持续发展。

(二) 以用户为本

图书馆信息服务人本化就是以用户为中心的服务,尊重用户,千方百计满足用户对信息的需求。想用户之所想,急用户之所急,让用户用最少的时间和精力,获得最新、最适用的知识、信息,从而发挥图书馆的最大效益。在图书馆管理中体现的人文

关怀，例如依靠人力资源，开发人的潜能等等，这些都是为了更好地为用户服务。

图书馆的每个用户都不应因为年龄、种族、性别、宗教信仰或社会地位的不同而受到不公正的对待，每个人享有平等接受图书馆服务的权利。对那些不能正常享受服务的用户。图书馆应该向他们提供多样化的特殊服务，例如残障人士、病人或监狱囚犯等，都应得到图书馆为其提供的信息服务和资料，这样有助于消除知识、信息贫富之间的差距。

《图书馆宣言》指出，图书馆是一个开放的知识与信息中心，以公益服务为基本原则，以读者为一切工作的出发点。用户在图书馆事业的发展中起决定性作用。只有从对用户的服务中才能充分展现出图书馆的传递属性。要想提高图书馆服务质量，就要处处为用户考虑，设身处地为用户提供他们需要的服务。

（三）图书馆信息服务人本化本质

图书馆的一切活动都是围绕用户展开的，所以图书馆信息服务人本化的本质就是一切工作以用户为根本的出发点和落脚点。

在图书馆的服务中，核心是"人"，也就是图书馆用户，用户被置于图书馆工作中最重要的地位，而不是员工。图书馆员工在工作中扮演的是辅助图书馆服务用户的角色，培养良好的沟通技巧，无论哪个职位或部门员工的价值都应该被重视，员工合理的需求应该得到满足。同时，员工应该首先考虑用户的需求，以用户为根本，通过加强自身综合素质的提升，不断提高服务质量。

以人为本的服务本质是为用户服务，要完全实现图书馆信息服务人本化需要做到以下几点：首先，把用户放在首要地位，把用户作为重要的资源，以用户的需求和特征为根本，服从于用户。其次，尊重用户，既要顾及每个用户的共性，又要尊重每个用户的个性化需求。不管用户地位高低、能力差异，都应该得到尊重和满足。第三，服务于用户，转变管理员工的观念，即把对员工的管理活动转变为对用户的服务活动。

三、图书馆信息服务人本化的必要性

（一）图书馆信息服务人本化是时代的需求

我国一直在大力倡导和谐社会的建设，人本思想的运用也随着和谐社会的建设逐渐深入人心并被应用到各个领域。图书馆一直致力于提高广大人民的文化修养、教育水平、精神面貌、道德水平等，因此，图书馆也能够对建设和谐社会起到无可替代的重要作用。在图书馆工作中贯彻和落实人本思想，可以为和谐社会的快速发展提供全方位有效的支持，是图书馆必须要顺应的时代潮流和使命。

（二）图书馆信息服务人本化是科学发展观的贯彻落实

党的十八大对科学发展观进行了再次强调，"以人为本"作为我国各项工作的指导方针，是经济社会发展必须坚持的战略思想。"以人为本"的科学发展观落实在具体的图书馆实践中，就是以用户为本的图书馆服务，通过满足用户的需求，有效地、高质量地为用户服务，从而实现图书馆的价值，最终达到图书馆的目的。

（三）信息服务人本化是图书馆提高服务水平的要求

图书馆信息服务的宗旨就是以人为本、用户第一，这也是服务工作活力之所在。只有认真贯彻人本思想才能提升图书馆的服务质量，提高图书馆的工作效率。为用户服务是图书馆服务的最终目标，以用户为本，从用户的角度思考问题，为不同类型的用途提供平等、特色甚至是一对一的服务，是图书馆进一步提高服务水平的根本。

四、图书馆人本管理的内容

（一）对馆员的重新认识与定位

重新认识馆员是从人们对人性认识的不断深入和馆员在管理中地位不断地提高这一角度上而言的。要重新认识馆员就要求管理者做到两件事：一是正确把握馆员在图书馆管理中的地位和作用；二是根据人性假设理论对馆员的思维模式和行为方式进行研究。

第一个问题从管理理论的发展过程就可以看出。管理理论经过以机器为本、以技术为本、以资本为本三个阶段才能真正进入到以人为本的第四阶段。为什么图书馆要发展以人为本的管理模式，以人为本的管理方式是否可行以及必要，图书馆人本管理的内涵是什么，理论基础是什么，应该采取什么模式等问题。在前面的论述中已经进行了回答。

第二个问题则要通过人性假设和人的行为学来分析解决。根据之前的"主观理性人"假说，每个馆员都有特定的偏好，所以要根据不同的馆员，不同的偏好选择不同的方式进行管理。管理是一个复杂的过程，管理环境的多样性和管理对象的复杂性决定了不存在所谓的最好的适用于一切情况下的管理模式。例如，有人看重经济利益，那么物质奖励对他有特别的激励效果；有人更注重工作环境中的人际关系，为了工作环境的和谐，宁愿选择报酬较低的工作；有人偏好刺激具有挑战性的工作，工作本身可以带给他很大的乐趣等。对于这些偏好集不同的人应该采取不同的激励手段。对某些具有共同特征及相似偏好特征的馆员，图书馆可以采取一致的管理方法。例如，对于基层馆员来说，物质上的激励通常较为有效；对于中高层管理人员，精神激励更为有效。随着馆员福利的提高，低层次的激励效果逐渐减弱，此时应采取较高层次的激励措施。

图书馆可以通过教育培训、交流沟通、图书馆文化建设等手段引导馆员偏好集的方向，这会影响他们的行为模式，使馆员的行为有利于图书馆目标的实现。例如，在引进新人时要促使他和图书馆工作环境相融合，必须要让新进馆员尽快地认同本图书馆的服务理念、价值观、行为惯例等内容，使他的思维方式、工作模式随着本馆的发展需要而改变。要在图书馆内建立顺畅的信息沟通管道，及时向馆员提供对双方都有利的信息。否则，由于馆员获取信息的能力有限或是不正规渠道导致的信息扭曲，会造成某些馆员主观上认为个人利益与图书馆利益是相冲突的，实现自己的利益就会损害图书馆的利益。可有时事实并非如此，所以作为图书馆管理者，应该及时发布一些必要的信息，帮助馆员进行分析和决策，以同时实现馆员和图书馆双方的利益。及时帮助馆员制订个人职业生涯发展规划，并向馆员提供图书馆对他的培训计划，使其感觉到在本图书馆工作有发展，这样会提高他工作的积极性、主动性和创造性。

主观理性人的假设告诉图书馆管理者，对馆员行为具有影响的因素是多方面的，这就提供了多种激励方式。这种多方面的影响因素使馆员在作决策时所参考的因素也是多角度的，任何一个因素的变化都有可能影响馆员的心理满足程度，从而影响馆员的行为方式。馆员生活在复杂的社会环境中，在社会生活的诸多领域中都会有自己的期望和需求，而这些期望和需求满足的标准又不尽相同。虽然这似乎使事情复杂化了，但同样地，无论是在哪一个领域中，只要图书馆满足了馆员的需求，他就会得到满足感，就能够达到图书馆的激励目的。

（二）图书馆人本管理激励模式

（1）图书馆目标管理

图书馆目标管理就是通过把图书馆的总目标逐级分解，并且让全体馆员参与到图书馆目标设置过程中的一种管理方式。这种管理方法是图书馆民主管理的重要组成部分，它强调让馆员参与到图书馆目标设置的过程之中，共同制定出这些明确的、可量化的、可操作的目标，它强调图书馆的目标是一个体系，而非是一个模糊的走向或者是多个目标的简单罗列。

图书馆人本管理中采用目标管理的原因在于，它强调把图书馆的整体目标转化为各个部门以及馆员个人的具体目标，这样的转化使图书馆的总目标可以通过逐级实现的方式成为现实。同时，他强调图书馆目标制订的过程要由工作实际的操作者共同参与。一方面，使图书馆目标的设置过程不再仅仅是自上而下地分配，同时也是自下而上的提议，这样就使实现图书馆目标的操作性更强；另一方面，这种目标制订的方式形成了一个多层次相互联系的图书馆目标体系，化整为零的做法使图书馆目标的内容更加明确，图书馆目标的实现也更加简单。

对馆员来说，这样生成的图书馆目标包含了由自己制订的明确的个人工作目标，因此每个馆员都可以自主地制订工作计划和控制工作进度以有效地达成工作目标。这就成功地将馆员个人目标与图书馆总目标统一起来，如果所有的馆员都能够切实地实现他们个人的工作目标，那么他们部门的目标自然就能实现，而本馆的总目标也就能成为现实。

（2）馆员参与图书馆管理

馆员参与图书馆管理也是图书馆民主管理的重要组成部分，是指通过图书馆管理者的鼓励来调动馆员参与图书馆日常管理工作的热情，从而发挥馆员的潜能，推动图书馆和馆员共同发展的一种管理模式。调动馆员参与图书馆管理积极性的目的是通过让馆员参与到图书馆日常管理中来。一方面可以提高馆员自身的决策能力，另一方面可以让图书馆的决议顺畅地实施下去。这样能够提高馆员工作的积极性，使他们更满意当前的工作，让他们更加热爱自己的图书馆。从本质上来说，馆员参与图书馆管理是民主思想在图书馆管理工作中的体现，是强调普通馆员权益的图书馆民主管理方式。

馆员参与图书馆管理的方式比较多，但主要采用的是共同决策的方式，这是一种上级管理者将自己的决策权与下级分享的管理方式。这种管理方式在提高馆员工作热情，提高馆员主人翁意识上有明显的作用，但这种管理方式并非在所有的图书馆或图书馆所有的事务上都适用。管理者必须保证参与管理的馆员有充足的时间参与到决策中来，馆员参与决策的问题与他自身的利益相关，参与管理的馆员必须具有相关的能力，同时本馆文化氛围必须支持馆员参与图书馆管理。这种管理方式最常见的形式是合理化建议，即馆员根据日常工作中遇到的问题对图书馆的运作流程或工作方式提出可以改进的地方。图书馆对其建议进行评估，根据评估结果决定是否采纳馆员的合理化建议，并根据该建议实施的效果给予该馆员一定的奖励。

（3）图书馆团队管理

团队是指一组为了实现某一共同目标而相互协作的个人所组成的正式群体。它不同于一般的群体，它强调整体的效率，强调成员之间技能的互补，它是具有积极作用的一种群体。

图书馆团队管理则是图书馆管理者在图书馆中组织各种团队，发挥它们的优势，以便顺利完成图书馆的工作目标，提高图书馆整体效率的管理方式。在图书馆中，团队不是唯一的也不是固定不变的，图书馆要根据当前的工作需要和岗位部门的要求来组建图书馆团队。一般在图书馆中可以组建专题研究型、跨领域研究型和日常管理型三种团队。当需要馆员对某一工作流程、工作方式的改进提出看法时，就应组织专题研究型团队，进行创造性思维，为这一问题提供恰当的解决方案；当有一个复杂项目出现时就应组建跨领域研究型团队，将各个工作领域的同级馆员组织在一起，促使图书馆内不同工作岗位上的馆员进行信息交流和思维上的碰撞，为这一复杂项目提供解决方案；在日常工作的各个岗位上可以组建日常管理型团队，这是一个可以独立运转的团队，成员们不仅对工作中遇到的问题进行探讨，并且亲自实施探讨出来的方案，并承担自己工作的全部责任。

图书馆的管理者在组建团队的时候要注意几个方面，在选择团队成员时要注意，成员的关系必须是和谐融洽的，最起码不能是矛盾的，这样才能使团队中的成员亲密合作；在团队组建中要根据团队类型选择拥有不同技能的馆员，要使团队的成员实现技能互补，以保证团队整体具有完成工作的能力；管理者还要帮助团队设置一套能够确保工作目标完成的控制系统，这些对图书馆总目标的实现具有极大的推动作用。

（三）图书馆人际关系管理

图书馆是一个组织，也是一个群体，一个由很多人共同组成的一个系统。在图书馆内部，馆员之间结成各式各样的人际关系，在图书馆与外部，图书馆与各种社会机构和个人之间也形成了纷繁复杂的社会联系，这些复杂的关系构成了图书馆的人际关系网络。人际关系网络对图书馆的发展而言十分重要，它不仅仅在图书馆内部，还在图书馆组织以及馆员个人所涉及的全部社会关系网中充当着信息交流的桥梁，并为社会信息资源交换、情感交流提供了一个网络基础。图书馆良好的内部人际关系有助于图书馆目标的实现，图书馆良好的外部人际关系有助于为图书馆的发展创造更好、更和谐的环境。人际关系可以进行管理的，其中社会资本管理和冲突管理是重要的两个组成部分。

（1）图书馆社会资本管理

图书馆对外人际关系是指图书馆组织或馆员与图书馆之外的组织机构或个人之间的人际关系。其中细分包括了四种关系：图书馆组织与其他社会组织机构之间的联系；图书馆组织和本馆以外的个人之间的人际交往；本馆馆员与本馆之外的组织机构之间的联系；本馆馆员与本馆之外的个人之间的人际交往。这四种联系都是在图书馆活动和馆员日常生活中必然产生的联系，并且对图书馆的发展也起着重要的影响。其中，图书馆与社会组织机构及个人的联系与交往就是图书馆的社会资本；而馆员与本馆之外的组织机构以及个人的联系与交往就是该馆员的人力资本。

"社会资本"是20世纪70年代提出的一个概念，由法国学者布尔迪厄最先提出，由美国学者科尔曼加以完善的一个概念。它指的是个人通过对自身社会关系的拓展和经营，从社会关系网络中摄取稀缺资源（如信息、权力、声望、机会、财富、地位等）并由此获利的能力。让行为主体可以获取稀缺资源的社会关系主要有两种：一种是个人通过加入某些社会团体或组织之中，并在这些团体和组织中建立起稳定的联系，这样他就可以通过这种特殊的社会关系从社会团体和组织中摄取他所需要的稀缺资源；另一种社会联系是个人的人际关系网。这与之前的那种社会关系不同，人际关系网的形成无需任何正式加入团体或组织的仪式，组织中对成员的资格没有任何限制，它是在人们日常活动和交往过程中自然而然地形成和发展起来的联系。人类社会中有许多嵌入到社会网络之中的社会资源，人们可以通过一定的社会关系网来获取这些资源，以及建立人与人、人与组织、组织与组织之间的信赖，这也是个人或组织实现其目标的有效途径。

图书馆社会资本指的是图书馆组织通过社会关系摄取稀缺资源并由此获利的能力。这并不是简单的概念套用，因为图书馆存在于各种各样的社会联系之中，它并不是孤立的个体。在它的运行过程中与社会网络中相关的各个组织都会发生千丝万缕的联系。就中国图书馆事业现状来看，我们可以将这些联系划分为三类，即纵向联系、横向联系和社会交往；纵向联系指的是图书馆与上级领导机关、政府机关以及与分馆之间的联系。在这种联系中，对图书馆的发展影响较大的是向上的联系，这是一种客观存在的社会资本。图书馆的管理者要积极地与上级组织机构建立起和谐融洽的关系，这样才有利于从上级获取稀缺资源，如预算资金、人员编制等。横向联系指的是本馆与其它图书馆之间的联系，这种联系在图书馆界发展由来已久，馆际合作、联合采购以及联合编目都是横向联系的产物。其作用不仅是防止重复劳动，而且是信息交流、解决资金短缺与文献量剧增之间矛盾的重要保证。社会交往是指图书馆和馆员在日常生活中与外部的交往和联系。这虽然不是图书馆社会资本的主要内容，但也是图书馆一笔巨大的财富，这种非正式的社会交往和联系往往是图书馆与外界信息沟通的另一种方式，是与其他社会组织或个人建立信任关系的途径，也是获取稀缺资源以及争取科研项目的非正式渠道。

（2）图书馆冲突管理

图书馆内部人际关系的好坏与图书馆管理者的冲突管理能力有着直接的关系，如果对馆员之间的冲突采取有效的管理与控制，则有利于和谐融洽的图书馆内部人际关系的形成，反之则会严重阻碍良性人际关系的发展。因此，图书馆内部人际关系管理的一个重要内容就是冲突管理。

在这里，我们所说的冲突是指可以感觉到的，由于某种排斥或对抗情绪而产生的不一致性或差异性。这种不一致或差异是否真实存在并不重要，只要组织成员感受到这种差异的存在，则冲突也就存在。这种冲突并不等同于人们潜意识中的暴力、战争等激烈的对抗行为，它只是一种差异感。冲突并不一定是不好的现象，没有冲突的图书馆虽然会表现出和平、团结、合作的状态，但同时也难以调动馆员的积极性、主动性和创造性来进行创新和变革。在一个图书馆中维持一定程度的冲突有利于保持组织的活力，有利于维持馆员的创造力，有利于促进馆员自我反省，有利于馆员不断追求工作技能的更新，明确了冲突对于一个组织的重要性之后，还要知道并非所有类型的冲突都有利于组织的发展。那些支持图书馆发展的冲突，是良性的冲突，可将其称为功能正常型冲突；那些阻碍图书馆目标实现的冲突，属于恶性的冲突和功能失调的冲突。由此，图书馆管理者在认清冲突的必要性和重要性之后，还要进一步分清哪些冲突是功能正常的，而哪些又是失调的。这需要管理者对图书馆日常工作中馆员的行为和思想状态进行观察，如果是麻木的、迟钝的、缺乏激情的、缺乏创新意识的状态，那么这个图书馆的冲突水平就过低或没有；如果是混乱的、经常出现争吵矛盾的、不合作的状态，这个图书馆的冲突水平就过高，这两种状态的冲突都属于功能失调型的冲突。如果是处于生命力旺盛、馆员经常进行自我反省、不断创新、不断提升自己技能水平的状态，那么这个图书馆的冲突就处于最佳水平，是功能正常的冲突。

除此之外，许多图书馆管理者面临的问题不是解决冲突而是激发冲突。在一个图书馆中保持一定程度的冲突十分必要，但激发冲突的方式以及激发冲突的技巧却缺乏深入的研究。本书能给出一些初步性的建议是：适当地改变某一部分的图书馆文化，由管理者向馆员渗透"建设型冲突合理"的思想，并通过日常的管理行为对其加以支持，鼓励那些勇于改变现状、积极进行创造性思考的馆员；通过发布模糊的信息促成冲突，通过发布调薪、人员调动、培训计划等和馆员个人利益相关的信息来减少馆员对工作的冷漠程度，调动其工作的积极性；通过聘请或内部调动的手段引进教育背景、管理理念或是管理方式与当前管理者不同的管理人员来增加新的声音，打破原来的那些具有固定思维模式的小团体组织。

（四）图书馆人力资本投资

人力资本是企业管理中的一个概念，是指特定行为主体通过投入一定费用可以获得的，并能够实现的价值增值，它是依附于某个人身上的价值存量。就图书馆而言，人力资本投资是图书馆人本管理的一个重要组成部分，它是图书馆提高效能的重要方式之一，也是馆员个人发展的主要途径之一。其内容主要包括以下几方面：

首先，是馆员职业技能和身体素质等方面的发展，这是图书馆基础性的人力资本，是完成图书馆日常工作的保证。这一方面的人力资本投资方式比较常见，在传统的图书馆人力资源管理中就有所论述，一般是通过图书馆组织职业培训、提供各种教育机会以及提供各种保险等方式来实现。

其次，是馆员职业道德素质的提高。这主要包括了馆员的忠诚度和奉献度的提高；忠诚度是指馆员自身工作目标的方向是否与图书馆工作目标方向相一致，忠诚度的高低决定了他们通过自身的工作和对图书馆资源的利用可以为图书馆带来多少贡献；奉献度是指馆员是否尽自身最大的力量去实现图书馆的工作目标，而奉献度的高低则决定了他们潜在知识技能的发挥程度，以及这些潜能可以为图书馆作出多少贡献。应对这方面内容，图书馆应积极开展职业道德建设和社会道德教育，通过文化活动、道德教育和制度建设来提高馆员的忠诚度和奉献度。通过各种思想教育来改变馆员的行为模式，通过道德教育提高馆员的道德素养，通过制度的完善来引导馆员的行为向有利于图书馆的利益方向发展，要利用各种各样的活动和手段来提高馆员的忠诚度和奉献度。

其次，是馆员社会关系的拓展。馆员的社会关系包含了馆员正式的社会关系，诸如亲属关系或者由规章制度、法律法规做出明确界定的社会关系以及除正式关系之外的非正式社会关系。无论是在正式的还是非正式的社会关系中，有特定社会关系的人经常形成各种各样的组织，例如学会、工会、车友会、同学会、老乡会等，各种社会关系通过其成员的联系形成遍布整个人类社会的社会关系网。社会关系网产生之初是为了满足馆员个人人际交往的需求，但之后，随着网络的拓展具有了交换信息和资源配置的功能后就成为馆员个人的人力资本。社会关系网提供了一个非正式的获取信息或资源的渠道，而良好的社会关系除了可以为馆员情感交流提供平台之外，无疑也可以提高馆员获取信息的能力，可以为图书馆或馆员提供更多可信赖的工作伙伴，有效避免了合作伙伴不守信行为的出现。因此,图书馆对社会关系网的投资和建设应给予一定的重视,鼓励馆员从事拓展社会关系网络的行为,鼓励他们参加各种社团和组织,与社团或组织内部的成员建立良好的人际关系,从而获得情感或其他方面的支持。

第二节 图书馆人本化信息服务管理存在的问题

一、服务环境缺乏人本设计

(一)服务硬环境的欠缺

图书馆的硬环境是否人性化会直接影响到读者能否充分利用信息资源,目前很多图书馆往往由于建筑、设备、桌椅设施、采光通风、室内装修等等环境因素格局不够紧凑和馆舍布局不合理等等环境因素,使得有些信息资源得不到充分利用,从而制约了读者的借阅及学习。具体而言,首先,大多数图书馆在选址上多数是注重选择优美、静谧的地方建馆,却没有考虑到交通是否便利,是否能够方便读者。此外,图书馆在农村的覆盖率比较低,这就导致城市居民和农村居民之间获得图书馆服务的机会权利严重不均等,农村居民获得信息资源存在一定难度,

在馆舍周围并不注意绿化,很少甚至没有种植树木、花草,甚至有些图书馆只是为了应付某些检查,才会在有领导到访前在图书馆周围摆放一些盆栽。其次,图书馆缺少免费停车位、停车棚、存包处,即使有存包处,在节假日等高峰时期,往往出现存包难的问题。还有图书馆在建筑设计方面,忽略了弱势群体的存在,例如,缺少专门针对残疾人的服务,没有考虑到肢体障碍、视觉障碍或听觉障碍等等这部分人群的特殊性,在通道、书架区等方面缺少对特殊人群的服务。

(二)内部布局不合理

从内部的布局来看,虽然大多数图书馆内部设有咨询台,但是咨询的服务台往往只是摆设,要么是位置不明显,要么是经常看不到员工。大多数图书馆都忽略了图书馆使用手册,在设备方面,开水供应点、座椅、通信设施及复印机、打印机等设备还不齐全,不能方便读者,尤其是大多数图书馆没有考虑到读者的特殊性和广泛性。例如,对少年儿童读者的服务,没有与对成年人、老年人读者服务的方式区别开来,没有为他们提供适宜的阅览座椅、读物以及相应的服务语言和服务环境。此外,普遍图书馆存在这样的问题,楼层布局导引、方向导向以及紧急疏散出口,标示牌等不够醒目、不够全面,这样会给读者带来非常大的不便,浪费读者的宝贵时间。

图书馆的室内装修也总是被忽视,大多数图书馆仍然使用普通大小玻璃窗,这样十分不利于采用自然光。图书馆是知识的殿堂,其室内设计上却总是缺少人文关怀,很少有图书馆能为读者营造出一种深厚浓郁的学术氛围,这样便不能烘托出图书馆的

人文氛围。阅览室的设计大多是把读者经常走动的书架区和阅览区分开两部分，读者如果想到阅览区还需要走出书架区，不能随时随地的阅览，这就造成了读者无法就近阅读，同时也浪费了读者的宝贵时间。在文献资源地组织、布局和服务上存在读者与信息资源之间的时空距离，缺少大开间的藏、借、阅一体化；集成图书、期刊、数据库、网络资源等的"一站式"服务，一般很少有图书馆设立新书架。

二、管理制度缺乏人本思想

（一）认可危机

当前图书馆基本上是实行以物为主、以工作任务为中心的刚性管理制度，规章制度的制定经常侵犯到用户的民主权利，并没有从方便用户的角度出发，无法充分考虑到读者的权益。对馆员和用户大都采用"管"、"卡"、"压"等僵硬的管理方法，尤其是服务，缺乏人性化，无法得到用户、馆员的理解和认可，一方面影响了馆员主观能动性和创造性的发挥，不利于更好地为用户服务；另一方面，也往往使用户产生抵触情绪，不利于图书馆工作的开展。

不合理的管理制度在我国大多数的图书馆都在不同方面普遍存在，主要是指图书单方面制定的格式合同，其条款往往侵害馆员和广大用户的权益，总是"禁忌多于诱导，惩罚多于教育"。典型的如：读者办理借书手续之前，应仔细检查所借图书是否有撕页、勾画、无损等现象，并及时向工作人员声明，否则还书时责任自负；请某人于某日前来办理退证手续，逾期后果自负；严禁高声喧哗、闲聊，违者处以罚款或吊销借书证。制度的制定应符合图书馆优雅的环境，使读者感受到自己正在被服务与被尊重，而不应起到反作用。不合理、不完善的"霸王制度"，容易造成用户与馆员的矛盾，在影响个人情绪的同时也损害图书馆的形象，给图书馆带来很大的舆论压力。由于制度的传承性，很多制度仍未能随着社会历史条件的改变及时得到调查和修订，面对这些未能与时俱进的制度读者自然而然地会产生抵触情绪。

（二）内容危机

管理制度的不完善也会成为引起危机事件的风险源。以信息资源管控为例，如果其管理制度存在漏洞，极易造成数据的损毁，造成不可挽回的损失；不完善的制度可能导致用户利益遭到损害，继而影响图书馆的形象与发展。据调查，40%以上的图书馆其管理制度6年以上才修订一次，甚至有的自制定以来从未调整过，这是造成图书馆管理制度内容缺失和不完善的主要原因之一。

第一，面向数字资源、新技术的管理制度建设滞后。计算机、通信技术和网络技术等新技术的不断更新也呼唤着规章制度的创新，图书馆在信息处理和信息检索的技术手段上也要相应作出改变。例如，文献编目、著录、标引、检索、借阅随着馆藏机读目录数据库的建立已经发生非常大的改变，随之发生改变的是网上预约、催还和续借服务等直接面对用户的服务，馆际互借、文献传递等网络业务，电子公告、论坛和意见箱等用户反馈服务，信息资源导引、通告、咨询等信息提供服务，这些服务也逐渐成为图书馆工作者要面对的难题。

第二，缺乏预防和预警制度。我国图书馆普遍存在制度建设薄弱的问题，而图书馆应急管理对制度建设能够起到积极的作用。应急管理制度的缺乏使得图书馆在面对危机事件发生时，只能通过自身的经验进行临时处理，具有非常大的危险性和不确定性。

第三，缺乏前瞻性。制定管理制度的目的不是规范已经发生的行为，而是约束可能发生的行为。针对某一具体行为而出台的就事论事的制度不是制度，而是"事故处理报告"。

第四，缺乏可操纵性。条文表达含糊不清、用词不当，不便于操作，容易导致危机的出现。例如，有的图书馆规定，由于馆员个人责任给图书馆造成重大损失的，应扣除责任人当月奖金，并处以损失额75%的罚款，但对于什么是"重大损失"却没有作出界定。诸如此类的例子还有对优秀馆员进行奖励，但对具体的奖励措施、方法等却只字未提。

（三）执行危机

管理制度没有得到有效执行，只是一纸空文，缺乏管理制度执行的保证机制。对于大多数图书馆来说，即使有完善的管理制度，但是也没有有效的执行，在执行的过程中常常会出现两个弊端。

第一，随意性大，形同虚设。很多图书馆在执行制度时，总是忽略制度本身，更关注的是这件事让什么人去做、会涉及到什么人、会影响到谁的面子等人际关系问题，最终的执行经常与主要领导对此人的印象有关。

第二，机械执行。严格按照管理制度处理各项业务是实现图书馆宗旨的必要条件，但是不考虑具体情况、过分地强调和机械地执行制度，反而会使本是实现宗旨的手段成为了工作的目的，使图书馆活动失去了应有的效率。过于强调遵守各项管理制度，在面临紧急和意外问题时就会陷于僵化，缺乏应变的灵活性与弹性，削弱人员的主动性、积极性和创造性。例如，不少图书馆都有只有工作满几年才能竞聘其他岗位之类的规定，工作年限不够的一些馆员即使素质高、能力强，也不能参与竞聘，严重影响了他们的工作热情，使馆员队伍失去了活力和积极性。

三、数字化建设缺乏人本理念

（一）资源整合问题

我国很多图书馆都已经在网页上设立了相关资源整合栏目，但是大多数图书馆还没有意识到设立资源整合的重要意义。不能按照学科、专业等类型提供检索服务，使得用户在检索信息资源的过程中存在很大的障碍。我国图书馆数量众多，并且分布广泛，所以不同的环境在建设数字化馆藏时技术和加工水平也不同，这就阻碍了数字图书馆资源共享的建设。给用户检索文献带来了非常多的麻烦，所以数字化图书馆应该按照什么样的标准和规范来建设是图书馆工作中一个重大难题。数字对象标识、通信标准、字符集标准、置标语言标准、元数据、对象数据等，关于这些标准的研究应考虑其是否能普遍通用，是否能与国际标准相统一，这关系到我国图书馆数字化信息资源发展的前景。

（二）跨库检索问题

跨库搜索是读者精确定位相关信息资源的重要手段，图书馆应从多学科、多方面提供跨库搜索的信息资源，最大程度地方便读者的使用。而我国的公共图书馆只有很少的一部分可以实现信息资源跨库搜索，距离满足客户需求还存在比较大的差距。

（三）图书馆在设置网站栏目方面的问题

图书馆主页是读者了解图书馆并寻找自身需求的直接媒介，多数图书馆都有比较清晰的栏目划分，但很多栏目之间的主题内容并不明确，很多栏目甚至只是采用不同的词语描述同样的内容。例如，很多图书馆主页上的栏目都有读者服务、入馆指南、读者须知等，但站在读者的角度上来看却不能明确自己该通过哪个栏目来满足自己的需要，反而是一些读者普遍关心的重要版块没有在主页上明确体现。另外，一些内容的错误分类也给读者带来了很多的不便。所以，公共图书馆深化的数字化建设不仅要广泛开展，还要通过读者切实交流，做到换位思考。

（四）经费来源紧张，资金投入不足

长期以来，我国图书馆的经费大多来源于政府，没有其他渠道，因此就导致了经费严重不足问题的出现，尤其是中小型的图书馆经费更是少之又少。可是数字图书馆的建设恰恰最需要的就是资金上的支持，例如，计算机等硬件设备；信息资源网络建设，数据库建设以及计算机网络管理的系统等软件建设；电子书籍的建设，图书馆、员工和设备设施相应的改造；馆员计算机方面培训以及高素质计算机人才的引进等等，这些是一笔很大的投入。

（五）技术力量薄弱

数字图书馆的建设离不开各种现代信息技术，这也是图书馆建设在技术上的一次革命。现阶段，虽然很多图书馆已经实现了自动化系统办公，但是相对国外图书馆来说技术力量还非常薄弱，馆员操作计算机的水平普遍不高，尤其是年龄比较大的员工对计算机一窍不通。馆员薄弱的计算机水平会阻碍到数字图书馆的建设，但是对于具备相关专业技术的人员，由于图书馆待遇不够优厚，图书馆又很难将其留住。图书馆之间各自为政，缺乏共享资源的意识，都是按照自己的想法进行图书馆建设，我行我素的现象造成了资源共享率低，带来了很多不必要的浪费。

（六）数字资源服务手段落后

图书馆的财务支出往往集中于硬件设备的提升和优质资源的引进，这很容易导致图书馆的服务功能被淡化。用户对于层出不穷的数据库资源本已缺乏了解，繁琐的数据库检索方法及技巧对用户来说无疑更是一道难题。以前传统的教育手段已经落后了，完全无法适应用户对新技术的需求。用户虽然信息素质普遍不高，信息检索能力不强，但是仍然有掌握检索的方法与技巧的希望。很多用户只是在因特网上使用搜索引擎来进行图书馆数字资源进行检索，甚至很少用到最基本的"布尔检索"。由于行业之间在网络协作方面的欠缺，形成使用户进入信息孤岛。我国图书馆主要从属于教育、科研、文化这三个系统。而这些系统之间的数字化建设各自为战，严重缺乏沟通与协作，教育手段也极其落后。

四、服务人员缺乏人本意识

（一）信息服务理念问题

服务人员的意识和对信息掌握的程度会影响到图书馆的信息环境，更可能决定整个信息系统的运营和发展。用户作为信息系统的受益者，会直接被信息系统所影响。所以，图书馆信息服务质量的好坏首先取决于信息服务的理念是否明确。

（二）过于重视技术

过于重视技术在图书馆信息服务中的作用，导致了服务人员也过分看重技术而轻服务。把重心放在服务方式上，而忽略了用户和服务的内容，对用户的精神需求关注较少。这样，就偏离了图书馆信息服务的本质。

（三）缺乏创新性

图书馆信息服务人员在工作中缺乏创新精神，一味地模仿国外图书馆的信息服务方式，没有根据图书馆自身所处的社会环境及用户的不同特点、不同需求来建立相应的服务方式。服务人员过于安于现状，缺乏独立思考能力和独立创新能力，很少探索学习先进的信息技术，最终导致了图书馆信息服务职能无法充分发挥。服务人员的服务主动性较差，服务理念和管理水平不能融入到先进的技术之中，这在很大程度上阻碍了信息服务的创新。

（四）知识结构不合理

图书馆信息服务需要的不仅仅是图书馆相关专业的人才，也需要具有综合知识的人才。但是，目前由于图书馆用人制度的缺位导致了我国图书馆服务人员很少是相关专业人才，这就存在知识结构不合理的问题。由于服务人员本身文化素质不高，多以对信息技术运用的能力也欠缺，一般在信息技术方面只能进行简单的操作，很难解决一些难度稍高的系统问题和网络问题。很多人员不能熟练使用计算机，对数字化图书馆的技术也了解甚少，对信息的创新能力比较落后。特别是一些不是图书馆相关专业毕业的工作人员，对图书馆系统的有关知识不够了解，对图书馆知识的了解仅仅是利用一些简单的文献资源，不能充分根据用户需求，更好地将为用户服务。大多数图书馆信息服务人员知识结构不合理，能够全面掌握图书馆综合能力和知识的人少之又少，知识的更新问题亟待解决。

（五）个人素质不高

服务人员对于图书馆的信息服务意识淡薄，缺少对用户的重视，忽视用户的需求，对用户需求的挖掘还不够。图书馆本身对服务人员也不够重视，针对服务人员的培训很少及对他们继续教育的资金投入也不多，所以造成了图书馆服务人员知识的落后，不利于信息服务的发展。有些服务人员思想素质不高，没有高度的责任心，对用户的态度非常差，还有些是文化素质不高，对图书馆专业知识和信息技术都只是略知一二，很难融入到多样化的信息环境中，这些都给信息服务的提高带来了障碍。

五、图书馆服务挖掘主观需求欠缺

（一）我国图书馆用户研究状况

没有对用户需求的不断研究，图书馆就会处于"闭关自守"的状态，最终会在封闭与自我循环中失去运营发展的生命力。目前，国内"图书馆服务"研究正在如火如荼地进行着，但是图书馆用户研究却显得非常冷寂，用户研究表现出被抽象肯定但被具体否定的矛盾局面。

根据相关调查，我国来自图书馆的用户需求研究的一类文章作者仅占所有用户研究论文的7%左右。为了详细了解国内相关研究状况，相关人员对国内相关文献进行了系统调查。先后以"图书馆+用户"、"图书馆+需求"、"图书馆+行为"、"信息需求"等为检索词对CN1C1所收录的2003—2014年国内期刊、博硕士论文、会议论文和报纸文献进行了全面检索。发现篇名中"图书馆"和"用户"均出现的论文较少，仅34篇，并且其中23篇是以"论"、"谈"等形式出现的思辨性论文，其余部分是用户服务工作研究及国外研究的管理综述；篇名中同时出现"图书馆+需求"的论文只有22篇。大多数都是理论性的探讨，只有4篇是针对特定的图书馆现实用户的调研分析性论文。

与国外相关研究比较，我国图书馆用户需求研究除了数量比较少外，还存在以下局限性：

第一，大多数是以思辨性研究为主，实证研究的手段过于单一而且成果质量一般。尽管用户研究的对象属性决定了其研究应该以实证性研究为主，但是，除了部分对网络用户信息需求的调研外，来自图书馆学刊物的实证性图书馆用户研究的论文，其研究方法均为问卷调查，而没有其他研究方法。显然，其实证研究的手段还远远不够多样化。其结果是，图书馆用户实证性研究成果稀缺，而且相关论文发表于核心期刊者非常稀少。

第二，相关实证研究的调研规模小，且主要覆盖现实用户，对图书馆潜在用户信息需求研究较少。

第三，大多数研究缺乏理论指导，影响了研究的逻辑性和内在效度。虽然在国际上有关用户需求和用户行为的理论比较丰富，且已在实践中得到广泛的应用，但是我国实证性图书馆用户研究论文缺乏明确的理论指导和假设。这种状况导致我国的相关成果不理想，缺乏说服力。另一方面，由于研究往往有一定的主观性和随意性，使图书馆用户研究成果比较分散，成果之间缺乏相互补充的作用，缺乏整体性和完整性，影响力较低。

（二）挖掘用户需求存在问题

目前，图书馆一直呼吁建立公共图书馆为"人"服务的价值观念和价值标准，强调以人文关怀为中心的图书馆精神，将"以人为本"作为图书馆服务确立的一种根本性尺度。但是，对信息服务人本化的强调不应该只局限于服务观念上，更应该集中于了解"人""人的需要"和"怎样满足人的需要"三方面。

很多图书馆往往只看到用户可见的现实需求问题，却看不到用户的隐性需求、发展需求，往往缺乏特色馆藏、特色服务、特色活动以及特色环境等。图书馆服务管理研究需要解决的用户需求问题从内容层面包括：需求问题、行为问题和认知问题三个层面。首先，从需求问题层面看，图书馆缺少服务于用户关系开发以及对信息需求环境的预测。对用户的价值观、生活观缺少必要的挖掘，对用户怎样寻找问题的答案也认识不够。其次，从行为问题层面看，图书馆服务对用户潜在需求了解得不够，以及过于忽略用户对信息的反馈和信息利用过程中遇到的障碍。最后，从认知问题这个层面看，图书馆最容易忽略信息是否能真正满足用户的需求。

第三节　图书馆人本化信息服务管理的层次

一、图书馆人本化信息服务管理的宏观社会环境

（一）管理理念与时代背景

人类社会的发展是人类文明前进的必然结果，其发展的内在动力是一致的，都是人的发展。从农业文明到工业文明再到信息文明的历史发展过程中，人类思维的能动作用对社会发展所起的作用越来越大。到了信息文明这种以信息资源的开发和利用为主要生产模式的时代，人的潜能开发、综合能力的提高、人的本质的发展成为了时代的要求和主题。人本管理正是这一时代主题投影在管理学中的产物，重视人的价值，依靠人的发展，形成以人的发展推动社会发展，以社会发展创造更好的条件去发展人的良性循环。

信息文明不同于以往的物质文明，它不再以自然资源的开发与利用作为社会进步的基础，而是以信息资源的开发和合理使用作为物质生产的前提。不难看出，信息文明的本质是创新，而创新是依靠人来完成的脑力劳动，是人类思维的变革，它是在人脑中进行的思维结构的重组以及思维联系的新建。这都是通过人们对现有的信息资源进行加工、筛选、升华从而形成的自己的新思维，这是信息机制作用的结果。客观上它指导人们进行物质实践，对外在环境进行改造，同时也对人的思维结构产生影响，这就是信息文明的本质力量。

信息文明对思维创新的要求直接反映了其对人的能力提出了更高的要求。信息时代的人迫切需要提高自身的综合素质和竞争力，而信息时代的组织需要一支优秀的人才队伍，一支由在专业领域、社会领域、文化领域都十分出色的人才组成的高素质队伍。这就需要在管理理论上将两者结合起来进行完善，人本管理理论在这一微妙的时期得到了迅猛的发展。因为它顺应信息文明时代发展的需求，将人作为管理的核心，以调动人的主动性、积极性和创造性为方式，以各种培训为手段，使人得到全面的发展。然后，以人的全面发展来带动组织的发展，再通过组织的发展来为成员发展创造更有利的条件，将人渴望发展的需求和组织对人才的需求结合起来，成为最适合信息时代的管理方式。

（二）信息文明建设与人本管理的文化环境

21世纪以来，以计算机网络为核心的现代信息技术得到迅猛发展。以信息资源为开发对象，以信息技术为手段的信息产业迅速发展起来，在此基础上形成了一个新兴的经济形态——信息经济。相较于传统的农业经济和工业经济的发展历程，它的发展速度令人惊讶，它的发展潜力无法估量，它为社会带来的财富前所未有。它在仅仅几十年的时间里，就动摇了工业文明几百年来形成的文化氛围和社会基础，它从人们的价值观、思维意识、生活习惯、行为方式等方面潜移默化地改变着这个世界。

信息经济的繁荣与发展，造就了信息文明这样一个全新的文化形态。信息文明是基于全球经济一体化的信息经济而发展起来的文化形态。它是不同区域文化之间的碰撞和冲突的结果，囊括了众多地区文化和种族文化的多元文化，使人类文化得到统一和升华，成为全球一体化经济制度下的文化基础，是一种多元的、统一的、和谐的文化形态。

信息文明建设的过程中，为社会管理提供了这样一个和谐多元的文化环境。由此产生的组织文化必然也是一个和谐多元的文化，它使管理客体在需求、个性、文化背景和思维意识等方面差异显著。它一方面为组织思维碰撞提供了多角度的意识形态，为创新思想的产生提供了文化基础，为形成奋发向上、锐意进取的组织精神提供了动力。另一方面也为组织管理提出了新的课题，它要求建立一个和谐的文化氛围，既要兼顾到个体的差异，也要注重组织成员不同的需求；既要兼顾到组织的整体利益也要保证个人的权益。这样的情况下，人本管理这种给予个体足够尊重，以个体的发展推动组织发展的管理方式无疑是调动成员工作积极性，维护组织文化统一和谐的极佳方案。

（三）人本管理的社会管理环境

图书馆人本管理是在一个现实的社会环境中推行的管理制度，它必然受社会的政治、法律、制度、经济、文化等诸多因素和外力的影响，我们称之为社会管理环境。21世纪以来，人类社会发展日新月异，政治、经济、文化领域的发展和变化正是我们研究人本管理环境的目的和实施人本管理的原因。

社会的政治、法律、法规的制定和运行都反映出社会管理环境的变化，影响着管理方式的选择。我们可以看到，随着世界政治、经济、文化的发展，人类社会的民主进程不断加速，人的地位得到了普遍的提高。劳动者的地位与权益通过工会、职工代表大会等组织和形式在法律和制度上得到了保证。《劳动法》等一系列保证被管理者利益的法律法规相继出台，不顾劳动者的需求、以牺牲员工的利益和身体健康换取经济效益的管理方式早已退出历史舞台。当今社会，人的作用对于一个组织的发展而言前所未有的重要，与之相对应的，如今的社会管理环境也从未有过的重视人的价值。

二、现代图书馆人本化信息服务管理的微观实践活动

（一）图书馆人本化信息服务管理目标与目标管理

图书馆人本化信息服务管理中的目标管理是建立在充分相信馆员、推行馆员自主管理理念的基础之上，是图书馆民主管理的一种直接体现。目标的制定不再是从上而下的指定和分配，而是在由下至上提出目标的基础上，上级领导进行全局分析控制而得出的过程。在目标制定的过程中由全体馆员参与目标设置是一个主要内容，由图书馆工作的直接从事者来制定个人的工作目标，每个岗位的工作目标要由最了解此工作的馆员来设置才能确保其可操作性。上一级的管理者再根据其他平行部门提出的目标以及自己部门每一个基层岗位工作目标的设置情况，设置此阶段自己的工作目标，这样就形成一个自下而上、层层衔接的目标层次体系。这种上下级共同制定目标的目标管理方式对于馆员而言，自己设置的目标操作起来具有可实现性。对图书馆而言，馆员个人目标易于实现，那么他们团队的目标同样易于实现，从而图书馆的总目标也就易于实现。

图书馆人本化信息服务管理中的目标管理并不仅仅包括目标的设置，还要注意馆员工作信息的反馈。这种信息反馈是指在朝向目标的进步过程中为馆员不断提供关于其工作效果以及相关部门工作进展的信息，理想的情况是通过给馆员提供持续的反馈信息，使他们能够控制和修正自己的不当行为，努力向目标靠近。与之相伴的是，在检查进度时管理人员给予的阶段性评价，通过评价可以使馆员更加明确自己接下来的工作方向，这不仅适用于图书馆组织高层，也适用于基层。例如，馆长负责总体的图书馆工作和图书馆发展目标，他将监控各部门日常的工作情况，以便确定各个部门的

工作的进度。同样，各部门的主任也有自己的目标，具体到部门中的各个馆员也一样。通过工作报告和工作数据的反馈，使这些人了解自己和相关部门的工作进展情况，在正式的评估会议上，上级和下级评定实现目标的进度，并可获得进一步的反馈信息。这是充分相信馆员，鼓励他们实施自主管理的表现，相信他们可以设置恰当的目标，相信他们可以通过工作中的反馈意见，控制和修正自己的行为以完成当初自己制定的目标。

（二）图书馆人本化信息服务管理的组织及组织管理

人本化管理中的图书馆组织不应是缺乏弹性的层级结构，而应该视其为一个由输入、转换和输出三部分组成的开放的系统。整个图书馆组织系统中存在着许多子系统，因而必须要设置一些专门人员来加以协调。

图书馆要根据实际情况和环境变化来设计图书馆组织结构，在现代图书馆组织的设计中，并没有在"将馆员作为管理的核心"的基础上设计图书馆的组织结构，也没有将调动馆员工作的热情作为组织结构设计的重点。图书馆人本管理最核心的一点就是将开发馆员的潜能，推动馆员与图书馆共同发展作为图书馆管理的方式和目标。所以，人本化管理环境下的图书馆组织在结构、形态和体系运转上的本质要求也必然是调动馆员工作的主动性、积极性和创造性，并以此保证图书馆工作目标的实现。在图书馆组织设计和管理的过程中，管理者必须要注重维护图书馆内部人际关系的和谐，增强馆员间的合作与交流，维护各部门之间的协调，使图书馆组织成为一个和谐有序、适应性强、生命力旺盛、高效能的团队。

（三）图书馆人本化信息服务管理的领导

图书馆人本化信息服务管理思想是通过图书馆管理者的具体行为来体现和实施，而管理者本身对领导艺术的掌握程度会影响到人本化管理实施程度的高低，也直接反映出图书馆人本化信息服务管理的实施成果。因此，要对图书馆管理者的语言表达、协调能力和组织行为这三方面的能力进行培训以取得更好的管理效果。

第一，语言表达能力对于一个管理者的工作十分重要。语言作为一种信息传递的工具，不同的表达形式会产生不同的效果。有技巧的表达方式能够激发馆员工作的积极性，振奋人心。在图书馆管理中，一个秉承着人本主义理念的管理者，一定是把调动馆员工作的积极性和主动性作为图书馆管理的首要任务。这时，各种各样的演讲或报告无疑是激励馆员斗志的重要方式。

第二，管理者的协调能力是管理技能的重要组成部分。图书馆组织是人的集合，馆员并不是孤立的个体，从图书馆人本化服务管理理论中也能看出，我们鼓励馆员间的思想交流和信息沟通。而作为一名合格的图书馆管理者，他必须有能力运用各种措施来协调馆员的行为，协调好各部门的关系。首先，要协调好图书馆领导班子成员之间的关系。要让每个部门的管理者都对本馆的总目标、各部门的目标以及当前最紧要的工作十分清楚，让他们的工作方向趋于一致。经常性地创造机会促进管理成员之间的交流，促进他们之间相互了解、凸显各自的优缺点，使他们在日后的工作中合作得更加和谐紧密。即使在图书馆领导团体中存在着正职和副职之分，也不可以出现在会议或交流的过程中固执己见、随便非议他人、任意打小报告、居功避过等现象。其次，要协调好与下属馆员之间的关系。这是在图书馆日常管理工作中每个管理者都会遇到的问题，而协调成果的好坏直接影响着图书馆日常工作的进展情况。在工作中，管理者要尽量明确地提出工作要求，减少模糊信息的发布。不同的部门、不同的管理者会有不同的行事风格和不同的管理方法，但都要与下属馆员进行交流，并给出一个具体准确的工作要求，使其明确工作方向和具体的工作方法。同时，管理者要敢于向下属授权，赋予一个馆员某种责任并使其拥有相匹配的权力，这样他会有被认同、被尊重的感觉，这是调动馆员工作积极性的一个重要手段。再次，是要协调好各部门之间的关系。在图书馆内部，部门之间推诿责任，部门管理者之间相互倾轧的现象并不罕见。从一定的角度上来说这是正常的，因为毕竟分工不同、看待事情的着眼点不同，各部门之间的利益关系不一致。但是，如果情况十分严重必然导致图书馆组织的分裂。因此，作为一个合格的图书馆管理者，必须要维护图书馆的团结，协调好各部门、各部门馆员之间的关系。可以通过经常召开一些谈话会，多创造一些可以让馆员之间交流的机会，促进他们之间的了解，使大家的意见达成一致；也可以通过岗位交叉轮换的方式使不同部门的馆员了解其他部门的工作情况同时也锻炼了其各方面的工作技能；也可以督促各部门之间开展一些文艺活动，增强他们之间的私人情感，逐步形成步调统一的局面。

第三，在组织行为上，一个图书馆管理者的重要作用就是将馆员组织起来，齐心协力地向图书馆工作的总目标努力。强调管理者的组织行为是期待图书馆管理者能够成功地对图书馆人员结构进行搭配，凸显组织整体功能，动员全体馆员齐心协力地工作，保障图书馆目标的实现。

领导要使馆员在人员结构的搭配上达到最佳状态。馆员的搭配是否恰当，人才的使用是否合理不仅直接关系到图书馆人才资源管理的成效，也与图书馆目标是否能够实现密切相关。在调整馆员结构时要注意保证馆员结构的整体性、互补性和稳定性。在对领导班子进行人员结构调整时，还要注重班子专业技能结构、知识结构、个性结构、年龄结构等多方面因素。也就是说，人员的配备既要考虑到每个人能力的差异性，也要考虑到岗位的差异性，形成一个功能完整的整体。例如，一个团体里面最好囊括创造力突出的馆员、技术一流的馆员，表达能力出众的馆员、善于沟通交流的馆员等。馆员不同的性格也会造就不同的工作氛围，例如有的人性格温和，有的急躁，有的喜静，有的好动，有的情感强烈易爆发，有的情感丰富细腻而不外露。各种性格的人存在差异但并没有好与坏之分，只有在何种情境下更为适合之分。每个年龄层次的人在心理和生理上都有其各自的特点，精力和体力会随年龄逐渐衰退，但中年人凭借着丰富的经验使个体的比较与判断力达到人生的巅峰状态。同时，一个团体的馆员构成还要根据其岗位工作的特点以及本馆的实际情况来确定，最好选择将各个年龄层的人员结合起来的人员结构。因此，一个团体的建立最好能将不同知识结构、性格结构、年龄结构的人组织在一起，使其互相补充、扬长避短、功能完备。

（四）图书馆人本化信息服务管理的差错管理

此处的差错并不等同于错误，它主要是由主观因素造成的一种不符合规范或标准的行为。它是在无意识的情况下产生的，这就决定了差错的不可避免性。我们要承认差错在日常工作中是必然存在的，它是消极事件，同时也是积极事件的必然组成部分。虽然差错有可能造成工作失误、工作进程延误等消极事件，但是也能促进馆员积极地学习和探索。如何从差错中吸取经验，避免同样或类似的差错再次产生，积极主动地应对差错，并从中提高馆员应对差错的能力都是差错管理的主要内容。

在图书馆工作中我们要看到差错本身并没有害处，真正不利于图书馆工作目标实现的威胁是因为差错而产生的消极事件。所以，如果说在差错产生之前我们要做的是差错防御，那么在差错产生之后我们要做的则是进行差错管理。差错管理的重点在于如何积极地应对差错，以及如何将其影响向积极方面引导。在很大程度上差错的消极影响，可以通过对差错行为进行处理、检查和预测等来避免。图书馆管理者要引导馆员分析差错产生的原因，讨论已经出现的差错，探讨如何消除图书馆工作中差错行为可能导致的消极影响，以及如何提高馆员应对差错的能力，鼓励馆员在第一时间积极主动地处理消极事件。减轻甚至消除差错可能造成的负面影响。

如何应对差错在馆员的教育体系中是一个重要内容，这对馆员能力的全面提高具有积极的作用。在不断强调馆员培训的图书馆人本化管理理论中，这无疑是一个积极元素。这种积极主动应对差错的态度会塑造一个奋发向上的图书馆氛围，为学习型图书馆组织的建立增添助力。经常性地对馆员进行差错管理培训，可以在提高他个人处理差错事件能力的同时有效防御差错行为的产生，管理者可以故意为其布置非常困难且难以完成的任务或是为他提供一个易于犯错的工作环境来培养他积极应对差错的态度。可以根据不同岗位的特征在工作绩效方面，设置一个合理的差错空间，允许一定程度差错行为的存在，并且不对所有的差错都进行惩罚，这是一种提高馆员个人差错管理能力的有效方式。

第四节 图书馆人本化信息服务管理的影响因素

一、环境因素

（一）建筑环境

图书馆自身的定位决定了图书馆的建筑规模、建筑地点及附带功能，甚至于图书馆的环境布置、装饰等也与其密不可分，而人文因素正是确定图书馆定位的头等标准。公共图书馆的人文因素包括当地的历史、文化、人口规模等因素，而高校图书馆的标准还受不同层次、不同类型的学生占有图书馆比例的影响。

在建筑地点选择方面，图书馆的位置直接决定了图书馆能否给读者带来便利，同时能否发挥图书馆的全部职能。读者能便捷地到达图书馆是图书馆提供服务、发挥职能的基本因素。图书馆的建筑模式也与人文精神密不可分。图书馆作为藏、借、阅一体化的开放式空间，要最大程度满足读者的需求。而"三统一"建筑方式能够方便读者对图书馆的利用，即层高统一、载荷统一、柱网统一。统一层高可以使水平运输畅通，图书流线简明对于使用的一致性和功能的替代性十分有利；统一载荷指的是各层、各处的楼板均能承受书库的重量，可以使图书馆不拘泥于书库和阅览室的界定，有利于藏、借、阅的一体化要求；统一柱网的结构可以随意划分各区域，随着图书馆的不断发展能够灵活地调配、利用各空间。同时，也要求隔断墙、图书馆设备能够拆装、移动，要保留足够的空间以调整、扩大图书馆的通风、采光、电源、网络等功能。

作为学习中心，图书馆的外形设计要体现出图书馆的特征，要使读者能够感觉到其强烈的学习氛围。其次，图书馆还应起到传承历史文化，凸显时代特色的作用，所以突出标志性的建筑效果，利用建筑的体型、空间、颜色、采光等提升艺术感染力，从视觉上吸引读者尤为重要。

美化图书馆周围的环境也十分重要，优雅的自然环境能够在较大程度上使人放松心情、陶冶情操。环境的美化不应只局限于图书馆建筑本身，周围广场、石凳、花草树木等的布置也与图书馆的环境相辅相成。良好的图书馆环境能够为读者创造出舒适的读书氛围，而绿化也是保证图书馆周围良好环境的重要方式。绿化不仅可以净化空气，提高空气质量，还能对空气中的灰尘、粉尘起到良好的过滤和吸收作用，阻挡粉尘在空气中弥漫。同时，绿化能够有效的降低噪声，降低读者的视疲劳，起到维持图书馆静与雅的作用。

（二）内部布局

图书馆的人本思想不仅要在外观上予以体现，还要在内部的结构、设施方面充分做好人性化设计。读者的类型十分广泛，他们处于不同的年龄阶段，拥有不同的经济实力以及政治地位，从事不同类型的岗位。因此，他们也存在对科学知识、政治信息、生活常识、娱乐资讯等的不同需求。因此，图书馆的内部设施要考虑到不同人群的不同习惯。

二、管理制度因素

（一）管理章程

图书馆的管理章程能够起到对图书馆进行宏观管理的作用。图书馆的性质决定了其服务目标是为了更好地完成服务工作，结合自身情况，图书馆要建立能够满足用户需求的组织架构,同时规范馆内工作流程,明确各部门的职责与权力,使得部门之间工作做到协调发展。

(二)管理细则

相应的管理细则的制定可以保证图书馆的信息服务工作有效、有序地发展及运行。管理细则主要包括各岗位工作范围、职责、权利等进行细致的规范,涉及到具体工作的具体实施。因此,在制定时要做到合理、细致、全面,使得馆内的每项工作都能规范治理、有章可循、有法可依。

(三)控制机制

图书馆的控制机制是指对馆员工作质量和效率进行评价、控制的一系列措施,控制机制的建立有利于保证管理章程和细则的顺利、有效执行。

(四)图书馆组织制度与管理体制

图书馆的组织和管理体制是图书馆的基本规章制度,它包括图书馆的工作内容、方针、目标、领导架构、人员素质要求等多个方面。典型的组织制度和管理体制有职工代表会议制、图书馆委员会制以及岗位责任制等。

(五)图书馆行政管理规章与制度

具体内容如下:图书馆人员管理制度,包括人员的任用、培训、考察、提干等很多方面的要求,规定了对员工管理基本原则。图书馆对图书馆馆舍、职工宿舍分配、图书馆设备购置、维修、使用等多项原则与方法进行了规定。图书馆经费的管理与使用制度,包括图书馆的经费的管理方法与使用原则,对经费的筹备、比例、管控、分配、审批等都进行明确的规定。图书馆环境管理制度规定了馆内卫生、美化、行为文明的细则,这些制度可以为用户提供良好的享受信息服务的环境,也让员工在这种工作环境中乐在其中,需要员工与读者共同维护。

(六)图书馆业务管理规章与制度

图书馆业务管理规章制度主要是指对图书的采购原则、交换方式、检验和外来人员登记方法等进行约束。图书资料的分类制度,即对图书馆的分类程序、方式和员工职责的约束。图书资料编目制度,就是对编目工作进行的流程和方式及其编目的质量、工作人员职责的约束。书刊阅览与外借制度,指的是图书馆用户、用户使用范围、馆藏资源的使用、阅览室使用、文献外借及复制、损坏图书赔偿以及工作人员职责等。

这些制度都与图书馆信息服务人本化密切相关。建立一个制度完善、架构严格、科学合理的图书馆规章制度体系是图书馆人本化服务的重要因素,也只有建立和落实这些满足用户需求且适应社会环境的管理制度,才能保证图书馆工作顺利、有序地进行。

三、信息资源因素

（一）信息政策与法规

最早是在20世纪50年代末出现了关于信息政策与法规的研究，逐渐被各个国家开始重视。因为对信息定义的理解多种多样，还有每个国家的信息化发展的程度都不同，所以一直以来，在信息政策的研究领域还没有公认的定义，对其研究的范围和内容的认识还不一致，没有统一的理论框架。

一个稳定有序的信息环境，能够使信息资源被充分地开发和使用，如果仅仅只有先进的基础设施，势必难以发挥其应有的作用。但是要解决图书馆数字化信息资源建设中遇到的困难，离不开相关的政策法规。只有信息市场有良好的环境，才能发挥利用，也才有助于信息资源的建设，从而把各个方面的信息资源集合起来，让信息资源发挥其应有的作用。

信息政策与法规对信息活动有着至关重要的作用，同时也有不同的类型，例如，按信息政策的领域划分，可分为：文化、经济和科技三种；从信息政策使用范围看，有国际、国家和地方三种。信息法律调整的社会关系和调整方法来看，有知识产权法、邮电法、电信法、新闻法等。

第一，信息生产政策与法规。信息资源的生产完全不同于其他物质商品的生产，主要是在服务目的、服务对象、服务介质以及服务组织等方面。信息与其他商品最大的区别就是它的生产成本高，信息的特殊属性决定了它需要投入大量资金，但是信息可以被复制，复制成本比较低。因此，制定信息生产的政策法规，维护生产者利益十分重要。

第二，信息技术政策与法规。信息技术要想发展，离不开信息技术政策的支持。为了应对当下快速发展的信息环境，应该依据现实情况，选择正确的发展方向，同时要对技术的使用、开发和创新有相关的规定。

第三，信息投资政策与法规。信息投资是指信息事业得到来自国家、社会机构或其他组织的人、财、物支持。资金的来源是发展信息事业的重要开端，资金一般来源于政府拨款、企业赞助、社会赞助和用户自费等。所以，在信息投资方面应该针对信息投入资金的渠道、分配和力度等出台相应的规定。

（二）信息安全管理

信息系统是否安全决定了图书馆信息服务的质量，从而会影响到用户的使用。信息系统的安全性是信息社会的重要构成因素，一般所指的信息安全是信息的机密性、完整性和可用性。信息安全主要包括两个层面，一种是信息系统的安全，一种是信息社会的安全信息安全的两个层面。

机密性是指保证信息在存储及被已经授权的用户使用过程中的安全；完整性是为了保证信息内容和使用信息的方式的准确性和整体性；可用性是为了使已授权的用户

能够及时使用自己需要的信息。

第一，信息系统的安全。由于信息系统会被诸多不安全的因素所影响，因此需要对信息系统进行安全监测和管理。信息系统要想安全有效地运行，就必须保证信息在使用存储及使用过程中的安全。例如，保证信息系统的用户合法使用系统，所有用户对自己使用信息的行为负责，信息系统能够拒绝未经申请的存在安全隐患的接入或操作等。

第二，信息社会的安全。信息内容是影响信息社会安全的主要因素，如果信息内容存在安全隐患，那么就会对信息社会构成威胁。因为信息内容广泛，涉及的范围广，所以信息社会的安全会影响到社会的很多不同领域的管理规则、法律法规等，而且伴随着社会信息化进程的加快，信息内容的安全性会更加重要，影响范围更广泛。

（三）信息技术水平

在新技术的引领下，我们进入了一个物质和信息空前繁荣的时期，改变了我们旧的生活领域、工作领域、思维方式等，与此同时，新技术也把信息存在的安全隐患带给了我们。图书馆也受到了信息技术的影响，每次信息技术的改进和创新都影响了图书馆的发展，同时也影响了图书馆的文献形式和服务模式。

在信息技术的影响下，图书馆也面临许多技术的发展带来的问题。信息技术对图书馆的影响有利好的一面，也有不利的一面。随着信息技术的发展，图书馆的业务得到了拓展和提升，同时也进入了数字化时代。随着信息技术的发展，图书店虽然在技术设备和服务方式上不断更新，但是工作效率和社会效益并不理想，尤其是一些机器取代人工的工作中表现特别突出。

信息技术和人本思想的协调问题始终困扰着图书馆界，图书馆服务人本化是图书馆工作的最终追求目标，人本化注重的是多元稳妥，而信息技术注重的是高速高效。然而，服务人本化与技术的发展一直处于不协调的状态，在图书馆的发展历史中，不难发现，科学技术与人文精神的发展并不是相互促进的关系。当两者发展不协调时，图书馆的发展就会停滞不前。在科学技术快速发展初期，人文精神常常被忽略。从本质来看，技术与人文应该是相辅相成、相互渗透的辩证统一体。

信息技术是影响图书馆信息服务人本化的一个重要因素，图书馆信息技术离不开人文精神的引导，否则就将向相反的方面发展。同时，信息技术是图书馆做好各项工作的必备手段，通过技术，图书馆的人本思想才能得到有效发挥。所以，图书馆的发展离不开人文精神和技术的结合。

四、员工素质因素

（一）员工道德素质

无论图书馆发展到什么阶段，高尚的思想品德始终都是图书馆员工素质的基本要求。高尚的思想品德能够保证图书馆员工从内心深处愿意为用户服务，能够积极、乐观地投入工作。员工的道德素质是用户对图书馆的印象的直接因素，拥有良好道德素质的员工能够为用户提供优质的服务，努力为用户提供及时、准确的信息，使用户有良好的服务体验。因此，图书馆在进行队伍建设的过程中也要着力培养和提高图书馆员的职业道德素质，而作为馆员本身，则要不断提升自身素质，具备适应图书馆发展的职业道德素质、业务素质以及文化素质。

图书馆员工是文化知识传播的重要组成部分，对文献信息的产生、利用起到极大的作用，这就要求图书馆员工爱岗敬业、崇尚科学、乐于奉献，全身心地为用户服务。而随着时代的进步，图书馆员工更要敢于抛弃落后的思想及工作方式，通过改善自己来满足用户对图书馆信息服务的需求。

（二）员工专业素质

除了道德素质，图书馆员工还应具备多方面的专业能力。随着信息化社会的高速发展。图书馆对读者的服务也不仅仅局限于借书和还书。图书馆的服务内容和方式发生了非常大的变化，图书馆员工也要具备一定的计算机水平，以应对复杂的网络环境。而图书馆的管理层也要打破对图书馆的传统认识，不断培养复合型人才，提升他们的专业知识水平。为了满足用户的需求，更好地胜任自己的职务，图书馆员要有扎实的专业基础知识，广博的学科知识，并能够熟练地操作信息化设备。

五、用户因素

（一）用户认知差异

用户的认知差异直接影响着图书馆对其服务的质量。用户的信息素养是指用户对信息和信息活动的认识深度及其掌握程度，也就是关于信息活动的知识经验。每个用户的认知特点都不相同，用户的认知特点主要有自主性、发展性和依赖性。

第一，用户不能只是被看作信息的使用者，因为，他们会不由自主地在不同时间、不同地点以各种方式与别人进行交叉式的信息交流。此外，用户只是对符合自身需要的信息产生认知，而不是所有的信息，是有选择性的认知。在图书馆众多的信息资源中，被用户使用的信息才能成为有价值的信息。

第二，由于用户的心理特点导致了其对网络信息服务的依赖性。图书馆提供的信息种类比较多，用户可以不被时间和空间限制，实时获取自己所需的信息。在信息超负荷的时代，用户的认知负荷加重，认知效果也会受到影响。因此，用户会对图书馆的信息服务有依赖性，渴望通过图书馆获得最新的信息。

第三，影响用户认知差异的是认知的发展性。现代认知心理学研究证实，认知活动与一个人的认知结构、文化程度以及所处的社会文化环境密切相关。网络信息化的发展不仅拓宽了用户的视野，还对其提出了挑战。激烈的竞争会打破原有的信息认知结构，组成新的认知结构，提高认知水平。

（二）用户信息需求反馈

信息需求（Information Demand）是人们在社会群体生活中为满足各种需要，解决各种问题时而产生的对信息的必要感和不满足感，是信息消费者消费信息产品与服务的欲望与能力。

用户信息需求产生的过程主要分为两个方面，首先是用户潜在的意图，是指信息需求要满足人在生理上、安全上、社交上、尊重上以及自我实现方面的需要。另一方面，用户的需求除受到用户潜在的意图和需要的影响外，还会受到一些外部因素的刺激。这些外部刺激之所以会影响到用户的需求，主要是因为用户的内心会受到影响。当用户遇到有益于自己的信息时，就会被其吸引或引导。通过用户潜在的意图和外部因素的刺激，用户会感到已有的信息和外部信息的差距，也就是信息不对称，进而导致用户的认知障碍，这样用户的信息需求就会产生。正是由于内因和外因的不同，用户对信息需求的反馈也就不同，有的甚至存在欠缺。

用户的需求主要有两种：一种是显性需求，用户可以表达出来的需求；一种是潜在需求，即存在于用户的潜意识中，用户没有认识到的需求。目前，图书馆在挖掘用户潜在需求上还有所欠缺，由此导致用户需求反馈不够。图书馆虽然没有得到用户潜在需求的反馈，但是用户却对潜在的知识和信息存在潜在的需求。

（三）用户知识层次差异

图书馆中的文献是经过加工、组织和保存来满足用户的要求，但是由于用户教育背景、成长环境等因素的不同，所以知识层次也就不同，这就会使用户图书馆面临诸多困难。

用户的知识结构制约着对文献的阅读取向，知识结构主导着用户的需求。了解图书馆用户所面对的知识结构，根据用户的知识结构组织馆藏内容，是图书馆要做好的工作。用户已有的知识结构制约着用户的需要层次，图书馆所面对的用户层次越多，图书馆馆藏信息就越丰富，服务就越多样化，这样才有利于不同知识结构的用户接收信息。所以，图书馆的工作定位、发展定位必须考虑所面对用户知识结构的差异。

第五节　图书馆人本化信息服务管理的原则和策略

一、图书馆人本化信息服务管理的原则

（一）坚持图书馆管理的核心是对馆员的管理

这一原则是综合图书馆人本管理的本质内涵、馆员在图书馆管理中的作用、管理关系和管理内容四个方面得出的结论。

相对于过去的图书馆管理来说，人本管理理论最核心的一点就是把馆员放到了管

理的中心。馆员是图书馆一切工作的实施者，是图书馆发展的主要动力，是图书馆管理活动最为重要、最为复杂的存在。管理者必须要了解和掌握馆员的需求和期望，同时馆员又可以通过其主观想法自主地选择是否配合管理者的管理。因此，馆员才是图书馆管理系统中最重要的因素，只有重视对馆员的管理才能够达到图书馆管理的预期目标，这也正是图书馆人本管理理论体系和框架的基本前提。

图书馆人本管理不是由外部压力或是外部人员来帮助图书馆来实施的管理变革，而是图书馆管理者在长期的管理工作中感受到馆员对于管理工作的重要性，进而由管理者在图书馆管理中自发实施的改进。近年来，来自互联网、数据库的压力迫使图书馆人思考如何完善图书馆职能，提高图书馆的竞争力。图书馆管理者必须更清楚地看到，图书馆职能的完善必然是依靠馆员的聪明才智和工作实践才能实现。馆员无论是作为图书馆管理主体还是管理客体，都是图书馆实施人本管理的主体，抛开馆员的经验、实践和才能，图书馆人本管理根本毫无意义。图书馆人本管理就是馆员的实践行为，因此，从馆员在图书馆管理中的作用来看，必然要求把对馆员的管理放在首位。在图书馆管理中，馆员分为管理主体和管理客体两类。这两种管理角色是工作分工的不同，并不代表他们之间存在利益的对立或者地位的不平等。他们都将对方的态度作为自己行动的依据。管理主体要具备图书馆的专业技能和管理的理论知识，拥有与管理职位相应的威信和能力，并且兼具优异的协调人际关系的能力。管理客体作为管理指令实施的人员，他的配合与否决定了最终的管理效果。图书馆管理作为馆员的一种实践活动，是图书馆中人与人关系的体现，不仅包含工作关系、上下级关系、管理关系，还包括私人关系等。因此，图书馆管理的首要问题就是处理这种复杂的、相互影响的各种关系。只有处理好这些关系，才能使管理指令顺畅地传递和实施。

从管理内容上看，图书馆人本管理强调的是通过对馆员全新的认识与定位，通过对图书馆中人际关系的管理来开发馆员个人的潜能；注重培养馆员的集体意识和主人翁精神，提高馆员参与图书馆管理与决策的积极性，这是图书馆围绕着馆员展开的管理活动。其中，对工作氛围的改善、人际关系的管理、图书馆文化的建设以及对馆员进行培训和教育以改进和完善馆员的心智模式，都是图书馆为了提高馆员精神生活质量的努力。这些都是以馆员为核心的管理方式，以调动馆员工作的积极性、主动性和创造性为目标，以促进馆员的自由全面发展为目的的管理实践。这就说明，图书馆人本管理实践的本质就是一种将对馆员的管理置于图书馆管理核心的管理活动。

图书馆人本管理最首要的原则就是肯定"馆员就是图书馆管理的核心"这一理念，但由于图书馆的主要职能是满足用户对文献信息的需求，因此图书馆人本管理中的"人"是指馆员还是读者用户，曾一度成为图书馆人本管理理论讨论的热点。笔者认为，由于图书馆的社会性及其社会职能，决定了图书馆人本管理过程中要注意到图书馆的工作目标是为了满足广大的读者用户对文献信息的需求。因此，在强调以馆员为本的管理理念的同时，必须兼顾到以读者用户为中心的服务理念。使每个馆员在自身工作过程中得到自我满足感的同时,最大限度地满足读者用户的需求,使图书馆信息资源的价值能够以读者为媒介得以实现。

(二)以激励为手段,满足馆员需求

这一原则是以人为本的思想在图书馆管理中的深化,它是强调对馆员的认识和定位的成果,也是区别图书馆实施的是人本管理还是物本管理的重要指标。

要在图书馆中实施人本管理,就必须明确馆员的需求、对图书馆的期望以及其行为内在驱动力的来源,必须研究馆员的工作行为方式与自我实现的满足感和工作成绩之间的关系,以及激励手段对馆员行为的影响力。根据"主观理性人"说中对人的认识,可以看到馆员的需求是随着偏好集的变化而变化的复杂内容,其中既包括马斯洛五层次需求理论中的内容,也包括麦克利的成就论内容。管理者要根据不同的个体采用不同的激励方式,馆员对图书馆的期望表现为自身对工作的期望,以及对因工作成果所产生的满足感的期望。无论是馆员的个体需求还是主观上的期望,它们都是客观存在的,馆员会采取一定的行为来表明他们的需求或期望,这也是他们工作内在驱动力的一种。

赫茨伯将可以导致个人工作满足感的因素称为激励因素,管理者使用激励手段的前提是将这些激励因素找出来。因为馆员的满足感不会凭空产生,它总与图书馆或者个人的一些因素相关。例如表彰、升迁、职称评定等。个人需求的不满足状态,将在馆员内心形成一种内在的驱动力,进而激发他寻找满足自己需求的办法。从图书馆管理的角度来看,这种行为可以通过引导成为提高馆员工作热情的良方:一方面提高了馆员的满足感,缓解了馆员工作中的焦躁情绪,另一方面也提高了馆员的工作效率,推动了图书馆的发展。

激励的现实意义就在于强化馆员的有益行为,其效用在于图书馆可以通过这种手段引导馆员的个人行为,让有利于图书馆发展的行为多次出现并持续下去。其中要注意以主观理性人为基础,这样才能有别于以往因对人需求认识的片面性而导致的激励手段过于单一的问题。这种把重视馆员的需求和激励手段的运用结合起来的管理方式,是图书馆人本管理的重要管理措施和行为理念。

(三)建立最完善的教育体系,推动馆员全面发展

这是基于图书馆人本管理的一个重要目标是推动馆员自由而全面的发展而提出的原则。通过图书馆的管理活动来锻炼馆员的技能、思维和身体素质,通过日常工作的过程来培养馆员的职业技能和职业道德,促使馆员能够得到超越生物本能的更为全面的发展。在一个图书馆中建立完善的教育体系,是为了可以在管理过程中达到提高馆员的心理素质、增加馆员职业技能以及增强馆员信息沟通能力、完善馆员的心智模式、推动馆员自由全面地发展。同时,又可以避免在工作中因馆员思维模式或专业技能的不足给图书馆日常工作带来的不便。

建立最完善的教育体系的目的就是要提高馆员的专业知识和技能,树立正确的思

维方式和价值观。激发馆员的创新意识，培养馆员的主人翁精神，不断地推动馆员全面自由地发展。图书馆为馆员提供的培训计划不能仅仅包含提高馆员职业技能的部分，还要包括馆员与外部组织机构或个人交际沟通的技巧、完善馆员的性格、开发他们的潜能、调动馆员的主动性、积极性和创造性，才能真正推动他们自身全面自由地发展。

一个优秀的图书馆管理者必然是重视馆员，关心馆员的发展，实施人本管理的图书馆则不仅仅注重人才的引进，而是将更多的本馆馆员塑造成为推动图书馆发展和社会进步的助力。图书馆不能仅仅依靠社会的发展和环境的变化让管理者和馆员自发地改变其思维模式、心理状态和工作行为，而是应该积极主动地通过培训教育手段以及在工作和实践中的磨砺来改变馆员的工作态度、行为模式以及价值观。而图书馆人力资源开发的目的就在于要通过对馆员的教育与培训来促进其自身素质的提高，再通过拥有这样一支高素质的馆员队伍来推动图书馆的发展。同时，图书馆的发展与完善又能为馆员的教育提供更为完善的教育体制，这就形成了一个良性的循环。促进馆员个人的全面发展是图书馆人本管理的一个重要内容。因此，坚持建立最完善的教育体系，推动馆员全面发展的原则也是图书馆人本管理中必须遵循的一项原则。

（四）在图书馆的组织设计和构造中体现人本管理思想

图书馆组织是人的集合，而人的行为，特别是大量人从事的群体行为必须有人进行管理才能达到预期的目的。当图书馆组织成员明确图书馆的工作目标，了解图书馆组织行为方向，知道什么样的行为有利于图书馆目标的实现，当他们自己也能认同这些行为，相信这些行为可以为自身创造利益时，馆员自然就会接受图书馆管理者的指挥和命令。这种认同是图书馆管理者引导馆员合作的前提，应该在图书馆组织设计和构造中得到支持。要维护馆员对管理者的认同，就要保证图书馆的组织结构中每一个被管理者只有唯一的管理者，保证管理指令统一有效；管理者的权限和下属馆员数量与岗位相对应，管理者的职权和其知识结构相适应；图书馆权利的分配以及集权和分权的比例适当；保证馆员和管理者的工作时间和工作地位具有一定的弹性。

只有具有以上特征的图书馆组织才能有效促进馆员之间信息交流，才能维护图书馆内部人际关系的和谐，才能促进馆员参与到图书馆管理中来，才能顺利在图书馆中实施目标管理，才能增进图书馆与馆员、管理者与馆员之间的情感交流，才能促进馆员在工作岗位上发挥自己的潜能，为实现图书馆和自己的工作目标而努力。具有上述特征的图书馆可以通过对组织结构的设计和制度的完善来规范和提高管理模式，通过管理对馆员的行为进行引导，置馆员于图书馆管理的核心环节，从而不仅使馆员在日常图书馆工作和管理活动中真正发挥中心作用，而且也极大地推动馆员个人的全面发展，因此，在图书馆组织设计和构造中必须体现出人本主义思想。

（五）以馆员的发展推动图书馆的发展

图书馆人本管理是为了创造在图书馆取得预期发展的同时，推动馆员自由全面发展这种双赢的局面而采取的一种管理模式，因此提出了馆员与图书馆共同发展的原则。这一原则的出发点在于人本管理不是分离出来的图书馆管理工作，而是让人本管理思想统领一切图书馆管理工作，使图书馆组织在推动馆员得到长足发展的同时，完成本馆的工作目标。

现代图书馆发展的方式和理念与十几年前不同。图书馆组织是人的集合，个体之间必然存在差异，图书馆工作的目标与馆员个人目标必然也存在些许差异，但图书馆目标可以囊括馆员个人目标。这正是图书馆人本管理独特的管理思维和管理理论，它为图书馆管理提供了一种全新的管理理念和管理思维，来实现馆员与图书馆组织共同发展的理想模型。

图书馆同其他组织一样具有人财物信息的输入、工作绩效数据、信息反馈、馆员之间以及与读者用户和外部环境的交流与交往、行为的修正等由图书馆管理者从事的，为完成图书馆目标，推动馆员发展的组织和职能。人本管理对图书馆的组织结构最根本的要求就是要充分开发图书馆中全体馆员的潜能和才智，加强馆员之间的信息沟通和交流。维护工作环境中人际关系的协调，提高图书馆对外部环境变化和工作内容变动的适应能力。图书馆的人本管理体系既要保证人本主义思维模式对图书馆发展的推动作用，又要适应技术发展，社会政治、经济、文化环境的变化以及图书馆自身职能、目标和工作内容及技术的变化对图书馆发展的影响和作用。

图书馆的发展还要通过图书馆文化的建设、图书馆团队管理、确立图书馆权利分配模式、馆员参与图书馆管理和决策、加强馆员间信息交流与沟通、加强部门间合作与理解等方面努力来实现。遵循馆员与图书馆组织共同发展这一原则，将使图书馆的管理者既重视馆员又重视工作，使图书馆管理理念在导向人本管理的过程中兼顾到馆员、图书馆和图书馆目标三个方面，找到以馆员为中心、以图书馆为中心和以图书馆目标为中心三者之间的平衡点。遵循馆员与图书馆共同发展的原则，必将促进图书馆与馆员之间的相互信赖，使馆员充分配合实现图书馆组织目标的管理，提高馆员参与图书馆管理工作的积极性，激发馆员工作的主动性和创造性，从而推动图书馆的发展进程。

二、图书馆人本化信息服务管理的策略

（一）营造人性化的信息服务环境

（1）建筑环境的人性化

1.定位和选址

选址是图书馆应该考虑的首要因素，图书馆主要是为用户服务，因此，图书馆的定位一定要方便用户。尤其是公共图书馆的选址，需要考虑图书馆所在地的地理环境、人文历史、当地的人口规模及素质，有了这些才能更好地确定图书馆的规模和建造风格。

选址是在建设图书馆之前首先考虑的重要因素，图书馆的服务要做到人性化，首先就要能够吸引来用户，并且方便用户来到图书馆。例如，公共图书馆的选址要将其建设在当地的中心地带，而且要符合地势广阔、优美静谧、交通便利、远离污染源的要求。例如，天津泰达图书馆建于学校、金融街集中且交通便利的开发区内，深圳图书馆建在环境优雅的荔枝公园旁边。而高校图书馆也多建于环境优雅的地点，以便给学生提供轻松的氛围及良好的学习环境，如未名湖畔的北京大学图书馆，唐家湾边的中山大学珠海校区图书馆。

2.建造模式与设计

现阶段，图书馆要建设成藏、借、阅一体化已经成为图书馆界的共识。这种模式指的是每一层高度的同一性和使用功能的互通性。柱网相统一有利于使用空间的灵活调整和合理安排。室内的设备可以拆分并且轻松移动，光线、通风、电源插座和计算机都要平均分配，并且要留有剩余的空间方便调整和扩充。

3.建筑周围环境

优美的自然环境能陶冶人的情操。图书馆围绕馆舍设置假山、人工湖、喷泉、草坪能够凸显图书馆的寂静和文雅。绿化也是周围环境的重要因素，绿化可以美化环境，衬托图书建筑的艺术效果，还可以净化空气、降低噪声，能使人接近大自然。除绿化之外，图书馆还应充分利用建筑物外的空间，如利用水体点缀环境。水能减少灰尘，增加空气湿度，通过水声更衬托出图书馆的幽静。

（2）图书馆阅览环境的人性化

1.装饰彰显文化底蕴

图书馆的室内装修要简单明亮，要让用户有既清新又高雅的感觉。同时，也要给用户营造安静、舒适、和谐的借阅环境，并且要彰显浓厚的学术气息，这样可以提高用户获取信息、学习知识的效率。

在图书馆的走廊上要有壁画、书法、名言警句等装饰，还可以摆放一些有意义的雕塑等。这样的布置在美化图书馆环境的同时，也能给用户带来美好的享受，有助于用户想象力和创造力的发挥。

2.色彩柔和度适中

多放置绿色植物，利用它们可以描绘出丰富多彩的室内环境气氛。所以，图书馆的书架和书桌大多数采用冷色调，以浅灰、淡青居多。室内空间的主色调要以安静、稳定的柔和色彩为主，不宜过于浓重，色彩的纯度不能过高，这样才有助于用户集中注意力。

3.配置人性化家具

图书馆的家具要和人、环境相辅相成、相统一。在颜色、材质和外观设计上，都要形成一样的风格，同时还应该与室内建筑环境协调，与整个图书馆的建筑风格相统一。图书馆的桌椅设计要符合人体结构特点，阅览桌的角度要能为用户提供适宜的定位，桌面应可以旋转和调整，椅子的靠背要灵活，这样，可以保证用户不至于因为久坐造成身体不适。

（3）图书馆布局的人性化

图书馆应该为来往的用户提供免费停车位及存包处，而且要保证停车位和存包处的数量足够用户使用。在进门大厅最显著的位置设置问询处，发放图书馆使用手册，更为重要的是要保证问询处的人不能擅离职守。在每个楼层，要设置有文献信息分布的计算机导读触摸屏，而且操作系统要简单易懂，在主页还应设置意见留言。

在馆内设置盲人专用的阅览室，为行动不便的用户设置专用通道，并配备残障求助电话，在阅览室放置残障人士专用座椅。在每个楼层放置冷热饮水设备，出入口处放置雨伞、复印机。这样的设施配备有利于用户从繁冗的手续中省时省力。在每个楼梯口应该配备该楼层的分布图及相应的检索机器、自动复印机等等。用来参考的书架不宜太高，摆放在入口处最合适，这样可以较容易地将其与普通书架区分开，同时也不会阻碍用户的视线。

（二）建立完善的以人为本的规章制度

（1）建立必要的奖励制度

适当的奖励制度，有助于发挥图书馆规章制度的警示和导向作用。图书馆应该提倡预防为主，对违规的用户教育第一，轻易不罚，罚款只会僵化用户与图书馆的关系。规章制度中要注意语言表达的艺术性，用新颖、亲切、文明的语句阐述规章制度的内容，让用户感觉到图书馆的规章制度也充满了亲切感，各项制度要给用户以利人利己的劝告，让用户感受到图书馆的友好，采取委婉的态度征求意见。这样才能使用户感觉自己得到了尊重，乐在其中。

（2）建立具有创新性的制度

第一，人事管理制度的创新。大部分图书馆还在使用以前陈旧的管理体制，缺乏适应当前社会环境的竞争机制、激励机制以及自我实现机制，这在很大程度上阻碍了馆员创新能力的发挥，制约了图书馆的进步和发展。图书馆要想发展，就要与时俱进，不断开拓创新，人事管理制度更是如此。图书馆要建立定岗定编、竞争上岗、轮岗、社会公开招聘等聘任制度；要建立岗位不同、业绩不同，即工资和奖金就不同的奖惩制度；建立严格的职称评审制度等等。

第二，网络环境下的制度创新。随着网络技术与通信技术的快速发展，图书馆网络环境下的管理制度也要有所创新和变化。馆藏系统与目录数据库的建立会使得图书馆的运行方式产生较大不同，如文献编目、著录、检索、借阅等。而随着更多新技术的开发利用，文献加工流程大大简化，部分岗位削减、合并。开放的网络环境会带给读者更多的服务内容，如网上预约、续借等。而图书馆也可以利用网络开展馆际互借、文献传递、网络公告、读者论坛、意见反馈等多种方便、快捷的业务。在新的技术带来全新服务的同时，也带来了新的课题和新的制度要求。所以，新时期图书馆的快速发展离不开制度的创新。

（3）建立严格的职业准入制度

一直以来，图书馆有一部分员工都是被安置人群，所以严格的职业准入制度对图书馆十分重要。缺少这种制度会让很多非专业人员进入图书馆的专业岗位，这样员工的职业素质就普遍偏低，也让图书馆学相关专业的人员找工作难上加难。缺乏专业素质的员工，业绩考核制度的不完善等因素，极大阻碍了图书馆事业的发展。

专业性知识的支撑以及高素质人才的储备是图书馆发展的核心动力。要想形成良好的专业教育延续和高素质的人才储备并不是要降低自己的门槛，反而是要建立严格的准入机制。以日本的图书馆为例，馆员要想通过入职考试，就必须要精通专业知识，掌握图书馆学、情报学的基本理论。只有具备相应的专业知识保障，才能为用户提供高水平的管理及服务。

（三）加强信息资源的建设

（1）推进图书馆信息资源结构升级

信息要不断地更新和循环才能维持信息生态系统的平衡。这就要求图书馆必须要根据最新的信息资源不断优化信息资源配置，适时变更图书馆信息资源结构的存在形式。信息资源建设的好坏和更新的速度关系到数字图书馆信息服务的质量，因此，数字图书馆的信息资源仅仅有庞大的数据远远不够，还要有完整的分类。必须做好各类信息资源的共建共享，这样才能使图书馆信息资源全面有序地运转。

（2）建立用户反馈机制并使用相应的服务方式

图书馆要针对用户的不同反馈改变自己的服务方式，建立因人而异的信息服务方式。图书馆要不断适应新环境，及时更新和补充新信息，并且要对用户的反馈进行深入挖掘，这样才能形成良好的信息循环。图书馆在为外界提供信息的同时，也要接纳用户的反馈信息，然后进行分析和挖掘，再依据分析结果改变服务的方法，形成立体交叉式的信息服务模式。立体交叉式的服务是指利用用户的反馈结果，用户和图书馆之间互相交流、学习、共同促进的服务形式。如此，可以使图书馆获得大量及时的建议，有利于图书馆解决用户实际存在的问题，提供符合用户实际需要的信息服务。

（3）加强馆藏文献数字化建设

纸质文献逐渐趋于数字化是图书馆现代信息资源建设的基本要求。为了使得馆藏文献信息的社会化效益得到充分发挥，读者对信息的需求最大限度地得到满足，图书馆要不断加强信息化资源建设，同时要善于挖掘和利用自身所在学校、城市的多方资源，加强数字化的基础建设。例如，高校图书馆可以通过建立本校硕博士论文、文摘数据库等增加馆藏文献的共享范围，提高本校研究生论文的被利用率。如此，既解决了学校图书馆文献不易流通的问题，也为用户提供了人性化的信息服务。

（4）净化网络信息资源

随着网络走入人们的视野，人们的工作、生活方式随之不断发生改变。网络在提供便捷的同时，也带来了大量的负面信息，导致了信息化污染，为现代社会的政治、经济、文化建设带来了诸多不利的影响。面对这些虚假、色情、迷信、反动的信息，图书馆作为信息输出的重要集散地，要树立自身的责任感，努力为用户提供优质、洁净、健康的网络信息资源。提供优质服务，不仅要为用户提供优质的硬件服务，还要对图书馆自身及员工进行道德考量。要对网络进行监控，杜绝垃圾网站，屏蔽不文明信息。设立专业的网络管理员，通过净化网络环境来阻止读者的身心健康受到损害，营造良好的信息服务环境。

(5) 构建特色数据库

就目前具有多样化信息资源的数字图书馆来说，信息资源的建设十分重要。为了给用户提供完整、准确的信息资源，就要对信息资源进行有效的整合，加快信息资源结构升级，继而建立特色数据库。换言之，就是依据一个专门的主题把与它相关的信息整合到一起，形成信息流。不同的图书馆要根据自身环境和不同用户群建立具有自己特色的馆藏资源和数据库，再把搜集到的各种数据进行分类处理和合理化加工。特色数据库会对不同的资源进行合理的分类和加工，从而形成具有专业化特色的数据库。使用特色数据库可以提高用户使用数字图书馆的效率，让用户对原本枯燥的数字图书馆产生兴趣。因此，建设特色数据库对于图书馆来说十分必要，是图书馆适应当前信息潮流的必经之路。

（四）建设高素质的人才队伍

(1) 提高馆员专业知识的综合能力

图书馆馆员是专业技术人员，具有良好的图书馆学专业素质是一个合格馆员的基本要求。由于各种网络技术、通信技术被应用到图书馆，现代图书馆的文献资料结构、信息处理方式、服务内容以及方法等方面不断地产生变化。图书馆馆员在熟悉本专业理论和实践的同时，也要有能力应对数字化图书馆带来的挑战，完成从图书管理员到信息导航员的转变，做好图书馆的信息服务工作。此外，图书馆馆员还应具备一定的科学知识，熟悉一门以上其他学科的知识，以便判别文献资源的质量和使用价值，准确地向用户介绍馆藏文献信息，帮助用户利用和获取信息。

(2) 提高外语应用能力

现代图书馆数字化、网络化的工作环境，要求图书馆员至少掌握一门外语，熟练掌握一门外语是图书馆工作的需要，尤其是英语。据统计，目前互联网上90%的信息资源是英文，与之对应的是我国图书馆员工外语水平的欠缺。没有熟练地阅读、提炼外文资料的能力，就会使得外文资料的利用率整体偏低，也会成为与国外图书馆开展联机检索及馆际合作，及时通过国外网站获取先进的信息，完成西文编目等大量工作的障碍。熟练地掌握英语，以便最大限度地开发和利用信息资源，对各种信息深加工、深处理，从而为广大用户服务，帮助用户运用网络获取有用的信息。

(3) 熟练应用计算机、网络等现代信息技术

由于先进技术在图书馆的广泛应用，信息处理手段遂呈现出高度自动化的趋势，图书馆信息的处理、储存、检索、交流、服务等都发生了巨大的变化。这就要求图书馆员工不仅要有专业的图书馆知识，还要不断学习、提升自己、不断掌握新技术。计算机技术已经在图书馆运营中得到了广泛的应用，文献检索、图书馆业务的信息化管理等都离不开计算机的使用。员工不仅要熟练掌握网上编目、网上查询、网上借记等业务的基本操作方法，还要善于对软件进行分析、开发，不断适应用户不断变化的需求。

(4) 提高职业道德素质

图书馆的首要工作任务是为大量用户提供信息服务。做好信息服务，图书馆员工的高尚道德情操必不可少，只有真正热爱自身工作岗位，乐于奉献，才能更好地为用户提供信息服务。在提供信息服务的时候，要保证信息的真实完整，保护用户的信息隐私；积极整合各类用户需要的信息资源，方便用户，乐于通过提升自身专业技能，提高服务能力。与此同时，工作人员要通过自我调节保持良好的工作心态，积极主动地工作，不把个人的不良情绪带到信息服务过程中。要不断强化自己对职业的敬意、自豪感和使命感，踏实做好图书馆信息服务工作，展示自身在服务工作中的价值，提升图书馆信息服务的效率，更好地诠释图书馆的价值。

(5) 加强培训与继续教育

在信息量逐日剧增的今天，对图书馆员工比以往就会有更高的要求：员工必须终身学习，才能适应图书馆发展的要求。因此，对图书馆在职员工的培训，必须保障一定的培训时间，培训内容除了设计图书馆专业知识、计算机基础知识、网络技能、基础英语，还应该有其他专业的培训。

专业的培训可以使员工不断地对工作内容进行知识累积、更新，不断提升自身业务技能以及综合素质。图书馆要通过加强培训宣传、增加培训人员、扩大培训范围、扩展培训内容、改善培训形式等一系列手段使得培训工作落到实处。优质的服务工作是图书馆内每一个员工的事，所以培训也不能只针对直接面对用户的服务人员，而是要使每个人都通过培训提升自己的各方面的素质，培训的内容也不应局限于图书情报方面的知识，也要涉及不同领域、不同学科。

图书馆要不断改善培训形式以提高培训内容的生动性，通过参观、辩论、知识竞赛、劳动竞赛等多样的方式使培训对象的趣味性。而培训要充分考虑到各岗位的工作时间，可进行小范围、多批次的培训。此外，检验培训结果、设立培训奖励也是提高培训效率行之有效的手段。

(五) 通过多种手段满足用户人本化需求

(1) 树立主动服务理念

图书馆员工要主动关心、贴近读者，如果工作人员缺乏主动性，那么图书馆的运行将变得机械化，不利于图书馆信息服务效率的提高。图书馆系统作为动态发展的整

体，受到每个要素变化的影响，而工作人员在图书馆系统的协调运行中处于主导地位，对动态因素起到协调作用。面对运行中产生矛盾时，图书馆员工要利用自己的主观能动性及时解决问题。图书馆工作人员要提高自身的能力水平，密切关注用户的信息需求，积极主动地向用户提供服务。

（2）了解和满足用户普遍需求

一线部门通过与读者的直接交流了解用户的需求，通过意见簿、信箱、留言板等多种形式收集读者的反馈信息，并及时向相关部门传达。随着信息化社会的不断发展，图书馆可以通过网络开通各类专栏与读者沟通，可以大量、直接地了解用户的要求。对用户的诉求进行汇总，对于普遍存在的问题及时整改，适当地改变自身环境，简化手续流程，最大程度地在时间、空间上为用户带来便捷。

（3）了解和满足用户多样化需求

图书馆的信息用户是非常大的群体，由于不同的爱好和职业，用户的需求也不尽相同，图书馆受经费、规模等多方面的影响不可能满足每一位用户的要求。这时，就需要图书馆员工开动脑筋，尊重读者的个性化人格和个性化需求，最大程度地使用户需求得到满足。通过检索用户访问记录，在总结读者普遍需求的同时也要对一些特殊重要问题进行关注、解决。例如，针对资料不足的情况，可以采用资源共享的方式，通过馆间互借、原文传递等扩大图书馆资源。针对残障、年迈等特殊读者，要有相应的绿色通道及相应设施对其进行特殊照顾。要安排专人对读者进行进一步的拓展服务，例如讲座、培训、网络课堂等，让读者从进馆后就能够体验到图书馆为他们带来的人性化。

（4）实行用户参与管理

图书馆就像是面向社会的大学，每一位读者都是来到这里学习的学生。大学拥有学生组成的学生会等团体来参与学校事务，图书馆也应让用户参与到图书馆的管理建设中来。用户参与管理工作，能够充分调动用户的参与意识，能够更全面地总结和维护用户在接受服务过程中的各项权利，如平等权、隐私权。组织用户协会并定期召开座谈会，将利用图书馆存在的问题进行提出，与图书馆员工共同探讨解决办法。这样做不仅能够让用户切身感觉到自己的主人翁地位，而且能开阔图书馆的视野，从而拥有更加广泛的"智囊团"。

（5）拓宽服务用户的领域

图书馆的服务不应只局限于检索、借阅、科技查新等传统项目，还要扩大对用户的服务项目。针对用户的需求，对理工、人文、经济的多个学科进行专业辅导，同时安排专人解答读者的疑难问题。要充分利用网络资源，设立学科专区，形成虚拟咨询台。图书馆还要树立文化推广的责任感与使命感，通过多种渠道向用户宣传民族传统文化，宣传中华典籍，介绍史书、名著，也可通过短信息、邮件等形式定期为有需要的用户发送图书咨询、科普知识等，使用户感受到人性化的信息服务。

第八章 "微时代"图书馆信息服务管理

第一节 "微时代"概述

一、"微时代"分析

"微时代"的开端是以微博作为传播媒介代表,以短小精悍作为信息特征,具有信息发布、信息传播、信息调研、信息争鸣、信息评价等功能。微博作为一种媒介,其诞生的标志是2006年美国网站"twitter"推出的微博客服务。微博在中国兴起始于2009年8月"新浪微博"的推出,其影响力是爆炸式的。在微博中一种全新的理论可能瞬间被传播开来,这种爆炸式传播已经成为当代发布者和受众群体之间主要的信息传播模式。随着移动互联网和大数据时代的纵深发展,继微博之后,微信、微电影、微小说、微音乐等一系列微观发展文化现象随之也蓬勃发展起来,人们喜闻乐见不断开发利用,进而形成一种"微时代"潮流。这种流行趋势将碎片化、微量化信息采集、传播,并将伴随而来的相关服务模式推向了一个崭新的时代。

"微时代"信息传播的最大特点是辐射面广、速度快、互动性强,且具有集文字、图像、视频、音频等多种信息传播方式为一体,形象、生动、获取便利等特征。"微时代"背景下,用户对信息的需求在时间上具有不固定性、零散性,在内容上也呈现出碎片化、多样化的特点。移动互联、云计算、大数据、智能终端、4U及多元传播介质的出现和其在技术上的不断突破、技术之间的相互叠加影响与嵌套,成为"微时代"显著特征团。

在"微时代"背景下,公共图书馆读者服务工作也受到很大的冲击,其传统模式的服务理念逐步随着微博、微信、QQ等移动终端平台及衍生工具的广泛应用而发生颠覆性的变化,公共图书馆利用"微时代"媒介传播平台开展创新服务正成为新的趋势。正如郭庆光在《传播学教程》中所说:"真正有意义、有价值的'讯息'不是各个时代的传播内容,而是这个时代所使用的传播工具的性质所开创的可能性以及带来的社会变革。"

二、"微时代"背景下公共图书馆读者服务工作面临的困境

(一)读者到馆率和馆藏利用率低

近年来,随着社会新科技的发展,公共图书馆面临着转型发展的瓶颈。传统意义上的运营模式已经不能满足读者对信息获取的需求,数字资源、电子文献的涌现,更是打破了传统服务的思维方式,促使读者服务工作必须向多元多样的新方向转型。如何利用多种新平台共同运营以求达到拓展服务新功能的效果,已成为当代公共图书馆开展读者服务工作普遍关心的问题。受空间、人力、财力等限制,公共图书馆读者到馆率和馆藏利用率不高,一直是图书馆面临的困境,虽然近年来全国大力开展全面阅读推广工作,但是走进图书馆、有效利用图书资源,依然不尽如人意。公共图书馆如何通过深度的社会参与,拓展宣传面,提高宣传效果,从而提高读者到馆率和馆藏利用率,已成为公共图书馆读者服务的重中之重。以中文学术期刊为例,CNKI,维普和万方3个数据库基本可以囊括所有中文学术期刊。数据库可通过作者、篇名、关键词、出版时间、刊名、卷期等字段准确无误地找到读者所需要的各种电子期刊。由此可见,读者完全可以不用来到图书馆,便足不出户获得自己想要的资源,还省了到馆查阅纸质期刊、复印所需期刊内容的繁琐。再加上微博、微信等不断地普及,越来越受到大众喜欢,很多浅阅读、碎片式阅读完全可以通过这些"微时代"阅读工具轻松实现,这些都是致使读者到馆率低,馆藏利用率逐年下降的原因。

(二)公共交流平台薄弱,读者服务效果差

公共图书馆作为社会"第三空间"公共交流平台,其具有引导全民开展交流、交往、发展非功利性社会关系,从而提升文化素养以及思想境界,使其找到文化认同及归属感的功能。公共图书馆在传统管理模式下,其交流平台受到一定的局限,已经无法满足当代民众的要求。虽然公共图书馆每年依然按期开展读者座谈会、读者征文演讲、知识竞赛、阅读讲座、经典导读、新书推荐等活动,但是与读者的交流互动仍然存在分裂感。主办方积极热情搞活动,受众方却因时间、空间、年龄、知识层次等诸多因素受限只能表面敷衍,不但读者参与人数有限,而且有的甚至流于形式,走过场,仅仅停留在配合搞活动层面,因此交流效果往往并不能达到预期,与读者不能建立真正的互动关系,读者服务工作自然就不能满足读者的需求。

随着"微时代"的到来,丰富的资源获取渠道让读者对图书馆服务的要求越来越多元,内容、层次、资源内容形式也有了更高、更广的要求,这就使得传统服务模式与"微时代"交流服务模式并重成为公共图书馆必须形成的服务新格局。例如,广州图书馆利用微信、微博等公共交流平台,组织开展阅读分享、羊城学堂、友创意等品牌性活动,大大拓展了与读者互动功能,读者通过微信、微博等公共平台,根据自己

的兴趣进行选择、互动,随时随地发表自己的见解和心得体会,从而达到"源于心而流向心"的互动效果。仅2014年大众媒体累计报道就达到632次,另有360家媒体转载2121次,而2015年更有91家大众媒体累计报道751次,另有588家媒体转载3074次,自媒体报道837条。由此可见,利用"微时代"公共交流平台拓展读者服务工作,深受社会各界的欢迎,对全民阅读推广,推进图书馆信息传播和资源利用,开展公众交流,提升读者对信息的把握、知识的获取、文化的认可及延伸等读者服务工作的促进均取得了显著的效果。同时,其作为公共交流平台,打破了传统管理模式的局限性,以图书馆传统知识信息交流为基础,以人际交流为主要特征,对图书馆服务模式的转型具有一定的引领意义。

第二节 微信息环境下的图书馆微服务

一、微信息环境

以Web2.0、4G手机为代表的现代网络通信技术及工具,正有力地助推着微时代的演进。不难发现,身边越来越多的元素被逐渐"微"化:从微博、微信、微小说、微杂志、微漫画、微课程、微电影、微直播、微文艺到微旅行、微公益、微生活,各种以往司空见惯的事物被冠以新的"微"字符号或标签,其中最为广泛渗透的莫过于微博。快速的传播速度、强大的互动性和极具冲击力的内容使其用户呈现出几何级增长的态势。最新公布的调查数据显示,我国现有微信用户账号已经超过9亿。

顺应这种潮流趋势,在2005年举行的首届国际"微学习"会议上首次有了"微信息环境"的提法,其后关于"微信息环境"的讨论和诠释始终不断在演进。总的来说,微信息环境与移动技术发展密切相关。在微信息环境下,一切信息都被转化为各种数字碎片(称为"微内容")进行传播。从世界范围看,更多的人通过手机而不是电脑来访问互联网。人们被迫并且必须学会生活在一个全新的数字化微观世界中,只有这样才能使我们在工作和社会生活中获取信息、传递信息和应用信息。

微信息环境的主要特征有三点:第一,微型化的媒体设备。现在主要是指手机,从普通手机发展到智能手机,手机已经从单纯的通信工具演变为重要的信息传播媒介了。第二,微型化的内容,也即"微内容"。微内容是字符占位有限,形式短小的主题信息及其内容,它是互联网上最小的可传递内容意义的信息单位。第三,微型化的信息交流。比如:微博、微信、微学习等等。微信息活动将以往传统意义的信息活动拆分成"微维度"的交流单元,体现的是过程性和泛在性。

二、微信息环境下图书馆用户的信息需求

(一) 信息需求的快捷性

微信息环境下,借助于云计算和搜索引擎等技术工具,便捷和及时表达以及展示信息成为可能。图书馆用户对于社会热点的报道、新事物的产生、新理念的提出、周围环境的变化、细节问题的感悟等等方面的关注度较之以往会更加迫切。无论何时何地,上班途中,茶余饭后,用户总是希望遇到的问题能随时得到解答。以小篇幅的文字、符号、图片、视频等来传播的微内容恰恰可以很好地满足用户信息需求的及时性与方便性。人们更加热衷于实现信息的移动性获得,而不必固定在某台电脑前面。从实体文献信息到互联网终端再到移动设备,信息需求的快捷性不断被颠覆性地提升。

(二) 信息需求的互动性

微信息环境下,人们接收与发送信息通常借助网络、手机等工具,这些工具本身传播信息的速度就十分快捷,加之不断嵌入或移植的各种交互平台和应用程序,使得信息需求能够按照各种规则或者喜好进行聚合,各种信息人群通过交流平台在各自的信息终端进行人际互动,信息交流。使用者希望借此激发灵感、改进不足或者寻找共鸣。在快节奏的社会生活背景下,人们普遍感到了海量信息与个人知识量的巨大差异,互通共享成为时代必然,互通共享的地域范围、人群范围、事务范围不断被扩大,任何与移动互联网络相关联的人,只要你愿意,都可以加入到这种互动中来。

(三) 信息需求的实效性

在微信息环境下,图书馆信息环境是泛在信息环境的一部分,图书馆也因此扩展成为泛在图书馆。无论实体图书馆、网络图书馆还是移动图书馆,图书馆作为文献信息资源的集散地,其存在的核心价值始终在于其提供信息的可靠性和保障性。图书馆用户对于图书馆所提供信息不同于其他媒体中介,不是为了娱乐眼球、拼凑焦点,而是能满足人们的精神休闲追求和对于生活、学习第一手参考资料的获取需求。因此,在微信息环境下,图书馆用户的信息需求更加讲求实际、注重效果、个性化与多元化兼具,而图书馆也应成为用户的心灵家园和成长源泉。

(四) 信息需求的碎片性

微时代,人们的生活方式日益碎片化,这必然对信息需求带来重要影响,主要有3个方面:时间的碎片化,人们拥有的完整时间段越来越少,而代之以"路上、车上、会上"的零碎时间;信息的碎片化,人们面对的更多的网络数字化信息,一个符号、一幅图片或一段视频,往往是一个碎片化的信息点,而非系统、全面的信息;学习的碎片化,人们的学习日益呈现出碎片化与非正式化的特征,学习方式不再局限于正规的课堂教育或培训上,而广泛弥漫于互联移动网络的使用过程中。

三、微信息环境下图书馆的应对策略

存在即是合理,既然在微信息环境下,无论是信息媒介、信息内容还是信息交流,都趋向于微型化,图书馆服务也应顺应这种信息微型化的发展趋势,在服务形式、服务过程以及服务范围方面加以调整,以满足新信息环境下用户的需求,建立起微型化、简单易用的服务机制,并将其无缝地嵌入到用户的日常学习、工作或生活过程中,为用户获取和利用信息提供尽可能多的方便,使用户无须脱离日常环境就能享受到图书馆的延伸服务。

(一)积极融入,协同"两服务"

在数字技术、通信技术飞速发展的今天,越来越多的网络与移动服务走进了公众的视野。图书馆不可能独处"微信息环境"以外的"桃花源"而独善其身。一方面,图书馆微信息环境的形成已经给图书馆传统的信息服务造成了或多或少的冲击;另一方面,图书馆微信息环境的形成也为图书馆开辟了崭新的服务领域。消极地抵制微服务,只能使图书馆丧失越来越多的阵地与原动力,而积极地融入并加以利用,才会使图书馆服务广阔天地,大有作为。

微服务与图书馆"读者第一"的服务宗旨存在着天生的共通性。传统图书馆始终在坚持与倡导的细节服务似乎可以追溯为微服务的前身,只是微服务是搭载了更多的新的信息技术而被赋予了不一样的含义。从这个角度看,微服务从不同侧面间接地推动了传统服务的改进和创新。当然,微服务绝不是传统服务的"简化版"或者"技术版",而是有着自身独特的服务理念和服务模式的新事物。

在微服务出现之前,图书馆已经进入了数字图书馆与实体图书馆并行的复合图书馆时期。而微服务的加入,究其本质是数字图书馆的移动化与网络化演进。因此,图书馆服务的两个阵地还在,也即传统图书馆服务与虚拟图书馆(包括微图书馆),二者始终不是割裂与对立的,而是相互渗透,相互补充的关系。从用户知识需求的角度来看,图书馆微服务可以更好地承载即时的、浅层次的、分散的信息需,而图书馆传统服务则可以满足持续的、深层次、系统的信息需求。

(二)强调创新,特色"微服务"

图书馆网络经过多年的数字化建设大多已经具备了拓展微服务的能力,但是只有少数图书馆不同程度地使用RSS、SNS、HHS、博客、微博、微信这些最流行的工具平台开展了能够嵌入用户环境的微服务。

有调查统计显示,截止到2014年年底,我国"211工程"高校图书馆中有67家图书馆开通了官方微博,有51家图书馆开通了微信公众账号。绝大多数服务内容集中于转发、公告、通知等方面,服务内容单调,服务范围有限,关联性差,缺乏足够的吸引力,同质化严重,针对性不足,不能体现图书馆资源服务的知识化水平,也因此会淹没在微信息环境的海洋中失去竞争力。

(三)吸纳用户,共促"微服务"

微信息环境下,无论是否本馆读者,只要持有移动终端设备,都有可能成为图书馆的用户。一方面,图书馆通过微服务可以与微用户建立良好的沟通互动机制,更方便地推介图书馆文献资源,提高图书馆资源的使用效率;另一方面I微用户本身也是图书馆发展的宝贵财富。微用户自身拥有着得天独厚的强大信息扩散能力,他们既可以为图书馆进行免费的义务传播工作,还可以为图书馆补充、反馈与完善微服务本身,使图书馆外的智慧和知识成为微服务链条上的共享资源,进而通过微服务的提升带动图书馆整体工作的提升。微用户不再单纯是图书馆的被服务者,他们也是图书馆的建设者和管理者,反过来,图书馆微服务读者参与度的提高,也改变了图书馆在信息传播过程中日益被边缘化的境遇。

如何更多地吸纳微用户,激发微用户参与微服务,互动微服务的热情,需要从多个方面着手:第一,图书馆开设官方微博和微信公众平台的目的不能局限在图书馆信息的推广上,而应想方设法增强与用户的互动,增加粉丝黏度,优化读者信息服务体验,深入挖掘微服务的潜在用户;第二,图书馆微服务尽量不要脱离图书馆传统服务,最好有实实在在的、贴近读者的具体业务活动作为背景支撑,这样才能显示出线上线下立体服务的吸引力;第三,图书馆应当注意微博与微信内容和形式的不定时、常态化更新,让微用户始终有期待,有收获甚至是惊喜;第四,在微服务发展到一定水平的时候,适度进行按照兴趣或者学科进行分类的交流群体划分,同时,每个群体都要挖掘与培养该领域的高端用户或者专家,聚合与引领该交流群体的观点与建议,从而弥补图书馆员在能力和精力上的不足。

第三节 微时代图书馆服务管理的创新策略分析

一、微博——体系构建及"微群"应用

(一)体系构建

根据不同的服务内容和范围,参照现有图书馆部门的实际工作需要,可开设以下微博分账号,构建图书馆微博体系结构。

(二)内容发布

官方综合微博由办公室负责管理,发布内容包括:一是综合新闻类,如馆情馆讯、通知和报道等;二是业界动态、图书馆前沿与发展趋势;三是突发危急事件处理、信息预警和善后,减少不必要的损失;四是互动转发,以及推荐其他部门微博。

各部门账号最好用图书馆全称,并通过认证。头像采用馆徽、校徽或图书馆建筑,背景可为本馆图景,亦可选取淡雅书香的图片,整体风格一致。官方"大号"需

带动部门"小号"有选择"关注"同行,加强账号间及与图书馆人微博间的互动、评论、转发,整体扩大信息覆盖面。

(三) 微群应用

图书馆应建立微博群,将具有相同爱好和特征的读者集中起来,提供围绕某个主题交流和讨论的场所,如国学、英语、市场营销等。每群由一位学科馆员负责,邀请业内专家学者指导。实行个性化管理,并加强互动。一方面丰富服务内容。另一方面建立了解并倾听读者需求的渠道。还可结合图书馆微博体系及专家微博,以本馆网站为平台,开设"虚拟学习社区""虚拟参考咨询"和"虚拟学科导航"等服务。

二、微信——拓展信息服务形式

(一) 微信宣传,提高关注度

微信在提高图书馆服务的关注度上无疑更具优势。通过与LBS结合,对图书馆或高校附近的目标人群定位,即可一对一式主动致以问候。友好亲和的方式使用户感受图书馆的关注与尊重。不局限于文字,还可通过视频、图片、语音和涂鸦等形式,瞬间拉近距离,让用户感觉是在交友,而非工作,更易接受服务。

(二) 虚拟在线咨询

微信用户搜索图书馆账号即可在线咨询,如在馆内借阅时遇到疑问,或在学习研究中急需参考资料等。图书馆员收到请求后,立即检索信息,及时反馈。答复咨询时可语音,可文字,可视频讲解,亦可直接截图。不同形式,多样化组合,更为生动形象。

(三) 搜索用户群,主动提供信息服务

除被动回应外,还可主动提供服务。首先搜索,建立用户社交网络。即通过查找QQ和通讯录好友、查看1千米内的人群及漂流瓶、摇一摇等方式,搜索微信用户,发出请求添加好友,建立微信好友圈然后主动提供各种信息服务,如图书馆的新闻动态、公告、新书通报及新进数据库等信息。

(四) 开展学科馆员服务

无论公共或高校图书馆,都可在微信开展具有学科特色的馆员服务。如在网页公布微信号码,让用户自行联系加好友=也可主动收集学科用户,如高校图书馆通过专业班级和教研室,获取学生与老师的微信号码。由于信息免费、能语音沟通等优势,读者较易与学科馆员建立长期关系。学科馆员不必与用户面对面即可实现交流。如读者外地学习或出差,也能通过微信获取免费信息支持。微信的沟通特点决定了其比电话、QQ及信箱更具吸引力,拉近双方距离,利于服务的开展。

（五）建立信息共享和学习互助网

图书馆可通过微信，建立馆员——用户、用户——用户、用户——馆员之间的信息共享机制，引导用户进行信息分享。由于信息免费快捷，用户较易参与尝试，在分享过程中，用户间由陌生到熟悉，可结交更多好友，提高活跃度。馆员还可利用微信"群聊"功能，搜索有共同爱好或专业研究背景的用户，建立学习互助网，一起探讨共享。另外，用户亦可自行组建讨论小组，馆员在必要时进行沟通指导。

三、微阅读——适应与引导

（一）适应发展服务

（1）特色微阅读

图书馆通常有丰富的各类专业数据库及期刊等资源，可提供专业的学术性微阅读。公共图书馆则可侧重全民阅读和普及文化知识。面对不同的读者群，需量身定做，由性别和年龄等注册信息大致判断阅读倾向。而依据书刊借阅历史、电子资源的使用等记录，可进一步分析其兴趣习惯。图书馆还可通过学生的专业与年级判断，如本科生通常关注新书信息和电子资源的更新，而研究生和教师则对自己文章是否被SCI和EI收录及相关学术会议信息等关注度较高。

（2）微阅读互动

一方面，图书馆对一些热点问题和重要资讯通过微阅读发布平台及时推送报道，使读者第一时间了解；另一方面，读者亦可借助微阅读平台反馈意见和建议，营造良好的互动氛围。

（二）主动引导策略

微阅读的普泛浅表化导致两方面问题：一是系统完整与有效可靠的知识信息相对稀缺；二是读者的深度学习型阅读能力大为降低。作为知识资源的重要集散地和"最好的社会学校"，图书馆应主动发挥引导作用。

（1）信息整合与导航

首先，建立网络阅读导读系统。针对读者阅读习惯及需求，筛选评价信息，建立专业化的信息门户网站，进行信息导航和资源分类。其次，建构信息整合平台：一是把图书馆馆藏资源转为网络资源，从文献库到数据库，进而构建知识库；二是注重信息推送，不仅包括最新书目及相关资源更新，还要以阅读手册、导读或学科指南等方式即时推介；三是按专业和学科对信息资源进行整合。或根据重大课题及热点问题的对象性编列重组；四是网络信息源建设，提供可靠权威的信息源，通过网上编目和多维揭示，对不稳定的信息进行控制；五是信息深层挖掘，二次开发整合。使读者阅读逐步转向以图书馆为核心的"信息树"型结构平台。

第四节 "微时代"公共图书馆读者服务策略分析

一、利用微信公众平台，拓展服务方式和服务空间

随着移动信息技术的发展，建立微信公众服务平台是公共图书馆拓展服务手段的有效途径。微信公众服务平台是图书馆在新媒体应用上一个新的服务模式。相比传统媒体，新媒体的显著特点是移动互联网技术的应用，通过手机、平板电脑等移动终端可随时随地浏览资讯、传递信息，碎片化的时间得以充分利用，平台为广大读者更广泛便捷地利用图书馆资源提供了条件，同时拓展了服务手段和服务空间，最终形成了读者随时随地查找文献、办理相关业务、数字化资源移动阅读、交流与分享等图书馆新常态。

公共图书馆应当充分利用微信公众服务平台自身的特点，构建服务微门户以适应广大读者的新需求。如可以充分将图书馆的自动化系统、读者验证系统、OPAL、跨库检索、自助借阅、门户网站、参考咨询等系统集成，利用馆内各项数据。数字化资源库、读者服务平台为读者提供查找、办理、阅读等快捷服务。同时，还可以利用微信公众平台绑定读者借阅卡，实现网上一键续借。

（一）加快完成图书馆微信官方认证，加强对微信公众号的重视

微信认证是腾讯集团为确保微信公众平台发布信息的真实性、安全性，为具备官方资质的微信公众服务号进行的认证服务。微信认证后，将获得更丰富的高级接口和衍生工具，以便公众号经营者为其粉丝受众提供更有价值的个性化服务。公众号是开发者、商家或公共组织机构在微信公众平台上申请的应用账号，通过公众号，商家或公共组织机构可以在微信平台上实现与特定群体的文字、图片、语音、视频的全方位沟通互动，公众号包括服务号和订阅号。

（二）强化微信订阅号的内容管理，提升内容质量

一个具有优质内容的订阅号，可以吸引大批读者阅读，并积极转发其内容，因此微信订阅号推送的内容水平，直接影响着微信公众平台的运营质量。图书馆微信公众平台订阅号要强化内容的管理，提升内容质量。

二、基于微博平台，设置"微话题"延伸图书馆阅读推广工作

（一）注重精品内容分享模式

"微话题"的设置要具有图书馆自身的个性特点，与其他微博要有一定的差异性，也就是要具有独特的魅力，吸引广大读者成为其粉丝，这样才可以使读者与图书馆之间建立更高的黏性特质。在阅读推广活动中，应明确阅读推广主题，所有设置的"微

话题"要紧密围绕主题展开。在文字描述中,应根据读者不同群体的需求,通过图书馆大数据整合,如访问阅览室数据、书刊外借数据、数据库检索和下载数据、访客属性等读者资料整合,深度分析了解读者阅读偏好,明确阅读推广对象,采取平易近人或者幽默诙谐、活泼有趣的语言方式有针对性地进行不同推介,以满足不同读者群的阅读需求。如针对现代年轻人,紧跟时代潮流,可将"微话题"设置成网络流行红词,像"Duang""世界那么大,我想去看看""人丑就要多读书""我们""主要看气质""且行且珍惜"等,唤醒读者的注意力和内心潜藏的阅读情感。

同时,在"微话题"的设置上还要结合读者的兴趣点、读者的阅读需求、近期阅读的热点,抑或是根据图书馆开展的各项活动,包括近期节日推出专题进行设置。如世界读书日、莫言获得诺贝尔奖等热点,提出优秀的热点"微话题"进行阅读推广,展开与读者持续互动,从而产生与读者的共鸣效应。当然,也可以征集读者推荐的"微话题",凡具有原创性,精彩的"微话题"均可被图书馆采用,通过读者参与产生浓厚的阅读氛围,进一步提升阅读推广工作的效果。

(二)注重同边网络效应和跨边网络效应

图书馆利用"微话题"开展阅读推广工作,无非是突出人气效果,通过与用户互动、经验分享、扩大社会群体影响力,达到阅读推广的良好效果。聚集人气聚合读者粉丝,图书馆应利用同边网络效应和跨边网络效应来快速实现。所谓同边效应是指当某一边群体的用户规模增长时,将会影响同一边群体内的其他使用者所得到的效用;跨边网络效应是指一边用户规模的增长将影响另一边群体使用该平台所得到的效用。图书馆如果能够积极开发建立同边网络效应和跨边网络效应,就会很大程度上增加读者满意度,进而达到良好的阅读推广效果。

图书馆主要的阅读群体即持证阅览者,持证读者的逐年增加提升了读者到馆率,就这个群体来讲,持证读者越多,可以获得的交流互动就越多,文献推送就越多,交流效用也就是同边效应就越大。到馆读者或者持证读者越多,人气积聚就越来越旺盛,其他多边群体开展各项活动效用就更好。因此,图书馆可有效利用网络效应,通过吸引其他群体对图书馆的利用来增加读者量,逐步形成良性循环,不断捕捉社会各团体需求,激发同边效应,对整个图书馆的发展而言是非常可取的方式。如图书馆可线上线下同时搞阅读推广活动,线下利用流动书车下军营送书实地搞活动,线上则采用"军旅微话题"形式,开展各项读者互动活动,由此达到吸引新的群体走进图书馆利用图书馆,从而撬动整个网络效应。

第九章　图书馆信息管理服务体系的构建

第一节　图书馆服务管理系统的理论技术基础

一、图书馆信息服务管理的指导模式：忠诚管理

信息和网络技术的出现和发展，极大地促进了信息服务业的繁荣，各组织之间的竞争也日趋激烈。这种竞争不再局限于信息产品本身，而是更多地趋于附加价值和潜在价值的需求竞争，在竞争中更多地体现了人的作用和价值。

管理模式的发展，总体上可分为两个阶段：前期主要关注生产性因素，偏向于以利润、质量、技术作为企业管理的核心；后期则将管理焦点转至人、更多的是探求服务、人才、与企业发展的。显然，前者忽视了对利润、质量、技术起决定性作用的人的因素，具有明显的短视行为，而忠诚管理的理念模式，是在前者生产要素的基础上整合了人本因素的观点发展而成的。忠诚管理是对组织、员工、顾客三者及其相互关系的良好调控和管理，其中心是调控顾客需求和顾客感受，围绕这一中心，通过制定一系列富有感召力的原则和策略，形成组织特有的文化，促使员工和顾客的忠诚。员工在感受被尊重和自我价值实现的同时，也带来了顾客的忠诚，反过来，顾客的忠诚，促使员工更努力回报和忠实于组织。而员工和顾客的忠诚促使组织获得更多的利益，从而可以对员工、顾客投入更多的人文关怀，这样便形成一个良性循环。

忠诚管理虽源于企业管理，但图书馆信息服务管理与它有着许多共同点：一是二者都是以追求自身价值的实现为目标；二是都是有投入和产出；三是都有服务对象且视为自己的中心；四是都有基础设施。图书馆信息服务的需求动力原理、信息选择原理，要求图书馆把用户需求作为图书馆信息服务管理和工作的中心驱动力，注重对图书馆信息用户深入细致的、全方位、多层次的需求研究，以赢得用户的忠诚，实现图书馆信息服务的最大经济和社会价值。忠诚管理的理念正是以顾客为中心，以顾客需

求为导向的一种管理模式。所说的忠诚管理,并不仅仅是面向个人和团体的忠诚,更重要的是忠于某个企业据以长期服务于所有成员的各项原则。为此,图书馆信息服务管理应从整体和系统的角度出发,研究具有战略性的图书馆组织文化和图书馆组织制度、原则,不能把图书馆信息服务管理看作仅仅是对几个相关的信息服务部门的工作与管理。首先,图书馆从上到下逐步建设自己的组织文化,以体现图书馆信息服务的价值主张和理念。这个价值主张即是图书馆为用户提供最优异的服务和价值,满足用户的需求。价值主张是图书馆生存的灵魂,它将指引图书馆信息服务在日益激烈的信息服务业中独占鳌头。在图书馆价值主张的指导下,研究用户的需求,分析用户的类型,针对不同用户制定具有个性化的信息服务策略,打造图书馆信息服务的品牌,满足用户的需求,并通过忠诚用户的效应发展潜在用户。吸纳合格的图书馆信息服务人员,努力营造图书馆信息服务组织价值与利益同图书馆员工个体利益与价值的和谐发展的氛围和环境,同时采取各种积极策略留住适合图书馆发展且具有高素质的员工,让员工忠诚于图书馆。通过图书馆员工高质量的服务,既体现了员工价值又促进了用户的忠诚;而用户的忠诚又激励员工忘我工作,从而促进图书馆信息服务效益的最大和最优化。员工忠诚与图书馆信息服务用户的忠诚相辅相成,相互强化。这样的良性发展,促使社会和投资者更多地关注图书馆的发展,给予图书馆更多的支持和更广阔的发展平台,而且,这种忠诚管理会引发一系列经济效益。诸如:可以导致图书馆信息服务工作量增加,直接或间接地给图书馆带来社会和经济效益;吸引和增加潜在用户,用户之间的口碑相传,无形中既减少了图书馆信息服务宣传的费用,又增加了图书馆信息服务的价值;不断提升图书馆员工的整体综合素质,用户需求是动态发展的,要求图书馆信息服务工作人员不断地学习,以增强自己适应组织和用户需求不断发展的能力。这些综合发展的结果就是图书馆信息服务整体形象的树立,而图书馆信息服务整体形象的提高会促进其社会地位的提升,这样可以带来更丰厚的效益。因此,图书馆信息服务管理的主导思想是以用户及其需求为导向,以忠诚管理为指导原则的管理模式。

二、图书馆信息服务管理的支撑平台:知识管理

图书馆信息服务管理与知识管理有着天然、密切的关联,图书馆的形成和发展本身就是知识形成与发展的结果。尤其是信息技术、网络技术及新经济的出现,使图书馆信息服务与知识的联系更淋漓尽致地突显出来。

在新经济环境的推动下,图书馆信息服务趋于知识化服务,图书馆信息服务知识化要求图书馆信息服务是面向用户的服务,要贯穿于用户解决问题的全过程,是面向知识增值的服务。图书馆信息服务的知识性、动态性、人文性、服务性、增值性等特征正顺应了知识管理的诸多理念和思维。图书馆信息服务的新特点新趋势必然要求图书馆信息服务管理进行知识化变革——这样,知识管理很自然地成为图书馆信息服务

管理的支撑平台。

知识管理对图书馆信息服务管理起着支撑的基础作用，而学习型图书馆又是知识管理的平台和关键环节，知识管理和学习型图书馆会增强图书馆信息服务的核心竞争力。

三、图书馆信息服务管理的人文策略：关系管理

图书馆信息服务管理的内外环境发生了前所未有的变化，图书馆信息服务成为信息服务业中不可或缺的一部分，市场服务导向和顾客导向成为图书馆信息服务的新理念，这必然导致图书馆信息服务管理注重人性化管理，注重内部营销和外部营销的管理以及各种关系之间的互动管理。可以说，这种关系营销管理成为图书馆信息服务取得社会效益和经济效益的关键。图书馆信息服务的关系管理包含三方面，即图书馆信息服务组织与员工的内部关系管理、图书馆信息服务组织与用户在内的各相关利益者的外部关系管理以及组织、员工和用户三者之间的互动关系管理。图书馆通过实施以人为本的内部营销，即在图书馆内部以员工为中心，围绕激发和调动员工的积极性、主动性和创造性问题展开的以实现员工与图书馆共同发展为目的的一系列活动，来赢得图书馆所有信息服务人员的忠诚。内部营销管理的开展，强调员工的参与，体现一种尊重与理解员工，关心与依靠员工，发展和服务员工的员工满意理念。需要指出的是内部营销特别强调态度营销和沟通营销的重要性，这两种柔性管理方式更有利于提高员工的满意度和忠诚度。内部营销有利于图书馆服务文化的培育和完善，以保证图书馆信息服务系统用户服务意识的发展；有利于图书馆沟通体系的建立和完善，及时调整图书馆的服务策略；有利于图书馆系统管理战略的实施，创造员工忠诚、创造人才、创造业务、创造效益。再看外部营销，它是指对图书馆与供销商、网络运营商、用户等相关利益者之间的关系进行调控与管理。图书馆信息服务是以用户满意为出发点，识别、建立、维护和巩固图书馆与用户及其他利益相关主体的关系的活动。它的关键在于不仅争取用户和创造交易是重要的，维护和巩固关系更为重要。图书馆通过与外部的沟通，吸引用户的同时，正确引导用户的需求，让用户在"真实瞬间"的服务中得到满足与惊喜从而获得图书馆与用户或其他利益主体的双赢效益，这对图书馆信息服务管理效益是至关重要的。而互动营销存在于图书馆信息服务管理过程的每一个环节，包括图书馆组织与员工的互动、员工之间的互动、员工与用户之间的互动。通过互动营销，向员工适当授权，不仅可以提高图书馆内部的沟通能力和互相学习的能力，增强员工的综合素质和服务水平，还可以更多地了解员工的需求，进行适时针对性的管理，留住高素质的人员；同时也可以更多地了解用户的需求及变化，有效激励用户参与，适时适度引导用户需求以便提供更优质、更个性化的服务。

良好的内部营销必然会强化外部营销，同时，外部营销对内部营销也会产生良好影响。外部营销是企业获得顾客的相关信息的主要途径，以便更好地进行内部营销。

而互动关系营销是内部、外部营销管理不可或缺的前提和条件。

图书馆信息服务管理的内部营销、外部营销、互动营销管理是相互作用、协调统一的关系，三方面共同构成图书馆信息服务管理的关系管理理论基础，三者共同影响和促使图书馆信息服务利润链形成一个良性循环的发展态势，从而促进图书馆信息服务及其管理工作的良性发展。

四、图书馆信息服务管理的技术手段：全面质量管理

在服务营销学的发展过程中，服务质量是最为重要和研究最集中的领域和主题，而且这种研究还会继续深入和发展下去。同样，服务质量在图书馆信息服务管理领域中的地位和作用同等重要。从服务理论的角度来理解，服务质量在本质上是一种感知，它由顾客的服务期望与实际服务的经历比较决定。服务质量的高低是由顾客感知的，也是由顾客最终评判的。显然，个体差异会影响对服务质量的感知，从实际服务质量到顾客感知的服务质量是一个顾客按照自己的方式对服务信息多次选择、加工、理解和感受的过程，包括顾客注意、编排、解释、判断服务信息从而形成顾客感受到的服务质量。

实质上，图书馆信息服务用户获得服务的过程同样是感知的服务过程，也会受到用户不同程度的影响。为此，图书馆信息服务质量的管理应从用户的角度出发，进行组织内外的服务质量调控。而全面质量管理正是一个以了解顾客需要，提高顾客服务质量和满意度为中心的系统过程。这与图书馆信息服务质量的目标、宗旨在本质上是一致的。图书馆信息服务质量的目标、宗旨就是提供最优、最高的服务以满足图书馆信息用户的需求。

全面质量管理符合图书馆信息服务管理的本质特性，是图书馆进行信息服务管理的有力工具和技术手段。

第二节 图书馆数字化服务体系的构建

一、构建现代图书馆数字化服务体系

（一）数字资源的阅览与检索

数字资源阅览与检索主要包括对馆内电子书刊、光盘、互联网相关信息及数据库等的需求与满足状况。

（二）视频点播服务

视频点播服务，毋庸置疑，即客户如何对馆内视频资源进行点播并获得的服务形式。现代化数字图书馆依托网络技术，将传统图书馆中的音频、视频文献资料等以电脑数字化的形式进行储存，用户可以根据自己的需求，通过馆内网络进行点播以获取

相应的资源。此外，随着信息化技术的不断进步，目前很多图书馆已经开始推出数字卫星电视转播内容，在更大范围内方便了用户的需求。

（三）虚拟化的网络信息服务

虚拟化的网络信息服务主要包括参考咨询、资源提供、读者培训、个性服务等内容。

（1）数字化参考咨询服务

数字化参考咨询服务主要是针对用户的某种疑问需要作出相应的解答为基本目的的服务形式，参考咨询服务在传统图书馆管理所应用的E-mail咨询基础上，开发出新的在线咨询服务形式，以集成软件DILAS为基础，包括在线咨询服务、数字信息资源整合与检索、个性化服务等内容，在用户与咨询人员进行问题的提问与答疑的过程中，还需要将一些常见的问题整合起来，上传于咨询知识库中，以便日后用户的查询。此外，数字化图书馆还可以根据其服务的基本规则与服务质量标准等，建构适合数字化图书馆需求的咨询服务体系，并以实际业务需求为依据，开展联合咨询等，以促进咨询服务的发展。

（2）资源的有效提供

资源提供包括对信息资源的有效导航、电子文献与图书的借阅以及图书馆门户网站服务等几个方面的内容。网上信息资源的导航主要是结合用户实际需要与图书馆自身馆藏特点，分类出几大学科，比如金融、机电、语言、法律等，同时还应该包括学科内部及学科之间的外文文献资源的导航等；电子图书的借阅主要包括馆内人工借阅与网络借阅等服务形式；数字图书馆门户网站服务主要是将馆内相关资源整合为一个整体，通过数字图书馆的门户网站将信息快速地传达出去，给用户呈现出一个相对清晰、明了的信息检索平台。数字图书馆的门户网站一般包括馆藏查询、用户个人借阅信息服务等，用户只需输入自己所需要的文献名称或者著者名称，便可实现高级检索或者跨库检索，在短时间内获得自己所需要的信息，最大限度地提高数字化资源的利用率。

（3）个性化的服务

个性化的服务反映在现代图书馆数字化服务体系中，主要表现为"我的图书馆"功能，在"我的图书馆"中，一般包括用户个人借阅信息的查询（预约、续借、借阅书籍数量与归还日期等）、新书通报、个人信息以及注意事项等基本内容。而要真正实现个性化的服务，图书馆数字化服务还应该自动记录用户的借阅信息以掌握用户个人的兴趣与需求，有针对性地向用户推送相关的书目信息等，同时还需要提供网上搜索、读书笔记、电子文献的传递等功能，以满足用户的多样化需求。

（四）信息开发与用户的信息素养培训

信息开发服务更多是针对一些企业用户来开展，以信件、传真、E-mail、电话等方式为基本途径，涵盖咨询、检索、文献传递、定题服务等内容在内的服务形式。信息开发服务发展还需要不断结合社会热点问题提供相应的专题资源库，并为有相关需要的用户制定个性化的简报。同时，还需要以 E-mail 等形式定时向用户传递所需要的或者定制的信息。而用户的信息素养教育与培训则主要是图书馆与用户之间围绕数字化服务的特点、组织形式、服务内容等来开展的沟通与交流，突出电子资源的订购、电子资源的制作与使用等内容，以方便用户自己学习。同时，还可以举办相关的电子资源有效选择与利用培训课程，培养用户的信息搜索与利用能力。

二、现代图书馆数字化服务管理体系的实现

（一）培养数字化服务意识，增强数字化服务能力

随着信息技术的不断进步和多元化、个性化服务要求的出现，现代图书馆服务也变得日益重要和多元，因此图书馆数字化服务体系的构建也就成为现代图书馆快速发展的必然。近年来，世界级的图书馆开始不断提高自身的馆藏图书与资源量，不断开发新的文献传递服务、个性化服务、在线资源服务等，有些图书馆还启动并开发出新的、安全的电子信息传递系统，在保证文献质量的前提下，积极研究并推广图书馆门户网站，充分实现文献信息的共享，将越来越多的用户纳入到自己的用户群之中。通过这些现代化的图书馆数字化服务现状可以发现，数字化服务作为图书馆未来发展的关键因素，其重要作用也突出地表现出来。因此，我国图书馆也应该积极引进先进技术，启动先进项目，促进现代图书馆数字化服务体系的早日成熟。同时，不断培养馆内工作人员的数字化服务意识，加强对馆内工作人员以及用户的相关培训，提升其数字化服务与理解能力。图书馆还需要重点启动有关数字图书馆的相关项目，将文献信息资源检索与传递、参考咨询、重点学科建设、用户门户导航等纳入到数字化服务体系中来，重点强化电子文献的传递功能与资源的网上检索功能，真正实现现代图书馆的数字化服务。

（二）突出图书馆的公益性价值，推出免费服务内容

受现代化教育发展形势和发展理念的影响，传统的相对封闭的图书馆信息管理模式已经无法完全适应现代化图书馆的发展需要，因此需要不断取消数字化服务的收费项目，突出图书馆的公益价值，积极引进先进的数字化研发技术，建立数字化图书馆用户信息门户网站，降低图书馆管理与服务成本，从而为免费服务打下基础。在实现图书馆公益性价值的过程中，图书馆可以将网站的有效点击率、电子文献的下载与传递次数、咨询的数量、用户访问量等作为图书馆工作人员绩效考核的新标准，从根本上维护图书馆的现代化、数字化以及公益化发展状况。

（三）加大人员培训，推动数字化服务人才的新发展

现代图书馆数字化服务体系的构建势必依赖一批能够掌握信息化服务系统与操作技巧的人才，因此图书馆应不断加强对相关人员的技术培训，引进具备互联网知识

和相关学科知识的综合型人才,并在馆内形成岗位轮换制度,重视调动工作人员的积极性,增强自我归属感。还需要根据工作人员工作状况进行适当的奖励,比如提供继续教育的机会、提高工资待遇等,真正将尊重人才的理念应用到图书馆的数字化服务体系中,以保证现代图书馆的数字化服务体系的真正形成。

第三节 图书馆知识服务体系的构建

一、知识资源要素

知识资源是知识服务体系的基础层,是人脑知识的物化存贮和反映,具有创新性、增值性、智力性、抽象性等特性。随着信息服务向知识服务的演化,知识资源也经历了"信息——知识——知识单元、知识元——知识基因——知识库、知识元库"的演化。其中,知识单元是从客观知识系统中抽取出来的,能代表并描述系统某一特性的基本单元或基本颗粒;知识元是从知识单元中按照某种规范抽取出的数据、用来标引知识结构、提供知识检索。知识基因是知识进化的最小功能单元,具有稳定性、遗传与变异性,以及控制某一知识领域(学科、专业、研究方向)发育走向的能力;知识库又称知识仓库,是经过加工、组织的知识信息及关联构成的具有知识挖掘功能的数据库;知识元库是在知识元的描述、标引基础上,根据知识元之间的内容关联和逻辑关联,建立起来的一种反映各种知识内容之间的内在网络化关联的数据库形式,它不断随着知识元的更新进行更新和扩展。

二、知识服务技术要素

提供知识服务的关键技术,即充分利用数据仓库、可视化检索技术、智能代理、搜索引擎、数据挖掘、知识发现、人工智能、知识网络、组件技术等现代化手段存贮知识、传播知识、挖掘知识,实现知识的充分共享,建立相互协作机制。总的来说,当前图书馆知识服务支撑技术主要有以下五类:知识资源采集技术、知识存储技术、知识导航技术(包括知识网格与知识地图描述技术)、知识推送技术、智能代理技术与知识反馈技术。

三、知识用户要素

知识用户,是指在科研、生产、管理、商业、贸易、军事、外交以及日常生活中需要知识和利用知识的个人或团体,是图书馆知识服务的对象,也是服务的接受者和评价者。

四、知识人才要素

知识人才是图书馆知识服务的实施者,既包括精通某一个或多个领域知识的学科馆员和知识馆员,也包括知识外脑和智囊团、知识服务团队。其中,知识馆员作为精通学科领域的学者型馆员,是知识服务的主力军;知识服务团队是图书馆学习型组织的构成,它分为技术服务、管理协调、学科服务、专题服务和用户研究五个分团体,团体间相互合作和支持,实现知识共享;知识外脑是图书馆知识人才库的有效补充,也是图书馆与时俱进的生力军,包括竞争情报从业人员、大学研究人员、企业业务和技术专家在内的知识领域问题解决和知识方案提供的各方面专家。

五、知识产品要素

知识产品是图书馆员在知识生产中劳动的凝结,也是知识服务的承载体。一般来说,图书馆向用户提供的蕴含创造性、知识性和增值性的服务和服务成果都可视为知识产品,如传统服务形式下的咨询报告、文献资料,数字时代的各种数据库、知识库、专家库和知识系统。其中,能对领域知识和具体问题解决提供方案、对策和智能推理的知识集合是今后知识产品的发展方向。

六、知识服务网络平台要素

知识服务网络平台是一个面向知识创新、提供知识服务及成果共享的分布式图书情报网络平台系统,能向跨地区、跨系统、跨部门、跨行业、跨学科的知识用户提供快捷有效的知识服务。该平台由分布异构统一检索平台、原文远程传送服务平台和电子商务管理平台等几部分组成。

七、知识服务制度要素

图书馆知识服务制度是图书馆有效开展知识服务的保障,主要包括服务提供和收费制度、用户反馈和监督制度、知识产品推送和保密制度、图书馆文化建设制度、知识人才激励制度等。

第四节 图书馆成人教育服务体系的构建

一、以人为本:现代图书馆对成人教育服务理念的基础

现代图书馆的管理者在对成人学员服务时应该具有一种"以人为本"的服务理念。"以人为本"的服务理念,是构建现代图书馆对成人教育服务体系的思想基础。

(一) 树立成人教育关怀意识

成人教育在我国所有年龄段教育中占有不小的比重，成人教育所具有广泛性与自由性的特点，要求现代图书馆始终以"人文精神"来关怀这样一批坚持终身学习理念的人，其首要的工作是对成人学员接受教育的认同与鼓励，教育最终的目的是以人的受益为准则，"以人为本"就是要"把关心人，尊重人，培养人，调动人的积极性和创造性，促进人的发展作为组织工作的基本任务"。树立起对成人学员的关怀意识，是现代图书馆对成人教育服务体系建构的根本。它主要表现在：第一，关心成人学员的学历水平和层次，为他们提供与其学习能力相符的资料，有利于促进成人学员的学习信心；第二，对待成人学员热情友善，有助于加强他们终身学习的理念；第三，对所有成人学员平等如一，为他们营造一个公平自由的学习氛围。对成人学员的关怀意识不仅要求现代图书馆的管理者恪守职业道德，爱岗敬业，更需要本着一种人文关怀的理念去关心成人学员，建立平等交流的关系，提高成人学员接受知识的效率和质量。

(二) 树立成人教育的责任意识

以教育为本位的思想，主要关注人的成长与社会文明的进步。"以人为本"的服务理念中包含了一种对人成长对社会进步的责任感。成人教育是全民教育的一个重要的组成部分，它关系着整个社会文明的进步与发展，关系着文化国力的提升。所以，现代图书馆对成人教育的服务意识，更带有一种强烈的责任感。要实践这种责任感，就需要：第一，本着对教育负责任的态度去帮助成人学员进步，尽己所能为成人学员的进步创造条件；第二，尊重成人学员的学习背景，为他们选择多样化的信息获取方式，保证成人学员们对知识的有效获取；第三，倾听成人学员的学习需求，制定合理的知识接受计划。树立对成人学员的责任感，是现代图书馆应有的服务意识，坚持"从人出发，对人负责"。

二、构建现代图书馆对成人教育服务体系

(一) 塑造良好的文化氛围是根本

图书馆是一个文化机构，塑造良好的文化氛围是图书馆兴盛的关键。技术正在改变着图书馆的工作方法与服务流程，但是图书馆的文化理念与传统不能被改变。培育良好的图书馆文化，树立正确的价值体系，将成为图书馆能否可以持续发展的关键。良好氛围可以通过理念识别系统、行为识别系统和视觉识别系统来实现，所谓理念识别系统，指明确图书馆的价值观、精神理念以及社会职能、服务宗旨与发展目标，使之成为全馆员工的共同愿景、共同信念与共同目标；所谓行为识别系统，指通过对所有图书馆行为、员工行为实行系统化、标准化、规范化的管理，从而将共同的理念，贯穿于图书馆活动的具体过程、组织制度和机制系统中，渗透到岗位设置、人员配

置、教育培训、福利制度以及读者工作、研究发展、公共关系等一切活动中，它是理念识别系统的具体实施；所谓视觉识别系统，是指借助多种形态的传播形式，有组织、有计划地将精神理念传达给成人学员，并让成人学员识别、认知、认同的过程。

（二）加强信息技术建设是关键

现代信息技术的发展使图书馆从传统图书馆向数字图书馆转变，图书馆的发展已与信息技术的进步紧密相关。现代信息技术主要包括计算机技术、网络技术、通信技术、存储技术、数据库技术、多媒体技术和数字化处理技术等，具有传递性、共享性和可处理性等特征。图书馆工作的实质，就是转换文献信息，实现文献的使用价值和部分价值。文献信息是以文献为载体的人类思想信息，但文献信息又不全是内容信息，它还包括形式信息（文献的载体形态信息）。图书馆工作的任务，就是充分揭示文献的形式信息和内容信息，从而使文献的内容信息得以传播。信息技术在图书馆的应用已使图书馆实现图书馆管理的计算机化、文献信息资源的数字化和网络信息资源的共享和发现。现代信息技术已经成为数字图书馆建设的技术基础，信息技术的每一步发展都推动了图书馆的建设和发展。因此，加强信息技术建设是提升图书馆各项功能发展的关键。图书馆信息技术的建设既包括基础设施的建设，如机房、计算机、网络、存储、数字化等设备的建设，也包括图书馆自动化系统、办公系统、公共检索系统、网上服务系统和各种信息资源的建设等。在新的信息环境中，图书馆充分利用信息技术带来的机遇去发展自身优势资源，提升各项服务功能，并以信息技术为支撑推动图书馆信息化建设。

（三）加强成人学员与图书馆的密切程度是基础

前面我们讨论了图书馆的很多功能，突出论述了图书馆为读者服务的功能，然而，今天的读者，包括最熟悉图书馆的高等学校师生，与图书馆的关系密切吗？有媒体调查发现，有意于继续教育的社会成员甚至是高校学生对于空间资源的利用，有时超过对知识、信息资源的利用。很多大学生四年学习当中并没有使用多少电子资源，只有临近毕业，需要做论文、调查报告和实验时才想到图书馆的电子资源。在网络环境中成长起来的大学生，对于图书馆的数字资源有时显得不太在意。许多成人学习习惯从网络上获取所需资源而不知道如何使用现代图书馆查询科学精确的资料，而不加甄别地接受网络的错误信息，导致所接受的知识大打折扣。如果这个报道有代表性的话，那么，离开读者群的图书馆，无论环境再有书香味、设备再完备、信息技术水平再高，其功能都无法发挥。因此，加强图书馆与读者间的密切程度，是现代图书馆建设中不可缺少的一个环节。这首先是一种社会现象，社会上读书的氛围浓度值得探讨，而图书馆自身建设也要把联系读者、密切与读者的关系作为一项重要指标。图书馆可以向社会做主动积极的宣传，加强信息资源的建设；加强图书馆的资源利用培训，提高读者的求知欲和阅读能力；通过报告会、展览会、文化墙等活动，以及人文的环境设置，向读者介绍新书、新信息、新资源动态等，来吸引更多的读者；建立与读者的联系，及时推介图书馆的信息与资源，等等。所有这些，都是为了使图书馆扩大读者群，为图书馆功能发挥奠定基础。

（四）协力提升咨询能力是有效途径

现代图书馆在探讨新媒介如何提升咨询能力，也就是说，我们的成人学员有不少问题需要从图书馆找答案，于是以图书馆馆长为首的图书馆微博承担了解答读者问题的咨询工作。除了图书馆馆长的微博和图书馆的微博，图书馆员的个人微博也在提升图书馆咨询能力方面起到重要的作用。图书馆馆员的微博在开展图书馆参考咨询服务、加强图书馆与读者之间的交流等方面也发挥了突出的作用。因此，对每个图书馆来说，都应该是在馆长的牵头下，发动图书馆内的各种力量，全馆协力才能提升咨询能力，才能为广大成人学员提供一个咨询问题通达的渠道，并在这个过程中不断改进图书馆的服务功能，转变现代图书馆对成人教育服务的方式，对现代化的成人教育做到有的放矢。

参考文献

[1] 郑幸子.高校图书馆管理与服务创新［M］.长春：吉林大学出版社，2018.

[2] 李永钢.图书馆管理与阅读服务创新［M］.北京：中国纺织出版社，2017.

[3] 孙璐，陈秀丽，刘建巍.高校图书情报与档案信息管理［M］.北京：光明日报出版社，2016.

[4] 于瑛主.现代图书馆管理体系研究［M］.哈尔滨：东北林业大学出版社，2016.

[5] 史美静，解金兰.数字图书馆移动视觉搜索平台的框架与功能研究［J］.图书馆工作与研究，2018，（02）：42-47.

[6] 俞力."双创"背景下多主体参与图书馆服务创新模式研究［J］.大学图书情报学刊，2021，39（3）：79-95.

[7] 黄晓东.高校图书馆资料信息化管理与大学生文化素养的提高探讨［J］.电脑知识与技术，2018，14（16）：164-168.

[8] 周海英.高校图书馆信息检索服务的管理创新［J］.黑龙江科学，2018，9（17）：146-147.

[9] 沈思，李成名，吴鹏.基于时态语义的Web信息检索实践进展与研究综述［J］.中国图书馆学报，2018，44（4）：109-129.

[10] 李东燕，董文域.互联网环境下图书馆信息化管理［J］.智库时代，2018，（43）：102-103.

[11] 彭万霞.档案管理的问题及优化［J］.信息记录材料，2019，20（2）：132-133.

[12] 王震宇，王宁.大数据时代图书馆馆藏数字资源整合与存储策略分析［J］.中国中医药图书情报杂志，2017，41（3）：35-38.

[13] 朱娜.互联网时代的图书管理信息化建设［J］.黑龙江科学，2018，9（7）：162-164.

[14] 徐延华.云计算技术环境下数字图书馆资源的整合［J］.山西档案，2018，（4）：100-102.

[15] 陈月，佟艳泽.突发卫生事件中公共图书馆信息服务的应急管理策略［J］.文化创新比较研究，2021，5（22）：4-9.

[16] 刘士瑜.5G网络影响下图书馆信息服务模式的改革与创新［J］.中文科技期刊数据库（全文版）图书情报，2022，（9）：209-212.

[17] 程春玲.高校图书馆电子阅览室管理和服务效能提升研究——以天水师范学院图书馆为例［J］.传播与版权，2022，（10）：73-75.

[18] 李蛟.新媒体环境下公共图书馆健康信息服务的三螺旋模型与关键影响因素研究［J］.情报科学，2022，40（9）：64-71.

[19] 韩建峰.元宇宙时代图书馆数字阅读空间的功能定位与服务研究［J］.江苏科技信息，2023，40（1）：4-7.

[20] 杨晓彤.高校图书馆服务创新与校园文化建设［J］.区域治理，2021，（19）：2-11.

[21] 靳晓恩，丁邦友."互联网+"时代云计算在数字图书馆资源整合中的应用［J］.图书馆学研究，2017，（1）：49-75.

[22] 司莉，陈雨雪，曾粤亮.基于多语言本体的中英跨语言信息检索模型及实现［J］.图书情报工作，2017，61（1）：100-108.

[23] 马书琴，梁欣."互联网+"时代我国公共图书馆服务体系创新发展战略研究［J］.情报科学，2018，36（4）：138-143.

[24] 杨利琼.知识服务下公共图书馆信息资源保障体系的构建与创新［J］.中文科技期刊数据库（全文版）图书情报，2021，（8）：3-5.

[25] 林源.大数据背景下高校图书馆信息化建设研究——评《高校图书馆信息化创新建设与服务研究》［J］.现代雷达，2021，43（5）：1-6.

[26] 高树琴，唐阳华."互联网+"背景下高校图书馆服务创新研究［J］.办公自动化，2022，27（15）：33-35.

[27] 杨文建.高校图书馆参考咨询理念与服务创新［J］.新世纪图书馆，2016，（7）：39-43.

[28] 周玲元，闫思琪，朱翔宇."智慧图书馆"情境感知服务模式及评价研究［J］.图书馆学研究，2017，（21）：23-30.

[29] 周宁平.高校图书馆信息资源的建设与创新服务研究——《高校图书馆信息资源建设研究》荐读［J］.情报理论与实践，2022，45（11）：1-6.

[30] 侯涤非.大数据时代高校图书馆信息服务创新研究［J］.文学少年，2021，（19）：2-5.

[31] 李书娟.基于案例分析的高校图书馆服务创新研究——《图书馆管理与服务

创新研究》荐读[J].情报理论与实践,2021,44(9):1-5.

[32]夏爱农.网络时代图书馆服务创新研究[J].文化产业,2022,(7):3-7.

[33]张定红.基于大数据图书馆精准服务与管理创新研究[J].中文科技期刊数据库(全文版)社会科学,2022,(4):4-8.

[34]林杏.新形势下高校图书馆管理与服务创新研究[J].文化产业,2022,(25):91-93.

[35]曹广源.高校图书馆信息检索服务的管理创新研究[J].科技与创新,2021,(6):2-11.

[36]张奇云,李超.智慧社会创新体系变革背景下高校智慧图书馆服务研究[J].图书馆,2022,(7):29-36.

[37]王伟.基于公共人文服务理念的图书馆管理与服务创新研究[J].文学少年,2021,(28):1-2.

[38]郝红梅.高校图书馆知识管理现状与服务创新发展研究[J].陕西开放大学学报,2022,24(1):89-91.

[39]吕春晖.教育信息化背景下高校图书馆创新服务研究[J].教育信息化论坛,2021,5(8):2-4.

[40]康桂英.全媒体图书馆研究生科研创新服务体系研究[J].科技风,2022,(1):142-144.

[41]黄纯.新时期图书馆开放式服务管理与创新发展研究[J].甘肃科技,2021,37(24):4-9.

[42]詹彤.阅读推广与大学图书馆的管理服务创新研究[J].中文科技期刊数据库(全文版)社会科学,2021,(8):1-8.

[43]杨小青."智能+"时代高校智慧图书馆用户服务体系创新研究[J].价值工程,2021,40(28):3-12.

[44]陈鸿.智慧图书馆服务创新体系构建及实现路径研究[J].兰台内外,2022,(2):43-45.

[45]邓方云,刘涓.SWOT理论下高校图书馆创新创业服务体系研究[J].创新创业理论研究与实践,2023,(4):5-21.

[46]唐金秀.大数据时代高校图书馆信息服务创新研究[J].进展:科学视界,2021,(9):2-12.

[47]闫芳.论图书馆创新服务的内涵体系及路径探索[J].山西青年,2021,(24):111-112.